ÖSTERREICHISCHE LITERATUR 1986

EIN PRESSESPIEGEL

ZUSAMMENGESTELLT
VON
KRISTINA PFOSER-SCHEWIG
UND
URSULA WEYRER

ZIRKULAR

Die Textgrundlage für diese Auswahl bildete die Pressedokumentation der "Dokumentationsstelle für neuere österreichische Literatur", Wien. Ausgewertet wurden alle österreichischen Tages- und Wochenzeitungen und Monatsmagazine mit Literaturteil, die wichtigsten Zeitungen des übrigen deutschsprachigen Raums und die österreichischen Literaturzeitschriften.
Wir danken den Zeitungen, Zeitschriften und vor allem den Rezensenten für die Überlassung der Abdruckrechte.

Auf dem Umschlag: Exlibris aus dem Verlag Klaus Wittal, Wiesbaden
In: Katalog der 9. Mainzer Minipressen Messe. - München: Verlag Winfried Richter, 1987

ZIRKULAR. Sondernummer 13, September 1987
Verleger: Dokumentationsstelle für neuere österreichische Literatur, A-1060 Wien, Gumpendorfer Straße 15/13 Tel. 0222 586 1249
Redaktion dieser Nummer: Kristina Pfoser-Schewig, Ursula Weyrer
Druck: rema-print, 1160 Wien
ISBN: 3-900467-13-7

Die Zeit, Hamburg, 1986, Nr.51, S.54

Bis uns die Salzflut trinkt

Ein Unbekannter aus Österreich: Gerhard Amanshauser als Lyriker / Von Dante Andrea Franzetti

Ist er ein Skeptiker? Vielleicht. Ist er ein Antimodernist? Vermutlich. Ein Reaktionär? Kaum. Ein Zerfallsprophet? Womöglich. Ist er ein Philosoph, Essayist, Erzähler, Romancier?

Amanshauser ist Amanshauser, einer jener Denker und Schreiber, die mit den gängigen Schablonen nicht zu fassen sind, weil sie sich um solche Schablonen nicht kümmern und respektlos von der Erzählung zur Reflexion, vom ersten Traktat zur Satire, vom Aphorismus zum philosophischen Exkurs springen, manchmal in ein und demselben Text. Das mag mit ein Grund sein, weshalb der 1928 in Salzburg geborene Mathematiker Gerhard Amanshauser bisher nur wenig Beachtung gefunden hat. Kommt hinzu, daß die essayistisch eingefärbte Literatur es im deutschen Sprachraum traditionsgemäß schwieriger hat als etwa in Frankreich oder Italien.

Amanshauser gehört nicht zu den Vielschreibern wie andere österreichische Kollegen. Sein Werk umfaßt einen Roman („Schloß mit späten Gästen"), einen Erzählungsband („Der Deserteur"), Aufzeichnungen („Grenzen"), Parodien („Aufzeichnungen einer Sonde"), Essays („Satz und Gegensatz", „List der Illusionen") und neuerdings auch Gedichte.

Das Bett steht schief

Schon in den Aufzeichnungen und Essays hatte sich Amanshauser mit Zerfallsphänomenen, also immer auch mit dem Tod beschäftigt. Der Roman „Schloß mit späten Gästen" beginnt mit der Schilderung eines alten verwahrlosten Schlosses mit bröckelndem Verputz und zerschlagenen Fenstern, das „jenem Grenzbereich zutrieb, jenseits dessen man von einer Ruine zu sprechen beginnt". Die Kapitelüberschrift lautet „Ein Kulturdenkmal", und so steht der Zerfall des Gebäudes für einen größeren, umfassenderen, auch kulturellen: „Und man weiß: Hier verliert sich ein Unikum, das nirgends und niemals wieder auftauchen kann. Beim plötzlichen Anprall eines Windstoßes, der vom brüchigen Mauerwerk oder von den Gesimsen eine Sandwolke herunterstäubt, glaubt man die Wirbelspiralen zu erkennen, in denen die Welten sich wieder zu Atomen zerstreuen."

Amanshauser ist jedoch kein Kulturpessimist im üblichen Sinn, er träumt jedenfalls keinen besseren Zeiten nach, in denen angeblich gesicherte Werte den Menschen das Leben einfacher machten. Er nimmt den Zerfall als gegeben und sieht gerade in der Tendenz unserer Moderne, ihn durch kostspielige Restauration jener „Kulturdenkmäler" künstlich aufzuhalten, eines der großen Übel. Geschichte und Kultur sind nicht mehr erlebbar, wenn wir aus unserer Umgebung ein Museum machen, denn „nur vom Vergehenden aus kann Bleibendes gesehen werden", schreibt er in „List der Illusionen".

Andererseits wendet sich Amanshauser genauso vehement gegen alle Avantgarde in Kunst und Literatur, die, gewissermaßen das Negativ jener modernen Restauration, radikal mit der Tradition zu brechen sucht: „Worauf es ankommt, ist die Relation zwischen Neuerung und Überlieferung. Dieser dialektische Prozeß wird nur dann ersprießliche Resultate erzielen, wenn die Tradition ungleich mächtiger ist als die Neuerung." Ein Gesicht gewinne seine individuellen Züge – werde zum „Unikum" – in den kleinen Abweichungen von der vorgegebenen Symmetrie; wäre hinter der Abweichung die Symmetrie nicht mehr erkennbar, hätten wir es mit einem Monstrum zu tun.

Diesem Grundsatz ist Amanshauser auch in seinen Gedichten gefolgt. Die Verse sind formal sehr streng komponiert, oftmals gereimt und halten den einmal angeschlagenen Rhythmus bis zum Schluß durch. Thematisch geht es auch hier um Zerfall, um einen individuellen allerdings, wie schon einzelne Titel verraten: „Venedig", „Der Totengondolier", „November", „Totenmaske". Im Gedicht „Venedig" wird, wie es alter literarischer Brauch ist, der Untergang der Stadt mit dem des lyrischen Ichs gleichgesetzt: „Das Bett steht schief, die Mauern sinken, / der Spiegel in der Flasche sinkt. / Die Stadt und ich, wir trinken, / bis uns die Salzflut trinkt."

Ein verschleudertes Jahr

In den allermeisten der fünfzig Gedichte schwingt verhaltene Trauer über die Vergänglichkeit der Dinge und des Lebens mit. Die blitzende Ironie, der bissige Humor, die Aggression auch, die manchmal in den essayistischen Schriften auftauchen, scheinen einer sanften Schwermut gewichen zu sein. Man spürt: diese Gedichte sind eng verbunden mit dem eigenen Erleben und Erdulden einer *vanitas mundi*, in der sich doch nur die *vanitas homini* spiegelt: „Und wieder die Rinne / mit Blättern verstopft; / und wieder glitzernd im Wind / verwildertes Wasser / am Fenster vorbei / und hinab: ein verschleudertes Jahr" („November").

Andere Gedichte handeln von den „Feldgrauen" und „Veteranen", die mit ihren lauthalsen Umzügen „die Toten schänden"; wieder andere sind Stadtimpressionen, in denen sich, heimlich und hinterhältig, der Tod ankündigt im „Staub, darin Bombenschutt aufweht", oder auch nur Verlorensein, Orientierungslosigkeit, wie in „Trambahnfahrt": „Im Wagen weint schon lang ein Kind; / der Betrunkene ist eingeschlafen / und hat vergessen, wo wir sind". Und im Gedicht „Paris" tritt einem die Vergeblichkeit allen menschlichen Bemühens in Gestalt der Bettler entgegen, die sich auf den Gittern über dem Schacht der Untergrundbahn wärmen, während die Stadt altert und vergeht.

Gerhard Amanshauser hat mit diesen Gedichten, von denen einige – welchen anderen Begriff verwenden? – von vollkommener Schönheit sind, erneut bewiesen, wie sehr er sich jeder Kategorisierung entzieht. Philosoph, Essayist, Erzähler, Romanautor – und jetzt auch Lyriker. Wer diese Gedichte gelesen hat (und dazu die anderen Bücher Amanshausers), der mag hinter keine dieser Bezeichnungen mehr ein Fragezeichen setzen.

■ **Gerhard Amanshauser:**
„Gedichte"
Salzburger Edition, Salzburg 1986; 80 S., 16,– DM

Notizen vielleicht für morgen

Günther Anders: „Lieben gestern"

Daß Günther Anders in seinen Tagebuchaufzeichnungen aus den Jahren 1947 bis 1949 der Liebe eine solche Bedeutung zumißt, erscheint auf den ersten Blick keineswegs selbstverständlich. Der Barbarei entronnen, im amerikanischen Exil mit Schicksalen konfrontiert, die ständig an das Grauen gemahnen, scheint die Beschäftigung mit diesem Thema nicht eben zeitgemäß. Anders selbst schreibt, daß „vor der Folie der Massenkatastrophen die private, sogar die unvermeidliche private Katastrophe etwas Lächerliches hat". An einer anderen Stelle heißt es jedoch, „daß wir, wenn wir überleben wollen, uns zur Veränderung unseres Fühlens (also zu dessen ‚Geschichte') gewaltsam zwingen müssen". Dies gerade deshalb, weil der Liebe etwas Anachronistisches anhaftet, das mit Sinnlichkeit und Moral, Humanitas und Kultur verbunden ist, Werten also, die im Schwinden begriffen sind. Sie beinhaltet eine Welt, die sich Verwertungszwängen entzieht und in ihrer Fragilität nicht zu integrieren ist.

Die Aufzeichnungen von Günther Anders sind ein Gegenentwurf. Gegen die im Nationalsozialismus angelegte Lebensfeindlichkeit, die er bis in die „Liebesgeschichte" von Emigranten nachverfolgen konnte, und gegen eine progressive amerikanische Gesellschaft, in der Liebe als Ausdruck kultureller Reife kaum Platz hat.

Das Bändchen, in dem sich Anders assoziativ von einem Gedanken zum nächsten bewegt und sich nicht vor Widersprüchen scheut – diese gehören zum Wesen der Liebe – beginnt mit einem Erschrecken: „Den Fünfzig sich zu nähern und nur ein einziges Stück zu entdecken, das in die Rubrik ‚Liebe' gehört – welchem Schriftsteller der letzten zwei Jahrhunderte hätte das wohl zustoßen können? Aber ein Einzelfall ist meiner nicht, sondern ein reiner Generationsfall."

In dieser Generation gab es eher Komplizenschaft als Liebe auf den ersten Blick. Daß aus gemeinsamen Erfahrungen schließlich Liebe auf den letzten Blick werden konnte, die sich als dauerhaft erwies, tröstet wenig über verlorenes Glück. Und selbst wenn es Liebe auf den ersten Blick gab, haftete ihr etwas tief Trauriges an. Sie bedeutete keine Befreiung, keinen Ausbruch aus gewohnten Bahnen, sondern den Wunsch, in eine verläßliche Enge zu flüchten.

Nicht viel besser sieht es für Anders aus, wo eine Gesellschaft sich progressiv und aufgeklärt gibt. Am Beispiel seiner amerikanischen Studenten zeigt er, wie das puritanische Erbe durch eine Reduktion der Liebe auf den Trieb gegen alle erotische Verfeinerung, gegen jede Zusammenschau von Sittlichkeit und Moral die Oberhand behält. Böse kommentiert er: „Kurz: Geist und Liebe auf der Ebene der Verdauung." In diesem naturalistischen Reduktionismus erblickt Anders eine Verleugnung aller kulturellen Errungenschaften. „Das Prompte ist das Barbarische", hält er den Studenten entgegen und gibt damit zu erkennen, wie verletzend für ihn der American way of life gerade nach den Jahren des Faschismus gewesen sein muß. Liebe hat für ihn etwas mit Bildung zu tun, und in seinem Zorn billigt er gerade diese den Amerikanern nicht zu. Anders spricht von Egos, die „gar nicht die Chance oder das Unglück gehabt hatten, jemals zu privaten Egos zu werden, oder... sich zu verwirklichen". 1944 hatte Adorno im amerikanischen Exil notiert: „Bei vielen Menschen ist es bereits eine Unverschämtheit, wenn sie ich sagen."

Zu seiner Kritik an der amerikanischen Kultur gehört für Anders eine Auseinandersetzung mit der Psychoanalyse. Der entscheidende Gedanke ist, daß mit den Komplexen häufig das frühere menschliche Niveau schwinde: „Kurz: Operation gelungen, Identität tot." Auch hier eine Parallele zu Adornos „minima moralia": „Das Leere und Mechanisierte, das an erfolgreich Analysierten so oft sich beobachten läßt, kommt nicht nur aufs Konto ihrer Krankheit, sondern auch auf das ihrer Heilung, die bricht, was sie befreit."

Den heftigsten Angriff richtet Anders gegen den Gesundheitsbegriff der Psychoanalyse. Aus einem Gespräch mit Studenten hält er die denkwürdigen Sätze fest: „Da Sie die Verdrängung, also das Verdrängende und dessen ominöse Wirkung abmontieren wollen, müssen Sie doch zugeben, daß... Ihr moralisches Ziel in rein physischer Gesundheit besteht." – „Und?" – „Und ist Ihnen niemals aufgefallen, in wessen bluttriefenden Händen diese Gleichung von ‚gesund' und ‚gut' in den letzten Jahren gelegen hat?" – „Bluttriefenden?" – „Gewiß. In den Händen Hitlers."

An dieser Stelle sollten die Psychoanalytiker überlegen, wohin die Amerikanisierung der Lehre Freuds geführt hat, welchen Einfluß sie auf die Wahrnehmung unserer Gefühle hatte. Es sind sicher nicht nur Nachtgedanken aus dem Exil, die Adorno und Anders, zwei so grundverschiedene Denker, zu diesen Schlüssen kommen ließen.

Psychoanalyse als Surrogat für nichtgelebtes Leben. Liebe als Mittel zur besseren Gesundheit, nicht um ihrer selbst willen als Glück. Dagegen sträubt sich der Moralist Anders. Er antizipiert Entwicklungen, die sich wenig später auch in Europa vollzogen.

Anders verfällt dabei nicht in den Fehler, Liebe im historischen Rückblick zu romantisieren. Vor diesem Irrtum schützt ihn ein Konvolut Briefe, das ihm mit dem Nachlaß der Großeltern 1948 ins Haus geliefert wird. Briefe von Freundinnen der Großmutter, die alle von Liebe sprechen, die betrogen werden oder ihren verschwiegenen Liebschaften nachgehen. Indem Anders die Bedingungen rekapituliert, kommt er zu dem Schluß: „Nein, beneidenswert war solch ein Frauenleben nicht."

Es gibt großartige Stellen in seinen Aufzeichnungen. Sehr genau wird über die Funktion des Blicks, der Augen reflektiert, über Augen, die sprechen und wahrnehmen, Wahrnehmungen, die den Liebenden vertraut und für Psychologen nicht faßbar sind. Ob Anders mit seinen Bemerkungen über die ästhetischen Qualitäten der Frauen heute noch so locker umginge? „Vielleicht steht Kultur der Sinnlichkeit im umgekehrten Verhältnis zu den Rechten der Frau. Rechte ruinieren Charme." Eine solche provozierende Offenheit ist erfrischend und in der Zeit feministischer Tabuisierungen selten! Hierher gehört auch die Feststellung, daß es in Amerika keine aparten Frauen gebe. Es herrsche eine Stereotype, die keine Geheimnisse berge.

Der Mensch als animal amans – welch versöhnende Aussicht in den Jahren nach dem Kriege. Anders lenkt durch seine Notizen die Aufmerksamkeit auf uns selbst. Er hält uns einen Spiegel vor, fragt nach Verlusten und Privatheit, konfrontiert uns mit Entwicklungen, die – und das ist sein Ziel – veränderbar sind. Vielleicht ist es deshalb ein Buch, das man ungern aus der Hand legt. Es reizt zum Weiterlesen und Verweilen. Die meisten werden im Gestern das Heute erkennen. Welche Schlüsse aus dem zutiefst humanen Buch für das Morgen gezogen werden, bleibt dem einzelnen überlassen. RAINER APPELL

Günther Anders: „Lieben gestern". Notizen zur Geschichte des Fühlens. C. H. Beck Verlag, München 1986. 138 S., geb., 24,– DM.

Das Wunder eines Spätwerks

„Wieder ein Tag aus Glut und Wind", der sechste Band der Werke von Rose Ausländer

Band 6 der Ausgabe „Gesammelte Werke in sieben Bänden" von Rose Ausländer, der die „Gedichte 1980–1982" zusammenfaßt, wird bis auf weiteres der letzte sein. Zwar steht der Titel für Band 7 – „Und preise die kühlende/Liebe der Luft"/Gedichte seit 1983 – bereits fest, doch die Umschlagnotiz avisiert: „Erscheinen unbestimmt". Die 85jährige Dichterin, seit 1970 schwer leidend und seit 1978 bettlägrig, war mehr als ein Jahr lang so geschwächt, daß sie nicht schreiben konnte; doch Ende 1982 besserte sich ihr Zustand unerwartet, es kam sogar 1983 das Bändchen „Ich zähle die Sterne/meiner Worte" (Fischer Taschenbuch) heraus, und man hofft nun offenbar, daß die bewundernswert produktive Autorin einen weiteren Werksband zu füllen imstande sein wird.

Der Band 6 faßt vier Einzelerscheinungen zusammen: „Einverständnis" (1980), „Mein Atem/heißt jetzt" und „Einen Drachen reiten" (1981), „Mein Venedig versinkt nicht" und „Südlich wartet ein wärmeres Land" (1982). Rose Ausländer beherrscht jetzt absolut souverän das unermüdlich angestrebte Niveau. Jede Wortfolge begibt sich auf doppelbödigen Gedankengängen; „Mein Venedig versinkt nicht" besagt nicht bloß, daß „Mein Venedig" ihr Lieblingswort wurde, sondern darüber hinaus, daß das Weltwunder ihrer geistigen Wunderwelt – der Lagunenstadt vergleichbar – eben „Mein Venedig" ist. Denn es ist überall, und überall ist „Mein Venedig" möglich, in Freud und Leid.

Karl Kraus, die Lasker-Schüler, Paul Celan und andere sind produktive Elemente geworden, die diese Natur- und Entwicklungswunder zu einem völlig neuen, metallisch widerstandsfähigen artistischen Stil amalgiert hat. Die so gut wie komplett vorliegende Übersicht lehrt: Rose Ausländers frühe Produktion war oft virtuos, aber immer wieder zu simpel sentimental. Dann kam die große, entscheidende Wiederbegegnung mit Celan in Paris, sie begann ganz von vorn noch einmal (und das in reifen Jahren), nahm sich seine Kritik zu Herzen und war eine zeitlang in erstaunlich gekonnter Weise „hermetisch" wie er. Auch dieses Stadium hat sie hinter sich gelassen.

Ihr Spätwerk wirkt als Wunder: nicht mehr simpel und trotzdem ureinfach. Paradox könnte man sagen, daß ihre „Hermetik" nun völlig offen wurde, realistisch und surreal zugleich. „In der Fremde/daheim" lebt sie, in solcher „Heimatfremde/wo ich viele/fremde Freunde/liebe". Ihr „Einverständnis" mit dem Schicksal lautet: „Die Rose und ich/duzen einander//aus dorniger Gewohnheit/blühendem/welkendem/Einverständnis". Sie selber welkt blühend und blüht welkend. „Wirklichkeit/unser unverläßliches Märchen" führt „Ins Nichts", aber: „Ich schreibe mich/ins Nichts//Es wird mich/ewig/aufbewahren".

Schon jahrelang ans Bett gefesselt, hat sie nach wie vor die Welt vor Augen. „Ich lebe ortlos/in meinem Bett", aber „Auch im Bett/gibt es Gipfel". Ihre Dichtung bleibt ein „fröhlicher Schmerz/aus vielen Kapiteln//Mein Schutzengel/liest sie". Sterbenskrank lebt sie, immer lebhaft, schreibt und liest weiter, zitiert im Gedicht die geliebte Lasker-Schüler, und „Auf einen Monolog von Thomas Bernhard" erklärt sie, schlechthin wunderbar, zuletzt: Melancholie// sie wirbt um dich hinter/geschlossenen Lidern/ so hell als gäbe es nichts/ als dies enorme/finstre Licht". Welch eine versöhnliche Entgegnung für den Unversöhnlichen!

Im Schlußteil („Südlich wartet ein wärmeres Land") stehen lauter Ortsgedichte. Von „Salzburg" fordert sie, vieldeutig: „Spring/über die Schatten/ins Mozartlicht". Sie durchschaut also die Show bis auf ihren kostbaren Kern. „Schatten" und „Mozartlicht" genial einfach bezeichneter Gegensatz. Seherisch genau beobachtet sie von ihrem Krankenzimmer aus alles Weltgeschehen. *Edwin Hartl*

Rose Ausländer: „Wieder ein Tag aus Glut und Wind". 408 S., S 296,40. (S. Fischer Verlag, Frankfurt/Main 1986)

Heimrad Bäckers «nachschrift»

Viel weisser Raum. Das bewirkt: Den wenigen Wörtern, Ziffern, Zeilen auf jeder Seite kommt grosses Gewicht zu.

Es sind Bruchstücke, Zitate, in Einzelfällen minimal umgeordnet, grafisch verdeutlicht. Sie stammen aus dem Nationalsozialismus, zum grösseren Teil von den Tätern, zum geringeren von Opfern. Sie decouvrieren ein System.

In der Regel wird, zumal in der Literatur, mit dem Nationalsozialismus emotional umgegangen. Man setzt auf Suggestion. Was derlei beim Leser tatsächlich in Bewegung setzt – darüber weiss man nicht sehr viel. Es gibt gute Gründe anzunehmen, dass das Betroffenheits-Kalkül nur bei jenen wirkt, die ohnedies schon überzeugt sind, dass es bei anderen eher Abwehr, Aggression, Projektion hervorruft. Einsichten können durch psychischen Druck kaum vermittelt werden.

Heimrad Bäcker begibt sich in die Sprache. Sich selbst nimmt er dabei heraus. Seine Arbeit ist die der Auswahl, der Anordnung, der Reduktion auf den verbalen Kern. Und siehe: der Apparat, die Mechanismen, die Denkweisen des Nationalsozialismus bedürfen zu ihrer Verurteilung nicht der Empörung und des emotionalen Drucks. Ihre Unmenschlichkeit ist in ihrer Sprache unmissveständlich vorgeformt.

Es ist die Sprache der Bürokratie, eine Sprache, die den Menschen zum Gegenstand, zur Sache macht. Sie ist nicht auf den Nationalsozialismus beschränkt, aber in ihm kommt sie zu sich selbst.

«speisezimmer der ss/ ruhezimmer der ss/ schützenzimmer der ss/ hinrichtungsraum». Sagen vier Zeilen wie diese nicht mehr aus als manche zwölfteilige Fernsehserie? Oder, aus dem Jahre 1938: «auch in den fällen, in denen juden ohne befehl (anlage 13, 14 und 15) oder befehlswidrig (anlage 8 und 9) getötet wurden, konnten unlautere motive nicht festgestellt werden.» Oder die schier nicht enden wollende Liste von Wiener Grünanlagen, die Juden nicht betreten durften. Derlei bedarf keines Kommentars.

Dagegen der Ausruf deportierter Ghetto-Kinder: «mir viln nisht shtarbn!» Diese vier Worte auf einer weissen Seite, sonst nichts. Das hat die monumentale Wucht jenes berühmten Fotos eines jüdischen Knaben mit erhobenen Händen.

In seinem Nachwort weist Friedrich Achleitner darauf hin, dass Heimrad Bäcker, seit Jahren verdienter Förderer der Avantgarde in Österreich, Verfahren der Konkreten Poesie anwendet. Aber «nachschrift» geht über deren Selbstverständnis einer auf sich selbst verweisenden Dichtung sowie über deren Wirkungsabsichten weit hinaus. Heimrad Bäkkers «nachschrift» ist ein vorbildliches Werk zeitgenössischer politischer Literatur im doppelten Sinne.

Thomas Rothschild

heimrad bäcker: nachschrift. edition neue texte, Linz-Wien, Fr. 19.60.

Schlechte Meisterwerke

Wolfgang Bauers Schauspiele in drei Bänden der Werkausgabe

Scharf gingen beim jüngsten Kind seiner dramatischen Laune die Ansichten der Rezensenten auseinander. Die einen meinten, Wolfgang Bauers „Herr Faust spielt Roulette" sei miserables Theater, andere wiederum deuteten das Miserable als hintersinnige Absicht. Schwer zu sagen, wer da wohl recht hat.

Bauer-Verteidiger könnten jedenfalls ihre These mit einem Griff in die Vergangenheit stützen, hatte doch bereits anno 1970 immerhin Benjamin Henrichs den Autor des Prosabandes „Der Fieberkopf" zum Mut beglückwünscht, „einen wirklich schlechten Roman zu schreiben". Und davon abgesehen, stattete ja der Dichter persönlich seine Lyriksammlung „Das stille Schilf" mit einem bemerkenswerten Untertitel aus: „Ein schlechtes Meisterwerk: schlechte Texte mit schlechten Zeichnungen und einer schlechten Schallplatte". Keineswegs überraschender Triumph der Dialektik: So übel ist das Ergebnis der geballten Schlechtigkeit gar nicht, im Gegenteil – ein wenig höhere Heiterkeit schwebt über dem charmanten Machwerk.

Wie auch immer: Die auf Bauer spezialisierte Wissenschaft hält dem Objekt ihrer Neugier selbstverständlich die Treue, folgt ihm durch dick und dünn. Auch wo es sehr dünn wird, läßt sie sich nicht beirren oder abschrecken. Und gewiß, wenn man sich nur gründlich genug in den ästhetischen Kosmos des Grazer Original-Genies versenkt, Bauer mit Bauer erklärt und rechtfertigt, ertönt gleichsam von selbst der alte Spruch: Das Werk lobt den Meister.

Im Standard-Brevier der Bauer-Forschung werden etwa die durchaus mühsamen „Magnetküsse" (1975) als „Metastück über Bauers paranoide Erfahrungen mit Motiven und Bildern seiner Dramatik" gefeiert. Schön und gut und trefflich beobachtet, aber ist solch private Angelegenheit auch tatsächlich abendfüllend?

Zweifellos zählt jedoch der zitierte germanistische Sekundärliterat, ein Doktor wundermild, zu den profundesten Kennern des Bauerschen Œuvres und scheint somit wie kein zweiter zu dessen Herausgabe legitimiert. Man höre und staune nämlich: Der kleine, ungemein rührige Grazer Droschl-Verlag hat das Wagnis einer siebenbändigen Werkausgabe übernommen, 1990 soll sie mit den Gedichten enden, bis dato liegen drei Bände vor, den bekannteren Stükken und dem einzigen Roman gewidmet. Der heute Sechsundvierzigjährige erhält also sehr früh die sonst zumeist postum üblichen höheren Weihen, geht ein ins Reich der Klassiker zu Lebzeiten.

Freilich muß man zugeben: Den Zenit seines einst aufsehenerregenden Erfolges hat Wolfgang Bauer lange schon überschritten. Wo sind die Zeiten, da es anläßlich einer Uraufführung – wie jener der „Gespenster" beim *steirischen herbst* 1975 – zu einem zünftigen Skandal kommen konnte und die zumal in der Steiermark pittoreske Reaktion gegen einen vermeintlichen Kulturrowdy zu Felde zog?

Wo sind auch die Zeiten, da an jeder besseren deutschen Bühne „Magic Afternoon" und „Change" gespielt wurden? Hat Bauer seine provokative Kraft eingebüßt? Geändert hat er sich offensichtlich, das beweist diese Edition zur Genüge. Enthält der eine Band sozusagen die „Reißer" von ehedem – neben den bereits genannten Zugstücken unter anderen „Silvester" oder „Das Massaker im Hotel Sacher", das allerdings ebenso wie die „Gespenster" vergleichsweise reserviert aufgenommen wurde, so sind im zweiten Schauspielband die seit 1975 entstandenen dramatischen Werke abgedruckt: vom Kriminalstück „Magnetküsse" über „Memory Hotel" bis zur eingangs erwähnten „Faust"-Paraphrase.

Seinerzeit ist ihm das Etikett des kruden Realismus verpaßt worden, und seine spätere Produktion präsentiert sich wie eine großangelegte Berichtigung des Klischees. Denn nicht reuig, erhobenen Hauptes kehrte Bauer zu seinen Anfängen, dem absurden Theater, zurück. Indes hat er bei dieser Rückkehr auch mancherlei verloren: Die dramaturgische Wirksamkeit, die sich den genau dargestellten gruppendynamischen Modellsituationen, den Ausgrenzungs- und Aggressionsritualen innerhalb einer entschieden versoffenen Boheme verdankte, blieb bei den immer exotischeren Phantasiereisen auf der Strecke.

Problematisch wirkt auch, weil der Tiefsinn fatal platt ist, Bauers zunehmende Neigung zum Philosophieren. Andererseits kann der Dramatiker darauf verweisen, daß in den Vereinigten Staaten gerade seine „eigentlich philosophischen Stücke" lebhaft akklamiert wurden und werden.

Mitteleuropäisch verbildete Zuschauer befinden sich da im Hintertreffen: Sicher darf man, um die Banalität der Epoche zu veranschaulichen, Banales auf die Bühne bringen. Aber aus kalauernder Geschwätzigkeit, die sich ernst nimmt, ergibt sich allemal bloß lähmende Langeweile. Und dennoch, wie witzig, wie originell kann Wolfgang Bauer sein – in seinen „Mikrodramen" beispielsweise oder am Beginn der virtuosen Briefroman-Parodie „Der Fieberkopf", die jedoch gleichfalls eine merkwürdige Tendenz zum Ausufern zeigt. In einem Interview meinte Bauer kürzlich: „Es kann sein, daß ich demnächst ein ganz streng gebautes ‚realistisches Stück' mache." Das ist, mit allem Respekt gesagt, keine gefährliche Drohung, sondern Grund zur Hoffnung.

ULRICH WEINZIERL

Wolfgang Bauer: „Werke in sieben Bänden". Hrsg. von Gerhard Melzer. *Bd. II: Schauspiele 1967–1973*. Mit einem Nachwort von Herbert Gamper. 192 S.; *Bd. III: Schauspiele 1975–1986*. Mit einem Nachwort von Martin Esslin, 260 S.; *Bd. IV: Der Fieberkopf. Roman*. Mit einem Nachwort von Wendelin Schmidt-Dengler. 188 S. Alle br., Verlag Droschl, Graz 1986. 22,– DM/28,– DM/20,– DM.

Innsbruck ist nicht Dublin.

Zu: C.P.Berger: Kieltrunk ein schmerzhaftes Klischee. Roman. Innsbruck (Edition Löwenzahn) 1986, 394 S.

Verwirrt stehe ich vor diesem Buch.

Wie es sich gehört, habe ich zuerst auf dem Umschlag die Zusammenfassung gelesen, die mir eine geregelte Abfolge von vier Teilen suggeriert. Bei der Lektüre des Buches habe ich dagegen weder vier Teile noch eine solche Abfolge feststellen können - weil ich sie nicht erkannt habe oder weil es sie eigentlich doch nicht gibt? Verwirrt stehe ich nicht nur vor diesem Widerspruch, sondern auch vor dem Untertitel: was soll hier ein "schmerzhaftes *Klischee*" sein?

Verwirrt stehe ich vor jeder einzelnen Seite dieses "Romans" (?), vor der Fülle von - ungeordneten? - Wörtern (aus mehreren Sprachen), von Wiederholungen, Assoziationen, Klangmalerein, literarischen und sonstigen Anspielungen, von denen ich mich manchmal fast erschlagen fühle. Die gelegentlichen Einsprengsel aus dem Japanischen sind der beste Selbstkommentar: schöne, aber fremde Schriftzeichen, in denen manchmal deutsche Wörter wie "Geisterbeschäftigung" oder "Guten Morgen!" ein Wiedererkennen ermöglichen. Genau so kann man im verwirrenden Chaos des Buches gelegentlich ein Stückchen "Wirklichkeit" wiederfinden.

Verwirrt also stehe ich vor diesem "schmerzhaften Klischee", aber doch zugleich auch fasziniert. Denn auf Verwirrung ist es wohl angelegt; es ist ein Buch, das nicht geschrieben ist, um verstanden zu werden; es ist mehr ein Buch für den Bauch als für den Kopf (obwohl es gewiß vom Kopf her konzipiert ist). Es geht um Verwirrung, Verwirrung an sich, Verwirrung des (oder der?) Protagonisten, Verwirrung wohl auch des Autors selbst vor dem Chaos einer Welt, in dem er sich mit Hilfe der Filosofie (auf die er immer wieder anspielt) und der Literatur (wohl auch seines eigenen Schreibens) zu orientieren versucht, und ganz gewiß um Verwirrung des Lesers, der diese Desorientierung nachzuvollziehen gezwungen wird.

Resultat dieser radikalen mehrfachen Verwirrung ist ein Chaos, dem man geniale Züge nicht absprechen kann. Ein Chaos übrigens schon im Grafischen (mit großen Widmungen irgendwo im Buch, verschiedenen Schriftarten, zahllosen verschiedenen Arten von Titeln und Zwischentiteln, den unterschiedlichsten Arten der Hervorhebung); der Anteil des Setzers an diesem Buch sei ausdrücklich hervorgehoben. Chaos in der Anordnung: jedes scheinbare Gliederungsprinzip wird durch ein anderes - untergeordnetes? übergeordnetes? - abgelöst; der Leser weiß nie, wo er ist. Chaos im Sprachlichen: Berger verwendet, vor allem, aber nicht nur im ersten Teil (wo immer dieser aufhört) eine an das Barock, ja an das Mittelhochdeutsch erinnernde Sprache; er verwendet Dialekt und Fremdsprachen, Fachsprachen (zumal die der Filosofie) und Jargons (die manchmal offensichtlich, aber vielleicht nicht immer parodiert werden); er häuft Partikel, auch um des lautlichen Effekts willen, schrickt nicht vor Brocken aus der Sprache der traditionellen Lyrik zurück,verfällt gelegentlich in den Ton der deutschen Homer-Übersetzungen (wobei ich mir nicht die Mühe gemacht habe, die Korrektheit seiner Hexameter zu überprüfen). Zeitweise, selten verwenden Passagen eine Sprache, wie man sie in anderen zeitgenössischen Romanen auch findet; solche Stellen wirken dann wie Fremdkörper. In dieser Vielfalt der sprachlichen Register, in diesem Verwirrspiel der Stile und Wörter sehe ich die eigentliche Leistung Bergers. Ich nenne sie mit einem - schmerzhaften? - Klischee "Sprachgewalt". Ein konkreter Beleg dafür ist der Abschnitt "Drastische Walpurgisnacht", der den Innsbrucker Landesfestzug von 1984 nicht etwa darstellt, auch sein eigenes Sprachmaterial kaum zitiert, sondern ihn in ein souveränes, durchaus kritisch gemeintes Sprach-Spiel, in eine autonome Wort-Orgie übersetzt.

Bergers Sprachgewalt wirkt hier stärker als in früheren Einzelveröffentlichungen aus dem Buch: einfach durch die Masse des Textes und die Variationsmöglichkeiten. Weil die Stärke des Buches nicht in Thematik und Konstruktion, sondern doch wohl in der Sprache liegt, kann ich mir gut Leser vorstellen, die in "Kieltrunk" irgendwo zu lesen beginnen und irgendwo wieder aufhören, ohne daß sie deshalb einen völlig falschen Eindruck von dem Buch bekämen. Auf jeden Fall möge der Leser den gegenüber dem Titel gegebenen Ratschlag "Laut lesen!" beherzigen, auch wenn er nicht so gut lesen kann wie der Autor.

In diesem sprachlichen Chaos, dem Chaos der Reize, denen die Hauptfigur - aber gibt es eine? - ausgesetzt ist, in dem Chaos auch der alexandrinischen Anspielungen auf Joyce, auf Proust, auf die Romantiker, auf die Vorsokratiker, auf Gödel, auf Max von Riccabona usw.usf. gibt es kein Ordnungsprinzip - oder ein solches ist nicht ohne eingehende systematische Analyse erkennbar. Weder hat der "Roman" eine Fabel, noch können wir uns an Figuren festhalten; Parallelen, wiederkehrende Symbole, Techniken der Verknüpfung: nichts dergleichen ist festzustellen. Auch die wenigen stabilen Elemente - die Liebesbeziehung Kieltrunks, die Freundschaften, der Ort (Innsbruck), einige Leitmotive - ermöglichen kaum eine Orientierung.

Am ehesten leistet eine solche noch das Subjekt des Romans, "Kieltrunk", eine Figur, die nichts mit einer konventionellen Romanfigur zu tun hat. Berger motiviert die Wirrnis seines "Romans"nicht mit der Psyche seiner Figur; noch die Technik des Bewußtseinsstroms wäre ihm wohl zu konventionell, zu realistisch, dem Chaos, das er darstellen will, immer noch zu wenig adäquat. Ein Schlegel-Zitat im Roman selbst kommentiert diese Verfahrensweise: "Im ph(ilosophischen) R(oman) alles *Massen*weise hingeworfen ohne Verflechtung."

Man hat es also nicht leicht mit diesem schmerzhaften Irrweg, der erneut, allerdings stark Joyce verpflichtet, mit allen traditionellen Kategorien der Literatur aufräumen will, vielleicht noch um eine Spur radikaler als die meisten seiner Vorgänger. Hat sich das Experiment gelohnt, hat Berger neue Dimensionen literarischer Wirklichkeitserfahrung erschlossen?

Vielleicht sollte man bei der Beurteilung des Buches nicht zu hoch greifen. Interessant ist es gewiß, und es ist konsequenter modern als das meiste, was in den letzten Jahrzehnten in Tirol geschrieben worden ist. Aber Innsbruck ist nicht Dublin, eignet sich vielleicht weniger zum Spiegel der Welt als die Stadt von Joyce. Und vieles von dem Buch scheint mir zu sehr im privaten, subjektiven Erfahrungshorizont des Autors verankert zu sein, um vom Leser nachvollzogen werden zu können. "Weltlose Komödien der Empfindung" heißt der zweite Untertitel des Buches; dieses Prinzip der "Weltlosigkeit", so sehr es vom Autor beabsichtigt sein mag, ist vielleicht eine Schwäche des Buches, das fast zu wenig Bezug zur Wirklichkeit hat, zu sehr auf die psychischen und fysischen Befindlichkeiten (seiner Subjekte) konzentriert ist.

Insofern mag Bergers Experiment doch nicht ganz gelungen sein. Die Kommunikation zwischen Autor und Leser klappt nicht immer, und ich kann mich des Gefühls nicht erwehren, daß sie auch dort manchmal mißglückt, wo sie gelingen sollte. Es ist doch problematisch, wenn man in einem Buch nicht mehr entscheiden kann, wo es sich um Druckfehler und wo um absichtliche Normverstöße des Autors handelt.

Trotz diesen Einwänden - als Abbild einer chaotischen Welt überzeugt das Buch; es verwirrt, weil es verwirren soll. Daß ich an einzelnen Stellen des Buches Zweifel habe, habe ich dargelegt; keinen Zweifel habe ich daran, daß Berger, ein aus Oberösterreich stammender, in Innsbruck lebender Filosof und Literaturwissenschaftler, ein Autor von außerordentlicher sprachlicher Fantasie ist. Ich wünsche ihm, daß er auch für weitere Bücher einen mutigen Verleger - und einen so bemühten Setzer - findet.

Sigurd Paul Scheichl

Wer ohne Scham ist, werfe den ersten Stein

Thomas Bernhards bedingungsloses Geschenk an die Weltliteratur: sein Roman „Auslöschung" / Von Franz Josef Görtz

Wir sehen sie förmlich vor uns, die mahnend und tadelnd und zitternd vor Zorn emporgereckten Zeigefinger, die entrüstet geschüttelten Köpfe, die voller Mißbilligung gelupften Augenbrauen. Es sind Theatergesten — dem Teil des Publikums auf den Leib geschrieben, der offenbar immer noch nicht begriffen hat, was da eigentlich gespielt wird.

„Ganz Österreich ist zu einem skrupellosen Geschäft geworden, in welchem nurmehr noch um alles gefeilscht und in welchem jeder um alles betrogen wird. Sie glauben, in ein schönes Land zu reisen, und reisen in Wahrheit und in Wirklichkeit in ein pervers geführtes Geschäftshaus. Sie glauben, in das Land der Kultur zu reisen, und sind vor den Kopf gestoßen von der Primitivität, die Ihnen überall begegnet." Daran werden, mit schnaubendem Ingrimm, zum Beispiel die Österreicher Anstoß nehmen.

Grollen werden mit Sicherheit auch die Katholiken und die Sozialisten, die Liebhaber Goethes ebenso wie die Anhänger Thomas Manns und erst recht die Lehrer und die Richter, wenn sie lesen: „Das katholisch-nationalsozialistische Element, die katholisch-nationalsozialistischen Erziehungsmethoden sind die in Österreich normalen, die üblichen, die am weitesten verbreiteten und wirken sich also überall ungehemmt auf dieses ganze letzten Endes nationalsozialistisch-katholische Volk verheerend und grausam aus. In Österreich herrschen uneingeschränkt nationalsozialistisch-katholische Erziehungsmethoden, wer etwas anderes behauptet, ist ein Lügner und ein Ignorant gleichzeitig, und die Gesetze dieses Landes sind auch nichts anderes als nationalsozialistisch-katholische mit ihrem verheerenden und vernichtenden Auswirkungsmechanismus."

Dies sind Zitate, Bruchstücke aus dem neuen Roman von Thomas Bernhard. Kein Zweifel, daß es damit erneut Ärger und abermals Mißverständnisse geben wird. Denn womöglich hat auch diesmal einer, der im Buch als vatikanischer Diplomat oder als oberösterreichische SS-Charge auftritt, den eigenen Schatten gleich wiedererkannt und längst Klage eingereicht, dem persönlichen Ansehen zuliebe, das er in der unseligen Vergangenheit besaß und das er fraglos auch in der Zukunft genießen möchte.

Die Ausfälle gegen Kirche und Staat sind schroffer, die Worte gröber, der Ton deutlich bitterer geworden. Unnachsichtig und unversöhnlich klingt es allemal. Doch dann, völlig unerwartet, leise Anzeichen von Irritation, ein Anflug von Ironie, der Schimmer eines Lächelns, das nicht Fassade, nicht Verstellung ist, sondern, für die Dauer winziger Augenblicke, eine Verlegenheit verrät — die den Haß nicht mindert, uns aber, die Leser, einigermaßen unsicher zu machen droht. Bis wir zu unterscheiden beginnen zwischen dem Lächeln des Autors und den Irritationen seiner Figur: einer Kunst-Figur namens Murau, der er diese Geschichte in die Feder diktiert.

Wir begegnen ihr zweimal, auf der allerersten und auf der allerletzten Seite. Dann haben wir sie vergessen, sehen nur noch den Autor vor uns und sind auf der Stelle in Bann gezogen von seiner atemberaubend schillernden, Personen wie Ereignisse in ein erschreckend bizarres Licht tauchenden Erzählung, die voller Rätsel und voller Geheimnisse ist — und so luzid wie ein abgrundtiefer Bergsee. So rätselhaft einleuchtend pflegt Weltliteratur zu sein, und Thomas Bernhard, der Kritiker Peter Demetz hat es vor einigen Jahren an dieser Stelle vorausgesagt, zählt nun dazu.

Und im Grunde nicht erst seit diesem Buch, meine ich, das wie die vorausgegangenen zusammenfaßt und auseinanderfaltet, was in allen Büchern und Theaterstücken Bernhards immer wieder anders auseinandergefaltet und zusammengefaßt wird zum unverwechselbaren Kosmos, zu einer ästhetischen Welt eigenen Rechts — in der das Leben nicht mehr und nicht weniger sein darf als die Krankheit zum Tode.

Gewiß ist dieser Schriftsteller ein ins Finstere vernarrter Komödiant, der mit verstellter Stimme spricht und sich einen Spaß daraus macht, wenn uns eiskalte Schauer über den Rücken laufen. „Ist es eine Komödie? Ist es eine Tragödie?" So steht es, als imaginäres Motto, einer Erzählung von 1967 entlehnt, seit nahezu zwanzig Jahren über allen Veröffentlichungen Thomas Bernhards und mag die Sprünge und Würfe, die eigenartigen Amalgame von Pathos und Groteske erklären, die sein Werk auszeichnen.

Wer also auch den Roman „Auslöschung" eine grausige Komödie nennen möchte, fände Gründe genug und liefe gleichwohl Gefahr, das entscheidende Moment zu übersehen. Es tritt dort zutage, wo der Erzähler sich gleichsam selber in den Arm und ins Wort fällt — sich zurücknimmt, wie Thomas Mann gesagt hätte, indem er Abstand zu seiner Geschichte und zu deren zentraler Figur sucht, die Perspektive wechselt und die Personen anders arrangiert. Mit dem Erfolg, daß die Gegensätze sich aufzulösen, die Widersprüche sich aufzuwiegen scheinen. Die Radikalität, so zeigt sich, ist eine rhetorische Geste, der Kunstgriff eines Schriftstellers, der die Wirkung der außerordentlichen poetischen Kraft, über die er verfügt, aufs genaueste zu kalkulieren vermag.

„Wenn wir unsere Übertreibungskunst nicht hätten, hatte ich zu Gambetti gesagt, wären wir zu einem entsetzlich langweiligen Leben verurteilt, zu einer gar nicht mehr existierenswerten Existenz. Und ich habe meine Übertreibungskunst in eine unglaubliche Höhe entwickelt, hatte ich zu Gambetti gesagt. Um etwas begreiflich zu machen, müssen wir übertreiben, hatte ich zu ihm gesagt, nur die Übertreibung macht anschaulich." Ist das Murau, der so spricht? Oder deklamiert er Sätze von Thomas Bernhard? Halten wir uns an seine Geschichte. Sie ist schnell berichtet.

Wenige Tage nach der Hochzeit einer seiner beiden Schwestern erreicht den in Rom als Privatlehrer wirkenden Murau die telegrafische Nachricht, daß seine Eltern und sein Bruder tödlich verunglückt sind. Mit einiger Verzögerung macht er sich auf den Weg nach Wolfsegg, dem feudalen Anwesen der Familie in Oberösterreich. Im Anschluß an das Begräbnis fährt er nach Wien, vermacht das Gut, „wie es liegt und steht", der Israelitischen Kultusgemeinde als bedingungsloses Geschenk. Danach erst reist er nach Rom zurück, um ein Buch mit dem Titel „Auslöschung" zu schreiben. Man hüte sich indes, solche mit lockerer Hand aufs Papier gestrichelten Parallelen voreilig zum Schnitt zu bringen.

Es ist die Parabel vom verlorenen Sohn, die uns mit umgekehrtem Vorzeichen erzählt wird. Nicht das Erbe, sondern Rechenschaft wird gefordert von denen, die sich ohne Not und ohne die mindeste Reue, aus Geltungsdrang und politischem Opportunismus mit millionenfachen Mördern gemein gemacht haben — und zwanzig oder dreißig oder vierzig Jahre später immer noch nicht zu belehren sind. Wolfsegg, das Paradies der Kindheit, hat sich in ein Gruselkabinett verwandelt, deren „fürchterlichen Geschichtsabgründen" Murau, der Abtrünnige, der Verfluchte und Verstoßene, dadurch zu entgehen sucht, daß er sich, „stellvertretend für so viele, die über ihre Leiden während der nationalsozialistischen Zeit nicht sprechen", die Vergangenheit von der Seele schreibt: „Wir tragen alle ein Wolfsegg mit uns herum und haben den Willen, es auszulöschen zu unserer Errettung, es, indem wir es aufschreiben wollen, vernichten wollen, auslöschen."

Es nimmt diesen Worten nichts von ihrem moralischen Ernst, wenn sich schon auf der nächsten Seite die Emphase in profansten artistischen Erwägungen und der vergleichsweise marginalen Verzweiflung dessen verliert, der schließlich nicht bloß aufschreiben, sondern sich als Schriftsteller, als Künstler ausweisen will. Wie Geschichte anschaulich und begreiflich machen — wenn nicht durch Geschichten, wenn nicht durch Beispiele?

Wolfsegg, zum Beispiel, seit Generationen im Besitz der Familie, eine idyllische Trutzburg mit ausgedehnten Wäldern und Feldern und fünf Bibliotheken, in denen Tausende von Büchern lagern, „der Glücksfall eines Ortes für mich", wie Murau sagt, sein Arkadien, zur Provinzhölle verkommen als „Hochburg des Nationalsozialismus", ein Hort biedersten Stumpfsinns und barbarischer Heuchelei: „Die Erzbischöfe und die Gauleiter", erfahren wir, „gaben sich einander die Türklinke in die Hand." Wie der Nationalsozialismus Fuß gefaßt, einen nach dem anderen angesteckt hat in epidemischen Ausmaßen? Wer da anfälliger war und warum?

Die Mutter, zum Beispiel, „eine typische Provinzlerin, eine Emporgekommene, ein absoluter Antikulturmensch" ohne die geringsten Skrupel, dafür aber, ausschließlich den eigenen Vorteil im Blick, mit Gespür für die Macht des Stärkeren: eine kleinbürgerliche Existenz wie Millionen andere, und wie Millionen andere von der Gunst der Stunde in den Dunstkreis dieser Macht gelockt, darin aufgeblüht, aufgebläht zu fataler Übergröße — natürlich eine „hysterische Nationalsozialistin", die weniger der Ideologie als deren Repräsentationskult, deren theatralischer Gebärde verfallen und aus ähnlichen Gründen, so darf man wohl vermuten, auch katholisch war.

Was unterscheidet sie von Spadolini, dem blendend gescheiten Kirchenfürsten aus Rom, zu dem sie über mehr als dreißig Jahre intime Beziehungen unterhalten hat und den indes auch Murau zu seinen Freunden, seinen Lehrern zählt? Was von ihrem Mann, den sie in die Partei gezwungen hat und der gleichwohl die ihm von den Nationalsozialisten verliehenen Ehrentitel nicht mehr ablegen mag? Und was von diesem Sohn, der die Botschaft vom Tod seiner Eltern und seines Bruders so ungerührt zur Kenntnis nimmt wie einen Wetterbericht, sich das Zusammentreffen der Trauergäste wie ein Sommernachtsfest vorstellt und das Begräbnis als Theateraufführung erlebt?

Und die Töchter, die aus der Kulisse soufflieren, den Ehemann und Schwager nicht minder ungerührt die komische Figur spielen lassen? Oder Johannes, der ältere der Brüder, der sich das Genick brach, als der schnelle Wagen seiner Eltern mit einem anderen zusammenstieß, das Ebenbild des Vaters, eine Marionette in der Hand seiner Mutter? Da ist mit Sicherheit niemand, der einen Menschen in die Gaskammern von Auschwitz oder Maidanek geschickt hätte. Das hat auch die Mutter nicht getan. Doch wer von ihnen, wer von uns hätte es zu verhindern, hätte Widerstand zu leisten versucht? „Wir haben insgesamt eine teuflische Natur", gesteht Murau. Und fügt dreihundert Seiten weiter lakonisch hinzu: „Um uns zu erleichtern, gehen wir ja tatsächlich über Leichen." Das, zum Beispiel, gilt den stummen Zeugen, den verschwiegenen Mitwissern, den eilfertigen Helfershelfern.

Der Schärfe zum Trotz, mit der Murau die Verfehlungen der Eltern zur Sprache bringt — eine Anklageschrift ist das nicht. Was nicht nur im Untertitel („Ein Zerfall") an den „Verfall einer Familie" in Thomas Manns „Buddenbrooks" erinnert, ist ein Erziehungsroman in entgegengesetzter Richtung, gleichsam wider den Strich erzählt. Der verstoßene Sohn, den eigenen Tod vor Augen, fordert die verlorene, die verpfuschte Kindheit zurück.

„Nur der Schamloseste ist authentisch", lautet einer der Schlüsselsätze im vierten Teil („Die Kälte", 1981) von Thomas Bernhards Lebensbeschreibung. Gleich auf den ersten Seiten der „Auslöschung" wird er zitiert, als Maxime und Programm: „Nur das absolut Authentische, und ist es noch so grotesk, möglicherweise sogar widerwärtig."

Murau wirft sich nicht zum Ankläger, nicht zum Richter auf. Wie schon der Medizinstudent in Bernhards erstem Roman „Frost" (1963) und der Erzähler in den meisten seiner autobiographischen Bücher übernimmt er den Part des teilnehmenden Beobachters, der sich mit Plan und Bedacht im Hintergrund hält. Er erstattet uns Bericht — und wählt dazu freilich einen Blickwinkel, der weder der des Akteurs noch der des Zuschauers ist, sondern sie mit der erstaunlichsten Wirkung ineinanderblendet. Das Pathos verfliegt sofort, und das Dämonische löst sich im Lächerlichen auf, in der zwerchfellerschütternden Groteske. Ein Komödiant? Ein sarkastischer Satiriker ist da am Werk, mit untrüglichem Sinn für die unwiderlegbare Pointe. Wer ohne Scham ist, werfe den ersten Stein.

Die schönsten, die anmutigsten und anrührendsten Stellen in diesem Roman allerdings handeln von Muraus Anstrengungen, sich der wenigen Menschen zu vergewissern, die er seine Freunde oder seine Lehrer nennt: seinen gleichaltrigen, wie ein Bruder ihm verbundenen Vetter Alexander, den in den buntesten Farben schillernden römischen Erzbischof Spadolini, die Dichterin Maria (in deren mit größter Zuneigung gezeichnetem Porträt unschwer Ingeborg Bachmann wiederzuerkennen ist), seinen Schüler Gambetti und, vor allen anderen, den Bruder seines Vaters.

Diesem Onkel Georg verdankt er, so erklärt Murau, was er als sein „Geistesvermögen" bezeichnet: seine Liebe zur Literatur und sein Verständnis von Kunst, eine Vorstellung von Geschichte und einen Begriff von Philosophie. Und wie dieser Onkel Georg ihn „zuerst auf die Idee, dann auf den tatsächlichen Weg, auf den Gegenweg gebracht" hat, versucht auch Murau, auf seinen einzigen Schüler Gambetti als „Verführer" und „Verzieher" zu wirken, „Gambetti die deutsche Literatur, dazu aber auch noch meine Idee von der Veränderung und also Vernichtung der Welt einzutrichtern". Ein Rattenfänger im Kostüm des Doktor Faust?

Abermals verflüchtigt sich das Dämonische im Lächerlichen: „Kein Mensch hat seine Übertreibungskunst jemals so auf die Spitze getrieben, habe ich zu Gambetti gesagt und darauf, daß ich, wenn man mich kurzerhand einmal fragen wollte, was ich denn eigentlich und insgeheim sei, doch darauf nur antworten könne, der größte Übertreibungskünstler, der mir bekannt ist. Darauf ist Gambetti wieder in sein Gambettilachen ausgebrochen und hat mich mit seinem Gambettilachen angesteckt, so lachten wir beide auf dem Pincio an diesem Nachmittag, wie wir noch niemals vorher gelacht hatten."

Man täusche sich nicht. Denn, natürlich, ist auch dies wieder eine Übertreibung, Ausdruck eines Stilprinzips, das Gegensätze und Widersprüche in der Gestalt antinomischer Redefiguren („Mein Onkel Georg hatte nur nach seinen eigenen, von ihm gemachten Gesetzen gelebt. Und diese von ihm selbst gemachten Gesetze hatte er alle Augenblicke umgestoßen") einfängt. Ein Satz relativiert den nächsten — und schon der übernächste liefert dem Zweifel neue Nahrung. Das Lachen, mit anderen Worten, vergeht uns sehr rasch. Es bleiben die unversöhnlichen Gegensätze, die unauflöslichen Widersprüche — einleuchtend und rätselhaft zugleich.

„Um was sonst wäre es uns jemals zu tun, als unser Äußerstes zu geben?" So fragt in der „Entstehung des Doktor Faustus" Thomas Mann. „Alle Kunst, die den Namen verdient, zeugt von diesem Willen zum Letzten, dieser Entschlossenheit, an die Grenze zu gehen." Thomas Bernhard hat diese Entschlossenheit früh erkennen lassen.

Sein Thema ist der Abgrund, auf den Ingeborg Bachmann im Zusammenhang mit der Philosophie Pascals (den Murau ebenso zu lieben scheint wie Schopenhauer oder Nietzsche) und Wittgensteins zu sprechen kommt: mit dem Denken und mit der Moral nichts auszurichten gegen die Tatsachen der Welt. Die Schlußfolgerung, die Murau für sich daraus zieht, ist die konsequenteste, wenn sie auch jenseits der Grenze liegt, an die Thomas Mann gedacht haben mag: „Tatsächlich bin ich dabei, Wolfsegg und die Meinigen auseinanderzunehmen und zu zersetzen, sie zu vernichten, auszulöschen und nehme mich dabei selbst auseinander, zersetze mich, vernichte mich, lösche mich aus."

Thomas Bernhard: „Auslöschung". Ein Zerfall. Suhrkamp Verlag, Frankfurt am Main 1986. 651 S., geb., 48,— DM.

Der Spiegel, Hamburg, 1986, Nr.45, S.256-260

Abschreiben. Eine Auflehnung

Eberhard Falcke über Thomas Bernhards Roman „Auslöschung. Ein Zerfall"

Eberhard Falcke, 36, ist Literaturwissenschaftler und Kritiker in München.

Der neueste Bernhard ist nicht im mindesten neu, denke ich an meinem Schreibtisch, im Gegenteil handelt es sich, wie seit Jahren schon, ganz um den alten Bernhard, denselben, den wir, haben wir nur ununterbrochen gelesen, was er ununterbrochen geschrieben hat, seit Jahren kennen und immer besser kennengelernt haben, so daß wir nun, mit dem neuesten Bernhard in der Hand und vor Augen diesen neuesten Titel „Auslöschung. Ein Zerfall", naturgemäß glauben müssen, es handele sich um den ältesten Bernhard überhaupt*.

Mit der allergrößten Schnelligkeit merken wir, die Leser in unseren Sesseln, denke ich, haben wir das Buch erst in der Hand und durchgelesen oder auch nur quergelesen, wie die Schnelleser und Allesnichtswisser sagen, daß es sich bei dieser Bernhardschen sogenannten Neuerscheinung um gar nichts anderes handeln kann als um eine ungeheuerliche Wiederholungsinfamie, eine mit der größten Unverfrorenheit, und die Unverfrorenheit der Schriftsteller ist immer die größte, uns vorgesetzte sechshundertfünfzigseitige Wiederaufbereitungsprosa, zusammengesetzt aus dem Material einer monumentalen Bernhardschen Literaturabraumhalde, von der wir zwar den Standort nicht kennen, von der wir nicht wissen, denke ich, ob wir sie zwischen Salzburg und Ohlsdorf vermuten sollen oder in den Hohlräumen unter dem Suhrkamp Verlag oder einfach im Kopf des Bernhard, von der wir aber auch gar nicht mehr wissen müssen, als daß es sie gibt, denke ich mit dem pfundschweren Buch in der Hand.

An dieser Meinung, zu der wir auf dem Höhepunkt der Lektüre gelangt sind, denn der Höhepunkt der Lektüre ist zugleich der Tiefpunkt des Buches und umgekehrt, können auch die Prospekt- und Klappentexte nichts ändern, diese Reklamelügenfetzen, die dem Buch auf den Rücken gebunden sind, als fürchterliche Last, muß man sagen, dem Buch aufgeladen sind, diese schamlosaufdringlichen Verlagswerbewische, die niemand anderer erfunden haben kann als die Verlagswerbemenschen, denke ich, erfunden zweifellos in ihrem für alles und jedes Geistige immer verheerenden und vernichtenden Niederträchtigkeitswettbewerb.

Genausowenig wie den Verlagswerbemenschen können wir den Zeitungsmenschen trauen, die sich als sogenannte Literaturkritiker einbilden, die Literatur zu fördern, im Gegenteil aber der Literatur immer nur die Urteile schreiben, und die damit nichts anderes sind als Literaturvernichter, viel schlimmer noch als die Ganzundgarnichtleser, weil sie, gleichgültig, was sie sagen, immer auf die ordinärste und also schädlichste Weise gegen die Literatur reden, denke ich mit dem Bernhard im Kopf. Ziehen sie das Besserwisserregister, reden sie gegen die Literatur, ziehen sie das Begeisterungsregister, reden sie ebenso gegen die Literatur. Fortwährend betreiben sie die lächerlichste und heilloseste Literatursabotage, genauso, wie es der Zeitmichaelis uns gerade wieder vorgemacht hat, der noch nach zwanzig Jahren Bernhard auf der Zeitliteraturkritikerbühne ein Betroffenheitsrührstück als Begeisterungsoperette aufführt, der Zeitmichaelis ist immer der Betroffenste und Begeistertste, so daß wir, das Publikum, das das alles seit zwanzig Jahren beobachtet, uns fragen müssen, ob der Zeitmichaelis uns mit seiner Bernhardjubelkritik eine Tragödie oder eine Komödie vorspielt.

Was aber an dem neuesten Bernhard, bei dem wir ja, wie wir einsehen müssen, erschreckend wenig zu lachen haben, tatsächlich und in jedem Fall die allergrößte Heiterkeit hervorruft, das sind die Lesetagebuchnotizen, die der Syberberg als Zweigeisterbewegung in der Alternativtageszeitung herunterlamentiert hat, der Syberberg ist immer der anmaßendste und also naturgemäß immer der komischste, und zwar, wie jeder glauben muß, mit der Absicht, die Katastrophe, die es früher in allen Bernhardbüchern gegeben hat und die es nun in keinem Bernhardbuch mehr gibt, als der katastrophale Syberberg, der er ist, höchstpersönlich nachzuliefern und uns zu beweisen, was wir ohnehin wissen, nämlich, daß er noch derselbe gefälschte Kunstmetaphysiker ist, der er immer war, daß er immer noch derselbe Jammerpriester mit Syntaxdefekt ist, den wir kennen, denke ich, der als Herrenhausvertriebener, getreu dem Bernhardschen Satz „Ersatzdenken ermöglicht unsere Existenz", fortwährend versucht, durch Umweltschutzgedankengänge ins neunzehnte Jahrhundert zurückzufinden, denke ich an meinem Schreibtisch.

Schon die längste Zeit gibt es über den Bernhard, diesen einerseits immer überwältigenden alpenländischen Verzweiflungsvirtuosen, andererseits immer enttäuschenden österreichischen Mißmutsmanieristen, nichts Neues zu sagen, das einzusehen gebietet die Aufrichtigkeit, denke ich, die immer die allergrößte und schonungsloseste zu sein hat. Jedesmal, wenn ein neuer Bernhard erscheint, der sich in Wahrheit als ein uralter Bernhard herausstellt, muß ich aufs neue diesen alten Gedanken denken, denke ich, muß diesen Gedanken in kaum mehr aushaltbarer Nervenanspannung immerfort durchdenken, denke ich, bis diese größte Erregung sich von einem Moment auf den anderen in die größte Erschöpfung verwandelt, denke ich auf meinem Ruhebett. In Wahrheit sind nur die alten Bernhardbücher tatsächlich neue Bernhardbücher, so wie die alten Bernhardbücher von dem jungen Bernhard geschrieben sind und die jüngsten von dem alten Bernhard, und so fort.

Darum müssen wir nur den Fürsten aus „Verstörung", den Italiener aus „Der Italiener" und den Midland aus „Midland in Stilfs" zusammenzählen, vom Ergebnis das Beste wegnehmen, und schon haben wir den Franz-Josef Murau aus „Auslöschung", diesen Monologprotagonisten, durch dessen Sätze wir uns über sechshundertfünfzig Seiten hinweg durchgearbeitet haben, wie die Experten sagen, hindurchgelangweilt haben, wie ich sage, denke ich vor dem aufschlagenden Buch. Zu oft erkennen wir zu spät, daß wir uns in etwas nicht einlassen hätten sollen, das uns vorhersehbar langweilt.

Es bleibt also kein anderer Ausweg als der Schluß, daß dieser Franz-Josef Murau nicht von geringstem Interesse ist, habe ich im entscheidenden Moment blitzartig gedacht, gleichgültig, ob er in seiner geliebten römischen Wohnung über den Photographien seiner verhaßten Familie sitzt, oder ob er in dem immer von Dummheit und Infamie beherrschten Wolfsegg umherläuft, wo Vater, Mutter und Bruder, von denen er mit der größten Ausdauer wegen seiner künstlerischen Neigungen verachtet wurde und die er mit der größten Ausdauer wegen ihrer Gewöhnlichkeit verachtete, aufgebahrt sind, umgekommen bei einem Autounfall.

Solche künstlerischen Existenzen wie der Murau sind, denke ich, ganz und gar unkünstlerische Skandalfiguren. War „Holzfällen. Eine Erregung" ein Beleidigungs- und Beschlagnahmeskandal, so ist „Auslöschung. Ein Zerfall" ein Wiederholungs- und Selbstnachahmungsskandal und sonst nichts. Würden wir alles mit der rücksichtslosesten Konsequenz weiterdenken, würde es uns genügen, wenn der Suhrkamp-Verlag jeden Herbst anstatt ein Bernhardbuch ein Bernhardbulletin herausgeben würde, denke ich, in dem steht, daß der Bernhard weiterschreibt, nicht mehr und nicht weniger, denn was er schreibt, das kennen wir, und wo er schreibt, das geht uns nichts an. In den sechziger Jahren war beim Bernhard, wie bei allen anderen auch, an allem und jedem die Gesellschaft schuld, in den siebziger Jahren war erst an allem die Familie schuld, dann waren die künstlerischen Außenseiter selbst schuld, wie bei allen anderen auch, und in den achtziger Jahren sind beim Bernhard alle an allem und jedem schuld, wie bei allen anderen auch, und damit ist alles gesagt, denke ich.

Haben wir das also erst gemerkt, dann ist unsere Aufmerksamkeit, die anfänglich vielleicht doch die allergrößte war, von einem Augenblick auf den anderen die allergeringste. Trotzdem sind wir durch unsere lebenslängliche Lektüre der Bernhardschen Schriften, die uns einerseits immer absolut interessant, andererseits immer absolut uninteressant ist, dem Bernhard doch immer wieder schutzlos ausgeliefert, denke ich unter der Bettdecke, und können uns nicht dagegen wehren, noch am alleräItesten Bernhard das Neueste zu entdecken.

So entdecken wir nun plötzlich, daß der Bernhard, wenn er, mit der größten Konsequenz, ohne sich oder uns, die Leser, im geringsten zu schonen, sich ununterbrochen wiederholt, anstatt es immer besser zu machen, wie er fortwährend behauptet, es tatsächlich immer schlechter macht in diesem Buch, das überhaupt nichts anderes ist als ein immer gleichzeitig scharfsinniger und stumpfsinniger Sechshundertfünfzigseitenselbstimitationsexzeß, denke ich. Die immerfort alle und alles vor den Kopf stoßenden Sätze des Bernhardschen sogenannten Ich-Erzählers, der über das verpfuschte Leben nachdenkt, zuerst in seinem geliebten Rom, anschließend in seinem verhaßten Wolfsegg, immer über das der anderen und damit immer über das eigene, diese sogenannten Gedanken also gehören nicht zu den stärksten Bernhardsätzen, denke ich, sondern zu den schwächsten, genauso, wie der Ich-Erzähler, als der Haßverschwender und Verdrossenheitskomiker, der er ist, eine von den schwächsten Bernhardfiguren überhaupt ist.

Während der Bernhard früher, denke ich an meinem Schreibtisch, den ganzen Haßmechanismus und die ganze Verzweiflungsmaschinerie gezeigt hat, um uns die tödliche Ausweglosigkeit einer verzweifelten Natur vor Augen zu führen, aus keinem anderen Grund haben wir angefangen, ihn zu lesen, denke ich, zeigt er uns heute noch den ganzen Wiederholungsmechanismus und die ganze Selbstverwertungsmaschinerie des Schriftstellers Bernhard, von dem wir sagen müssen, daß er aus dem, was einmal ein Kunstwerk war, etwas gemacht hat, das bestenfalls, und auch das nur ausnahmsweise, nur noch ein Kunststück ist, weil es so, wie wir es vor uns haben, denke ich, nur noch ein Verzweiflungstrick ist und eine Haßnummer, also nichts anderes als eine jederzeit und überall wiederholbare Bernhardsche Verurteilungsarie, die jeder, die größte Rücksichtslosigkeit gegen sich selbst vorausgesetzt, nachsingen kann und naturgemäß auch der Bernhard, denke ich in mich hineinlachend und schlage die Tür hinter mir zu. ◆

* Thomas Bernhard: „Auslöschung. Ein Zerfall" Suhrkamp Verlag, Frankfurt; 656 Seiten; 48 Mark.

Gesammelte Geschichten von Männern, leider nicht von Hemingway

Georg Biron: **„Männer, Männer, Männer."** Geschichten. Edition S/Verlag der Österreichischen Staatsdruckerei, 211 Seiten, S 198,–.

Die Österreichische Staatsdruckerei veröffentlicht jüngere österreichische Literatur, installierte eine eigene Reihe dafür – die „Edition S".

Gut.

Aber man muß nicht alle Bücher mögen.

Zum Beispiel: Georg Birons „Männer". Schon der Titel ist pure Übertreibung, die elf Geschichten sind so gesetzt, als wär's eine Großdruckausgabe für Sehschwache, statt der Absätze Leerzeilen, und wenn sich Biron an Dialoge wagt – und er schreibt keine guten Dialoge –, dann kommt er mühelos mit 23 Zeilen über die Seite.

Auch so kann man Bücher füllen.

Es sind elf sehr kleine Storys. Ein bißchen Liebesleid und ein paar wehleidige Erinnerungen, ein bißchen Herz für Verrückte und eine Prise Weltkrieg-II-Widerstandslyrik plus einem Hauch Modisch-Revolutionärem aus Mittelamerika. Selbst wenn Biron ein Text gelingt – etwa wenn er die Erinnerungen eines Profi-Catchers aufzeichnet –, dann ist schon der nächste nur bloßes Ärgernis: Science fiction vom Plattesten.

Biron ist Journalist. Und wie viele Journalisten, die unter die Literaten geraten, scheint er am Hemingway-Syndrom zu leiden. Ich hätte seinen Kopf darauf verwettet, daß der Name des großen Vorbilds irgendwann fällt, und sei's als ironisches Zitat. Hemingway steht schon auf Seite 30, Bogart folgt erst auf Seite 125.

Aber Birons „Männer" lesen sich nicht einmal wie eine holprige Hemingway-Übersetzung. Es sind nur leichte Magazinstorys, Wisch-und-weg-Geschichten: am Abend gelesen, am Morgen vergessen.

Auch gut.

KLAUS DÜNSER ■

Die Furche, Wien, 1986, Nr.20, S.18
(Michael Amon)

ERZÄHLUNGEN

Begabter Erstling

„Männer Männer Männer", eine Sammlung von Erzählungen des Wieners Georg Biron, wird vom Verlag leider als Literatur zum Thema „neue Männlichkeit" vermarktet. Das sollte jedoch niemanden abschrecken. Denn Birons Geschichten handeln zwar von Männern und mitunter auch von ihren Obsessionen, aber sie sind keine Männerliteratur.

Biron ist ein hochbegabter Erzähler, und es ist mehr als nur erfreulich, daß ein junger Schriftsteller den Mut aufbringt, einfach nur Geschichten zu erzählen, anstatt den Leser mit theoretischen Konzepten zu langweilen. Dennoch ist der Genuß bedauerlicherweise nicht vollkommen.

Biron hat einen Hang zur aufgepfropften Pointe. Des lauten Effekts willen nimmt er den Geschichten ihr stilles Geheimnis. Dabei schreibt er Sätze, die selbst einem Joseph Roth keine Schande machen würden. Wer es nicht glaubt, lese die Geschichte „Stationschef Brenningmeyer" und sehe über die banale Story und die plumpen Klischees hinweg.

Hier sucht einer (hoffentlich) noch das große Thema, das mit seiner Erzählkunst im Einklang steht. Bei allen Schwächen läßt dieses Buch doch hoffen, daß wirkliche Epik wieder gefragt ist.

MICHAEL AMON

MÄNNER MÄNNER MÄNNER. Von Georg Biron. Edition S im Verlag der österreichischen Staatsdruckerei Wien, 1986. 211 Seiten, Ln., öS 198,–.

InN, Innsbruck, 1987,Nr.10, S.61
(Roland Jörg)

Hoffentlich kein Schlüsselroman.

Zu Kurt Bracharz' "Pappkameraden". Zürich (Diogenes Taschenbuch) 1986.

Bracharz liegt immer im Trend. Man würde ihn sogar gern als Vorreiter mancher zeitgeistlicher Strömungen sehen, doch scheint er irgendwie vom Pech verfolgt zu sein. Durch zumeist unglückliche kausale Verquickungen in der Produktionsphase wird für Bracharz das eherne Bibelgesetz von den Ersten, die die Letzten sein werden, zu Murphy's Law.
So war etwa sein Eß-/Freß-/Verdauungs-/Schweiß-/Scheißhausschmöker "Esaus Sehnsucht" (eines meiner *wirklichen* Lieblingsbücher), bis es endlich auf den Markt kam, bereits einer - wenn auch immer noch herausragender - unter vielen. Und mit seinem ersten Kriminalroman "Pappkameraden" läufts nicht viel anders. 1984 geschrieben, mit einem Auge auf Prießnitz' für den Medusa Verlag konzipierte Reihe "Vienna School of Crime" schielend, landet das Manuskript dann doch bei Bracharz' Kinderbuchverleger Diogenes in Zürich, wo es eineinhalb Jahre eingemottet bleibt. - Und ist erst seit Spätherbst '86 zwischen Ambler und Chandler am Bregenzer Bahnhofskiosk zu finden.

Nun, Bracharz' Krimi ist kein herkömmlicher Krimi, der irgendwelchen Klischees entspricht, vielmehr spielt er die Klischees durch und durchbricht sie. Unser Held heißt Adrian (was für ein Name für einen Krimihelden; er darf sich einmal sogar der Anspielung auf "Adrian, den Tulpendieb", einen beliebten Unterhaltungsroman, erfreuen) und ist mit Wanda und Marius Inhaber einer kleinen Detektei in der Wiener Ungargasse. Die Story wächst mit Adrian: eigentlich sitzt er lieber bei einer Flasche Malt-Whisky und einem ungelesenen Ambler im Büro, doch plötzlich steht er durch einen ominösen Auftrag selbst im Geschehen. Und aus Adrians stets süffisantem Blickwinkel (der Tantra-Zirkel etwa, in den er eingeladen wird, "war eine Sache, die mehr mit Volkshochschule als mit Chakrapuja zu tun hatte (dabei hatte er extra noch geduscht)... .") treibt Bracharz ein amüsantes "Kriminal"-Spiel um die Tochter des Wiener Baulöwen Künzl, um einen indischen Guru, um den Auftraggeber Moosbrugger und um einen politischen Kleinfunktionär, der einen außergewöhnlichen und skandalträchtigen Tod findet (eigentlich der "Aufhänger" - bitte nicht wörtlich nehmen - der Story).

Erfrischend ist die Bezugs- und Vergleichswelt des Adrian (bzw. des Erzählers, der dahinter steht): ein tolpatschiger, kleiner, fetter Sexmaniak, der sich gelegentlich bei den Namen Blake, Moholy-Nagy, Artmann u.a. sowie ein paar Filmen, die jedem Cineasten, der sie kennt, zur Ehre gereichen, seine unpassenden und darum so witzigen assoziativen Anknüpfungspunkte zusammenbastelt. Diese Bezugspunkte sind alle dem nichtwirklichen Leben entnommen und typisch für Adrians Sicht der Dinge (und damit der Welt):

"Ich sehe die Welt als eine Art Kulisse, und die Leute drin als Statisten in einem Spiel, in dem irgend etwas Regie führt - ich bin dieses "irgend etwas" nicht, und ein "Gott" ist es auch nicht. Die Männer sind überhaupt bloß Pappkameraden, aber die Frauen erreichen auch nur selten wenigstens Dreidimensionalität... ."

Um bei Adrians Vergleichswelt zu bleiben: Müllers Büro entpuppt sich neben den Pappkameraden als eindimensionale, seichte Farce (für all jene, die das nicht schon vorher erkannt haben).

Nach der Lektüre gönnen wir unserem Helden den nächsten Ambler (während wir uns bereits den nächsten Bracharz wünschen), die nächste Flasche Malt-Whisky (uns selbst vielleicht auch ein Schlückchen), und Kurt Bracharz wäre nur noch eines zu gönnen: daß seine Pappkameraden nicht nur am Bregenzer Bahnhofskiosk zwischen Ambler und Chandler gereiht werden.

Roland Jörg

Eine feste Burg, eine fixe Idee

Der satirische Gelehrtenroman des Österreichers Alois Brandstetter · Von Ludwig Harig

Ein Altgermanist, von Neigung und Beruf her mit dem Rittertum, also mit höfischen Sitten und mittelhochdeutscher Dichtung befaßt, sitzt beim Essen neben der Tochter seines Habilitationsvaters, doch fühlt er sich, wie Parzifal, noch zu unerfahren, sie traulich heimzuführen. Er muß sich erst den scharfen Wind der Verhältnisse um die Ohren wehen lassen. Doch nachdem er dann dem alten Professor zum Geburtstag mit einer Festschrift gehuldigt, den 68er Studentenumbruch schlecht und recht durchgestanden, geheiratet, Kinder gezeugt und ihnen eine Playmobilburg aus Plastik auf seinen Schreibtisch aufgebaut hat, ist sein Schicksal besiegelt. Berufs- und Familienleben sind nun untrennbar ineinander verzahnt, es gibt für ihn kein Entrinnen mehr: Die Burg ist zu einer fixen Idee geworden.

Fortan spielt er alle denkbaren Burg- und Ritterspiele durch, sprachlich und gesellschaftlich motiviert, als Altphilologe und als Jungvater; auf einer Wanderung der Familie zu einer Burgruine schürzt sich der Knoten, wendet sich das Blatt. Die Familie wird Zeuge eines Motorradrennens, das in den Köpfen des Vaters und seiner Söhne zum modernen Ritterturnier wird; die Positionskämpfe der Motorradfahrer entpuppen sich als ritterliche Fehden und Buhurten, Ulrich von Lichtenstein auf seinem Zossen erscheint als Schlammspezialist wie Gaston Rahier auf seiner Yamaha.

Die kleinen Söhne des Altgermanisten integrieren die neu entdeckte Welt der Räder und Rennfahrer in ihre mittelalterliche Burgenwelt, zu Rittern und Knechten kommen die Crosser und Driver hinzu, und am Ende wußte er, daß er sich mit dieser Plastikburg nicht würde habilitieren können: „Statt an meiner Karriere zu bauen, baute ich an der Burg 839 von Playmobil herum, statt für mich und die Meinen die Zukunft zu sichern, sicherte und verankerte ich das Dach über dem Torturm, und statt mich wissenschaftlich unangreifbar zu machen, verschanzte ich mich im Gemeindehaus und hinter den Kindern."

Alois Brandstetters Roman ist ein Burgenroman und ein Philologenroman, ein Gelehrtenroman und zugleich eine Gelehrtensatire. Der Autor, selbst Altphilologe und Verfasser zahlreicher Romane und Erzählungen aus dem Erlebniskreis seiner oberösterreichischen Herkunft, schreibt eine Prosa, in der sich ein scheinbar naiver, ländlicher Humor mit einem raffinierten, undogmatischen Sarkasmus paart. Wenn Brandstetter vom täglichen Umgang mit dieser Plastikburg spricht, die zugleich auch als verwandeltes Instrumentarium seiner Sprachforschung auftritt, und sich die Erfahrungshorizonte der Generationen ineinandertauschen und übereinander auf einer Linie verschwinden, nimmt man als Leser immer auch an dieser Transformation teil. Alle Stationen dieser Erzählung sind mit Kommentaren, Interventionen, Exkursen versehen wie die alten Epen, die sie auflösend parodieren.

Erzählend belehrt uns Brandstetter über Entstehungen, unterhält uns über Herkünfte, verblüfft uns mit Kenntnissen über Zusammenhänge von Wörtern und Wortgruppen, ganze Sprachexerzitien führt er vor; doch diese Gelehrsamkeit bleibt nicht unreflektiert, unkorrigiert, er mokiert sich über sich selbst, ja, er schäkert mit seiner Bildung, auch mit dem ihm angehängten Konservatismus. Fein- und hintersinnig sind seine gespielten Entrüstungen in religiösen Fragen: als der Pfarrer ihn für den geborenen Nikolaus hält; als er das Sprechverbot der Frau verteidigt; als seine Frau seine Befürwortung des Zölibats mit dem Satz kontert: „Es sei ein Paradox, wenn die Ehelosen für die Ehe und die Verheirateten für den Zölibat schwärmten."

Gleichwohl, bei aller Gelehrsamkeit und auch unterhaltsamen Welt- und Menschenschilderung: zeitweise scheint es, als habe Brandstetter das Erzählen vergessen und seine Hauptfigur bleibt mehr Gegenstand einer Betrachtung als einer Geschichte. Doch dann stürzt er sich wieder ins Erzählen von Anekdoten, und das Ritterspiel mit seinen Knaben erweist sich als ein duftiges, durchsichtiges Erzählspiel. Es bleibt, auf all seinen Ausflügen ins 12. Jahrhundert, nicht bei Beschreibungen und Betrachtungen; sobald man fürchtet, er verliere sich in schulmeisterliche Kleinkrämerei, hat er eine Pointe zur Hand, die das eindeutig Belehrende ins Doppelsinnige, oft ins Komische wendet: „Damals waren das Schießpulver und die Gewerkschaft noch nicht erfunden", heißt es an einer Stelle, an der er von mittelalterlicher Schwerstarbeit erzählt, oder: „Das Ausschlagen der Bäume sei also keine so hohe Leistung wie das Ausschlagen der Pferde, und das Höchste sei gewissermaßen das Ausschlagen des Menschen, etwa durch planvolles Kriegführen oder auch in friedlicher Organisation." Ein Leckerbissen, dieses metaphorisch kalauernde Vergleichen von Äpfeln und Birnen!

Da gibt es einen ironischen Exkurs über die Ordnung, die köstliche Etymologie von „Lego", die komische Episode mit dem Fallgatter, das das Pferd aus Plastilin durchbohrt und eine gerade phantastische Realität in die Erzählung Hartmanns von der Aue bringt. Aus Spitzfindigkeiten über Schillers „Handschuh" geht es über in behäbige Schilderungen von Burgruinen-Grillpartys mit Entertainern, Pissoirliedern und altgermanistischen Ritterwitzen; er philosophiert – wie sonst nur Bildhauer selbst es können – über die Steinbrecherei und Steinmetzerei, er malt Universitätsrektoren als Schönlinge, beschreibt Motorradauspuffe als denaturierten Schweineduft, vergleicht moderne Comic-Interjektionen mit mittelalterlichen Seufzern von Helden, und dann wieder brummt er selbst in Wehklagen der Kulturentlastung breit episch vor sich hin.

Ganz am Ende bittet der Altphilologe, kumulativ habilitieren zu dürfen; er karrt einen riesigen Haufen Playmobilsteine durch das Tor der Universität und sagt: „Dieser plastische und kunststoffliche Haufen sei falsifiziertes Mittelalter und von mir eindeutig widerlegtes Rittertum." Jetzt herrscht, komplettiert durch eine platonische Fragestellung des kleinen Georg, ein kumulatives Ineinander von Alt-, Neu- und Posthochdeutsch: hie das Playmobil, da die Bücher, aber was gilt? „Einen, der die Poesie liebt, kann so schnell nichts erschüttern", heißt es an einer Stelle, und an anderer: „Eine feste Burg ist meine Bibliothek."

Alois Brandstetter: „Die Burg". Roman. Residenz Verlag, Salzburg 1986. 302 S., geb., 32,– DM.

Auf verlorenem Posten

Hermann Brochs Korrespondenz mit Volkmar von Zühlsdorff

HERMANN BROCH: *Briefe über Deutschland 1945–1949. Die Korrespondenz mit Volkmar von Zühlsdorff. Herausgegeben und eingeleitet von Paul Michael Lützeler. Suhrkamp Verlag, Frankfurt am Main, 1987. 155 Seiten, 10 Mark.*

Vierzig Jahre danach kehren sie doch noch zurück, einer nach dem andern. Daß die kommende deutsche Regierung, sobald es eine solche wieder gebe, die von Hitler und dem Nationalsozialismus Vertriebenen nach Deutschland zurückrufen werde, sah der Mitarbeiter des Prinzen Hubertus zu Löwenstein, der 1936 in New York eine Hilfsorganisation für emigrierte Schriftsteller aus Deutschland und Österreich gegründet hatte, als selbstverständlich an. Einstweilen freilich, so schrieb Volkmar von Zühlsdorff (geboren 1912) im August 1945 aus Newfoundland, New Jersey, an den in Princeton lebenden Hermann Broch, erwarte er natürlich nicht, „daß das deutsche Volk uns zurückrufen soll"; „es hat uns ja auch nicht vertrieben."

Als sich dann, vier Jahre später, tatsächlich eine deutsche Regierung etabliert hatte, dachte sie nicht daran, die Exilanten zur Heimkehr aufzufordern. Auch die jungen deutschen Schriftsteller, die der restaurativen Politik der Adenauer-Ära ablehnend gegenüberstanden, wollten sich von den älteren Kollegen, die in den entscheidenden Jahren „draußen" gewesen waren, nicht dreinreden lassen. Der begeisterte Patriot Zühlsdorff, der 1946 in Bremen eingetroffen war, um mit seinem darniederliegenden Volk Hunger, Kälte, Elend zu teilen und zu seinem Wiederaufstieg nach Kräften beizutragen, resignierte schließlich: Die „sogenannte" Bundesregierung war in seinen Augen den in Lethargie versunkenen Deutschen von den Amerikanern aufgedrängt worden; im letzten Brief an Broch vom Dezember 1949 heißt es: „Was mir Sorge macht, ist die Gefahr der Wiederaufrüstung." Der Ruf nach ihr komme nicht von Deutschland selbst, sondern von den Alliierten, und Adenauer, „ein törichter und eingebildeter Mann", gebe sich dazu her.

Dies schreibt jemand, der sich zunächst nicht genug tun kann, sein geliebtes Deutschland von aller Schande und Schuld des Dritten Reiches reinzuwaschen. „Nie war das deutsche Volk größer, schöner, edler als eben jetzt in seiner tiefen Verlassenheit und Erniedrigung", liest man im ersten Brief des Heimkehrers vom November 1946. Für Zühlsdorff steht es von Anfang an fest, daß der Nationalsozialismus ein fremdes Geschwür am deutschen Volkskörper, der Widerstand gegen ihn eine Massenbewegung gewesen ist, „die von links bis rechts, von der Arbeiterschaft über Bürgertum, Intellektuelle, bis zum Adel ging und den weitaus größten Teil der deutschen geistigen Elite umfaßte." Dementsprechend scharf fällt seine Kritik am Vorgehen der Siegermächte aus: Eine Mischung aus Ressentiment und Dummheit, das Erbe der Deutschenhasser Roosevelt und Churchill, habe Hitlers Nachfolge in Europa angetreten.

Zühlsdorffs ebenso sympathischer wie gefährlicher, da zum Irrtum geneigter und zum Mißbrauch einladender Idealismus trifft in seinem älteren Freund und Korrespondenzpartner, dem damals sechzigjährigen Hermann Broch, auf eine nicht weniger humane, aber erheblich realistischere Haltung. Die fast exemplarische Ausprägung der beiden konträren Einstellungen zur Deutschlandfrage macht den Briefwechsel zu einer höchst eindringlichen Lektion in dem schwierigen Fach, das heute gerade noch Zeitgeschichte heißt und demnächst wohl Prähistorie heißen wird.

Brochs Position gewinnt im Gegenzug zu Zühlsdorffs Patriotismus Kontur, Tiefenschärfe und Überzeugungskraft. Deutschland ist für ihn noch 1949 nicht ein Land von unschuldigen und jetzt zu Unrecht verfolgten Lämmern; es „ist das Land der Nazi gewesen, und hoffentlich stimmt dieses Perfektum". Dabei begeht Broch nicht den Fehler, den Faschismus als spezifisch deutsche Krankheit zu isolieren; was in Deutschland geschah, könne überall geschehen. Aber weil es in Deutschland zuerst geschehen sei, müsse der Umschlag der Welt zuerst in Deutschland einsetzen.

Dieser Umschlag, die Bekehrung des „Durchschnittsmenschen" von der eigentlichen Todsünde der Gleichgültigkeit, führt nur durch die Anerkennung der Schuld, die bewußte Annahme des Leidens als Möglichkeit zur Umkehr. „Deutschland braucht Reue" steht schon im ersten Brief vom 24. Juli 1945. Das ist nicht religiös gemeint; Broch hat eine „Art säkularisierte Bekehrung zur schlichten Anständigkeit" im Sinn. Als wesentlichen Baustein für das Gebäude einer neuen Humanität, das es zu errichten galt, betrachtete er seine „Massenwahntheorie", an der er zur Zeit des Briefwechsels mit Zühlsdorff mit selbstzerstörerischer Hingabe arbeitete. Daß sie nicht fertig wurde, ist ein erschreckendes Symbol für die Sinnlosigkeit des Exils, den negativen Ausgang der ersten Phase der Nachkriegsgeschichte. „Wahrscheinlich stehen wir beide auf verlorenem Posten", schreibt Broch in einem seiner letzten Brief an Zühlsdorff. An die Stelle der Wahrscheinlichkeit ist längst Gewißheit getreten.

ALBERT VON SCHIRNDING

Am Ausgang der „wesentlichen Biographie"
Der zweite Band von Doderers späten Tagebüchern

Heimito von Doderer: **„Commentarii 1957 bis 1966 – Tagebücher aus dem Nachlaß"**, Band 2, hrsg. von Wendelin Schmidt-Dengler, 567 S, Ln., S 764 (Biederstein Verlag, München).

Unhandlich, kraus, spröde – anders denn mit solchen Prädikaten läßt die Verfaßtheit der „Commentarii" Heimito von Doderers im großen ganzen sich kaum versehen. Erst dann freilich kann die Charakteristik der Sperrigkeit ihr Oberflächenniveau passieren, wenn man deren lebens- und werkgeschichtlichen Revers wahrnimmt. Mehr noch als die unveröffentlichten Journale der zwanziger und dreißiger Jahre, als die (1964 erschienenen) „Tangenten" der vierziger Jahre zeugen die späten Dodererschen Diarien, deren zweiten Band Wendelin Schmidt-Dengler auf die gleichfalls von ihm (1976) vorgelegte Edition der „Commentarii 1951 bis 1956" folgen läßt, von auto(r)biographischen Komplikationen und Konflikten, zugleich vom Bestreben, in den Aufzeichnungen die jeweils erlebten Bredouillen ihres intimen Soseins und mithin ihrer unverfremdeten Anschaulichkeit zu entkleiden. Um statt dessen auf symptomatische und paradigmatische Tiefenstrukturen größere Anstrengung zu verwenden.

Quer durch Doderers gesamtes Oeuvre wächst die Abneigung wider pure Nabelschau und krude Inhaltlichkeit, wider prätentiöse Anekdotik und verständigungstextliche Mitteilung, Aktualismus und Sensationalismus. Die überaus raren Notate, die trotzdem nach Affäre, Dernier cri oder Plauderei klingen, werden just auch im hier besprochenen Band vom Autor hastig, quasi schamhaft abgespult.

Beherrschend bleiben demgegenüber die löchrige Reminiszenz, die sprunghafte Assoziation, der teilweise verhangene Blick zurück auf scheinbar Unscheinbares. Für schwer zugängliche, tückisch belangvolle Angelpunkte seiner Vergangenheit hatte der Erinnerungsfanatiker Doderer um 1930 die Wendung „wesentliche Biographie" geprägt; die labile Suche nach dem „Nebenbei als Charakteristikum allen wesentlichen Geschehens" (Seite 15), dem so stets exemplarische Valenzen abzugewinnen sind. Das Stakkato dieser Grabungen ist am stärksten ausgeprägt im Traumjournal, dem „Nachtbuch" 1954 – 1958, das der Herausgeber aus guten Gründen an den Beginn des Bandes gesetzt hat. Aber auch Sätze und Gedanken der „Commentarii" im engeren Sinn kanten außerordentlich häufig ab. Je höher das Alter, desto größer erschienen Doderer offenbar Dichte *und* Dickicht der „wesentlichen Biographie".

Von der verqueren (Selbst-)Beobachtung betroffen sind nicht zuletzt die Reisenotate des nach dem Erscheinen der „Dämonen" (1956) auf dem Höhepunkt seines überregionalen Ruhms befindlichen Schriftstellers: Die Bewußtseinsreise verdrängt den äußeren Ortswechsel, das an Doderers Romanen und Erzählungen so bestrickende panoramatische Sehen zersplittert zu Fetzen von Atmosphäre und Retrospektive. In Venetien, Mailand und Bayern, in Hamburg, Paris, London schieben sich dem Diaristen mentale Blenden vor die lokale Novität, Döbling gar und die Insel Sumatra überlappen sich einmal im nachhinein (vgl. 5. Dezember 1961).

Der Verfasser der „Commentarii" hadert ständig mit sich selber, weitgehend versagt er sich in der Rückschau Zufriedenheit, in der Vorschau Bequemlichkeit. Er macht sich vielmehr ein elementares Gattungsmerkmal des Tagebuchs, die Offenheit zur Zukunft hin, imperativ zunutze, bricht rastlos auf zu einer nicht nur akzeptierten, sondern geradezu benötigten Unbeschirmtheit, die ihm Gewähr bedeutet für alle Klarsicht: „Dies gerade ist der Weg zum Objektiven, daß man selbst als Wert-Subjekt untergehe" („Nachtbuch", 9. Oktober 1956).

Wer nach der Lektüre etwa der „Tangenten" und/oder früherer „Kommentare" erwartet, der Autor zeige sich zumal nach dem Abschluß des Mammutopus „Die Dämonen" endlich gefestigter, wird enttäuscht: „Wir aber üben jetzt ohne Unterbrechung", wird im Sommer 1958, zur Zeit der ersten Textstudien für den Roman „Die Wasserfälle von Slunj", notiert. Es soll keine Routine die Singularität des frischen Werkplans beeinträchtigen. Noch im siebten Jahrzehnt seines Lebens meidet der Romancier den doch so naheliegenden Gestus eines Altmeisters.

Klarer denn je wird allerdings eben hier und in der Folge der Einträge die fundamentale Dodersche Spannung zwischen Ungesichertheit und Ordnung, Spontaneität und Methode: Wie sich der Autor allgemein, ausgerechnet zum Schutz des lebensnotwendig geglaubten „natürlichen Chaos" (23. August 1959) von jeher verformelter, tendenziell dogmatischer Begriffe und Ideen bedient, so kommen nun bei der Projektierung des „Romans Nr. 10" (bald umchiffriert zu „Roman Nr. 7") sozusagen hintenherum Disziplin, Fleiß, Kalkül ins Spiel. Auch dies gehört zu der bei Doderer stets ungeheuren Verschwisterung von Leben und Schreiben, die mit dem Entwurf von „R^{10}" beziehungsweise „R^{7}" neuen Auftrieb erhält.

Daran, daß der Autor in Zienhammer, den Protagonisten des „Grenzwaldes" (des Fragment gebliebenen, 1967 publizierten zweiten Teils des Siebten Romans), gleichsam sich selbst vermauert, das gesamte Werkprojekt andererseits, der eigenen Apotheose des Indirekten getreu, „als meine eigentliche Erforschung des Lebens" („Nachtbuch", 28. Juli 1958) anvisiert, werden die herkömmlichen Unterscheidungen von authentischem und fiktivem, nicht-literarischem und literarischem Tagebuch zuschanden.

Zienhammer ist ein Unheld des Ruins und der Tristesse, und man gewinnt den Eindruck, daß jenes letzte, vielleicht trübste textuelle Sediment der Nachtseiten seines Schöpfers schon während und im Vorfeld der Arbeit Doderers an den „Wasserfällen", dem ersten Teil des „R^{10}/R^{7}"-Vorhabens, auf die Gestimmtheit des Schreibenden und den Tenor der Einträge Schatten vorausgeworfen hat. In zunehmendem Maße stehen diese späten Tagebücher im Zeichen von Verfinsterung und Radikalisierung, und es setzt sich allmählich – e negativo auch vom Mumpitz der „Merowinger"-Studien her – eine in der Tat verblüffend „austere Haltung in Sachen der Apperceptivität" (5. Juli 1959) durch. Rückwärtsgewandte Skizzen geben Idyllisches kaum frei, und das habsburgische Mythisieren, das man mit Bezug auf manche schöne Stelle der

„Strudlhofstiege" oder der „Dämonen", selbst der „Wasserfälle" und des „Grenzwalds", dem Romancier zuschreiben könnte (und allzu dezidiert auch zugeschrieben hat), diese Verklärung also wird unzweideutig herunterkommentiert (vgl. 8. Oktober 1964 oder auch schon 20. März 1959). Die asketischen Züge des Autors werden schärfer; in einem feucht-traurigen Trinkspruch (1. April 1966) drückt sich, Aprilscherz beiseite, allenfalls das Verzweifeln an der Mitwelt aus.

Der gern übersehene bourgeoisfeindliche Affekt Doderers nimmt extreme Formen an (vgl 12. November 1965). Im diffusen Eintrag über die Verwischung von Leben und Sterben (8. Februar 1966) klingt, dem Verfasser vielleicht nicht unbewußt, dessen Tod schon an, der sich am vergangenen 23. Dezember zum zwanzigsten Mal jährte. Daß indes die Verdüsterung, welche die letzten „Commentarii"-Jahre beschwert, in erheblich vielfältigerer Weise ausleuchtbar ist als bloß nach der Richtung von Altersbeschwerden hin, zeigt der Herausgeber in seinem Begleitwort.

Dazu und zur Edition noch ein paar Kurzbemerkungen. Schmidt-Dengler, Spitzenkenner des Dodererschen Oeuvres und bereits Herausgeber nicht nur der „Commentarii", sondern auch der Erzählungen (Veröffentlichung 1972) und der argumentativen Schriften Doderers („Die Wiederkehr der Drachen", 1970), hat m. E. exzellente Balance gehalten zwischen der genre-adäquaten Reproduktion der ursprünglichen Gestalt der Tagebücher einerseits und editorischer Aufmerksamkeit in Form von sehr behutsamen und zugleich gebotenen Eingriffen andererseits. Über Kriterien, Konsequenzen und Grenzen der philologischen Einflußnahme en detail wird der Leser im Anhang bestens informiert. Zuvor erläutert Schmidt-Dengler eingehend und kenntnisreich Gehalt und Eigenart der vorgelegten „Kommentare", insbesondere deren Bezogenheit auf bestimmte topographische Bezirke, auf die Genese von Doderers letzten narrativen Werken, auf die komplexe Dynamik der Dodererschen Krisen (-Tarnung). Hinzu kommt, am Schluß des Bandes, ein Namensregister, in dem beide Bücher „Commentarii" erfaßt sind.

Allein zwei Detailpunkte hat der Rezensent in diesem Zusammenhang zu beanstanden: Der Passus über die Auflösbarkeit semantisch verschlüsselter Einzelstellen (vgl. 557f.) hätte mehr Beispielen Raum geben können. Bei der Auswahl der zur Publikation bestimmten Notate (das Gesamt der erhaltenen Textmasse ist ungefähr dreimal so umfangreich) hätte man Albernheiten wie die Sex-and-Rhyme-Versuche (320 und 373) und den syntaktischen Ulk (517) aussondern können – gerade Doderers Altersfaible für untergriffige Faxen dürfte durch die „Merowinger" oder auch durch die einschlägigen Enthüllungen Dorothea Zeemanns einen hinreichenden Bekanntheitsgrad erreicht haben.

Im übrigen aber schließt sich in der hier besprochenen Neuerscheinung ein präzises, unentbehrliches Nachwort an ein Journal an, dessen akkurate Edition uns einen faszinierend, zuweilen irritierend unkulinarischen Doderer vorführt: einen bis zum Schluß von vielen Rissen durchzogenen Charakter, den es hinter der souveränen Machart seiner Romane und dem Putz heimitistischer Kanonisierung zu entdekken gilt.

Martin Loew-Cadonna

Zeremonien der Freundschaft

Der Briefwechsel zwischen Heimito von Doderer und Albert Paris Gütersloh / Von Ulrich Weinzierl

In Nachschlagewerken und Ausstellungskatalogen entdeckt man ihn mitten unter den Opfern des Nationalsozialismus: 1938 wurde er als Professor an der Wiener Kunstgewerbeschule zwangspensioniert, 1940 erhielt er überhaupt Berufsverbot. Die Vorwürfe klangen, im Sinne des Regimes zumindest, einleuchtend: „Tätigkeit als kommunistischer Schriftsteller, die schlechte pädagogische Führung und schlechte künstlerische Leistung seiner Klasse, die vorwiegend als Kunstentartung bezeichnet wird . . .“

Kein Zweifel, gemessen am Naziterror ist der schreibende Maler Albert Paris Gütersloh relativ glimpflich davongekommen. 1945 wurde er, versteht sich, als ehemals Verfolgter rehabilitiert, sofort an die Akademie der bildenden Künste berufen und konnte sich auch für seinen – als NSDAP-Mitglied seit 1933 – „belasteten“ Freund Heimito von Doderer einsetzen, immerhin hatten die beiden eine Wohnung geteilt, eine „arisierte“ übrigens, wie es im damaligen Sprachgebrauch hieß.

Man könnte also vermuten, hier triumphierte persönliche Sympathie über weltanschauliche Gegensätze. Welch ein Irrtum! Derselbe Albert Paris Gütersloh hatte nämlich am 13. März 1938, beim „Anschluß“ Österreichs, in einem Brief an Doderer bekannt: „Ich bin ein Stück des brüllenden, erlöst umherziehenden Volkes“, sein Schreiben nicht nur mit einem entschlossenen „Heil Hitler!“ gekrönt, sondern auch mit einer poetischen Beigabe, deren Eingangszeilen lauteten: „Nun steigt in allen Wurzeln deutsches Blut! / Der ganze Garten wieder blutwarm ruht!“ Was immer die wabernde Weihe konkret bedeuten mochte, der Adressat reagierte weit weniger überschwenglich, nach mehreren Wochen erst und mit beinah unterkühltem Dank für die „schönen Verse, die Sie mir sandten, alles das in einer so bewegten Zeit!“. Fürwahr, diese Formel – so vage sie sein mag – kennzeichnet jene Epoche trefflich und auch alle von ihr Mitgerissenen, ob zur Begeisterung oder in den Strom der Vernichtung.

Die eben mit beträchtlichem Sachverstand und zudem beispielhaft leserfreundlich edierte Korrespondenz zwischen Gütersloh und Doderer aus den Jahren 1928 bis 1962 erweist sich in vielerlei Hinsicht als instruktiv. Nicht zuletzt führt sie, gerade auch in bezug auf unsere jüngste Vergangenheit, ein Prinzip unabweislich vor Augen: Der Schein trügt fast stets. Hatte man bisher Doderer für den ideologisch Verdächtigeren gehalten, ist diese Meinung nunmehr zu revidieren: Daß Gütersloh schließlich zum Hitler-Gegner wurde, lag vor allem an der – ihn überraschenden – Ablehnung, die er von seiten der Machthaber und Kulturfunktionäre erfuhr. Schon 1929 hatte er, seinem Verleger Rudolf Haybach gegenüber, verkündet: „Der schöne Mensch darf töten. Denn er tötet, vom Genius gelenkt, nie anderes als das Häßliche, Alte, Vermorschte! Die Häßlichen sind immer Pazifisten! Sie wissen, warum.“

Derlei läßt sich aus Doderers Œuvre nicht zitieren, dafür zeigte dieser eine Einstellung zur Wirklichkeit, die man am besten mit seinem Lieblingsbegriff „Apperceptionsverweigerung“ umschreibt: So bemerkte er Ende 1936 ausgerechnet in Dachau, wohin er einige Monate zuvor gezogen war, „daß man nämlich in einem eminent sozialen Rechts-Staate lebt, und zwar in jener Freiheit, wie sie gemeinhin verstanden wird. Das sind Wohltaten.“ Gewiß: Wer solches unter diesen Umständen notiert, ist mit Blindheit geschlagen, vielleicht sogar mit gnädiger Blindheit. Andererseits hatte ebenso gewiß die Schwärmerei von einem Dritten Reich, die Doderer mit Gütersloh verband, erheblich weniger mit der Realität des Faschismus zu tun, als die gleichlautende Terminologie glauben macht. Im Grunde paßte sie ganz und gar nicht in den Kontext der Nazi-Kunst und -Künstlichkeit, die ästhetische Orientierung ihrer Werke stand vielmehr dem herrschenden Geschmack diametral entgegen. Das einzusehen war beiden jedoch erst in einem schmerzlichen Erkenntnisprozeß möglich.

Im Falle Gütersloh ging dieser Prozeß überdies mit zunehmender Isolierung einher, die zu durchbrechen eine wichtige Aufgabe des Briefverkehrs mit Doderer war. „Wie Sie wissen“, klagte er im Sommer 1940, „ist den Sträflingen verboten, miteinander zu reden (. . .) Unglückliche, ja auch nur Gefährdete sind immer tabu.“ Indes trägt der vorliegende Band nicht allein Aufschlußreiches zum Thema „Der Künstler und die Politik“ bei, er erhellt obendrein ein veritables Ausnahmeverhältnis zwischen zwei Autoren, das als Mythos vom Lehrer und seinem Schüler in die Literaturgeschichte unseres Jahrhunderts eingegangen ist.

Verehrungsvoll hatte sich der um neun Jahre jüngere Doderer 1928 Gütersloh genähert – den Meister zum Objekt einer Monographie zu machen war sein Ziel, das er mit dem 1930 erschienenen Bändchen „Der Fall Gütersloh“ erreichen sollte. Während er den Älteren als „geistlichen Adoptiv-Vater“ titulierte und sich folgerichtig als „liebender Sohn“ empfahl, faßte sich dieser nüchterner und bemühte statt familiärer Metaphorik lieber eine professionelle: „Genosse der Schreibtischfolter“ nannte er den Briefpartner.

Aber auch auf anderer Ebene konnten Gütersloh und Doderer durchaus als Kameraden gelten: Beide blieben sie mit ihrer Arbeit lange erfolglos, fühlten sich von ihren Zeitgenossen verkannt. Was sie einander mitzuteilen hatten, transzendierte gleichwohl durchwegs den Problemkreis berufsbedingter Lamentationen. Die – oft merkwürdige – theoretische Überhöhung privater Schwierigkeiten ist geradezu ein Erkennungszeichen ihres Schriftwechsels, und diesem Umstand verdankt sich ein wesentlicher Teil von dessen Reiz. Da finden sich bedenkenswerte Sätze – „Aber Selbstverständlichkeiten sind Ungeheuer oder Ungeheuerlichkeiten, an deren Nachbarschaft wir uns nur gewöhnt haben“ oder „Keine Leere ohne Blendwerk der Fülle“ – neben dem „Morgen-Idyll des Schriftstellers“ mit dem Titel „Nackte Dame am Fenster“, das naturgemäß genauso wie die Aphorismen von Doderer stammt.

Wirklich nahegekommen sein dürfte sich das vermeintliche Dioskurenpaar allerdings kaum – je weiter sie voneinander entfernt waren, desto enger, ungetrübter schien ihre Verbindung. Daß dann, in den fünfziger Jahren, die Distanz wieder wuchs, nimmt keineswegs wunder. Der Bruch – und allen zivilisierten Umgangsformen zum Trotz war er unübersehbar – kam 1962, als sich Doderer in Güterslohs großem Roman „Sonne und Mond“ wenig schmeichelhaft porträtiert sah. Bei Lichte betrachtet, dürfte die zeremoniös verkleidete Spannung freilich schon im Keim ihrer Beziehung angelegt gewesen sein, und das wußte Doderer sehr wohl: „Die Abneigung des Künstlers gegen die schöpferische Sphäre von seinesgleichen ist analog der Abneigung jedes gewöhnlichen Mannes gegen die Genitalsphäre eines anderen.“ Persönlicher hatte er das Scheitern der Freundschaft bereits 1955 festgehalten und begründet: „Ich habe ihn bewundert. Mehr aber noch habe ich ihn studiert. Und das rächt sich. Der zur Romanfigur Gewordene verschwindet aus dem Leben.“

Reinhold Treml (Hrsg.): „Heimito von Doderer – Albert Paris Gütersloh“. Briefwechsel 1928–1962. Biederstein Verlag, München 1986. 320 S., geb., 58,– DM.

«Tiere, Wolken, Rache»

Gedichte von Erwin Einzinger

E. H. Genaue Beobachtungen, skurril anmutende Assoziationen, Splitter eines vermuteten Ganzen, immer haarscharf an einer Lösung vorbei – und doch muss das Leben irgendwo sein, und zwar ganz nahe, wie es in einem dieser Gedichte heisst. Es sind Gedichte, auf die es «nicht ankommt», wie es auf jene Abenteuer in seinen 1883 erschienenen Porträtskizzen, die auf den 1953 geborenen Oberösterreicher aufmerksam machten, «nicht ankam». Der Titel jener Skizzen, «Das Erschrecken über die Stille, in der die Wirklichkeit weitermachte», könnte auch für diesen annähernd hundert Gedichte enthaltenden Band gültig sein. Der Umschlag spricht von «Balladen von einem, der auszog, das Fürchten zu verlernen»; das Erschrecken des Dichters ist jedoch von der Art, die man nicht verlernen, wohl aber wie im Bild vom alltäglichen Sterben in «Fahrt» weitergeben kann:

Das Tier war noch warm. Es war genauso alt
Geworden wie sein Schädel, den es im Sterben

Noch ein wenig zur Seite gedreht hatte: Dort
War er dann geblieben. Sonnenlicht kam jetzt

Aus dem Blutwasser, das schräg über die Strasse
Lief & langsam kreisende Schlingen bildete

Durch die dieser Tag nun wohl hindurchmusste.
Viel Glück.

Das Mitgefühl mit der Kreatur ist jenseits aller Sentimentalität. Oft erzeugt die Aneinanderreihung von logisch nicht Zusammenpassendem die eigenartige Atmosphäre dieser Gedichte; dieser Atmosphäre wird man erst nach einer Weile gewahr, wenn man sich eingelesen hat in diese zerfaserte Welt, in der das Erschrecken über das Vorhandene in wenigen Worten und einprägsamen Begriffen fühlbar gemacht wird: «Warum habt / Ihr Angst? Die Wellen werden höher. Die / Zeichenmaschine! Die Gletscherbrille! / Die Golfschläger! Die Partygläser! Das / Leichenhemd! Und immer noch fehlt so / vieles.»

Die vielfältigen Versbilder dieses rhapsodischen Welterlebens ergeben sich durch oft willkürliche Trennungen und entzweigeschnittene Wörter, die grossgeschrieben einen Zeilenanfang ergeben – ein Hinweis auf die Zersplitterung, die Brüche in der Welt, die in diesen reimlosen Gedichten oft mit einer brüsk herbeigeführten optimistischen oder auch nur voluntaristischen Wendung ausklingen wie «Stark bleiben!» «Blind weiterstürzen!» «Das Leben / Geht weiter», «Das macht aber nichts».

Die Beliebigkeit der hartnäckig immer wieder impressionistisch zusammengeklaubten Wirklichkeitsbrocken, Momentaufnahmen und Wahrnehmungssplitter ist nur scheinbar, in ihrer steten Neubeschwörung liegt Methode und auch der Sinn dieser Texte. Die Unmittelbarkeit der Umsetzung eines Bildes und eines Weltgefühls in Dichtung kann man etwa in den sechs Zeilen von «Kinderspiel» nachvollziehen:

Und dann noch so ein Dienstag. Oder ein Mitt-
Woch? Am Vormittag Schreie vom Wasser her.
Ein Bub drischt mit einem Ast in die See-

Rosen. Das geht ganz leicht, nicht? Das Wasser
Steigt auf, zieht sich ins Unsichtbare, ver-
Rollt sich. Jetzt nicht schwach werden, Wasser!

Nicht «Bruder Wasser», «Bruder Wolke» oder «Bruder Tier», und doch erinnert dieses Singen gegen die flachen und grellen Wirklichkeiten der Sinn- und Zusammenhangslosigkeit des Wahrnehmbaren – mutatis mutandis – an die Welt des *poverello* und auch an seine Liebe zu ihr.

Erwin Einzinger: Tiere, Wolken, Rache. Gedichte. Residenz-Verlag, Salzburg 1986.

„Ich schreibe, weil ich muß"

Zu den wenigen interessanten Debüts dieses Bücherherbstes gehört das der Lilian Faschinger – da rumort die gewitzte Scheherazade aufs neue und verwegener denn je. Von Sigrid LÖFFLER

Heute schreibt jeder. Der „Spiegel"-Redakteur versucht sich verschämt an Romanen à la Handke. Der Werbe-Fritz sieht sich selbst als Lyriker. Jeder zweite Oberstudienrat hat das Fazit seiner Lebenserkenntnisse als Autobiographie in der Schublade liegen. Jede frauenbewegte Frau bringt ihre Erfahrungen mit Geburten, Abtreibungen, Männern, Müttern, Chefs, Berufswelt (Zutreffendes bitte ankreuzen) zu Papier.

Schlechte Zeiten für literarische Debütanten. Schwer, auf sich aufmerksam zu machen. Schwer, eine eigene, unverwechselbare Stimme zu erheben und in dem Stimmengewirr, das der belletristische Buchmarkt ist, sogar gehört zu werden.

„Jeder schreibt heute", sagt Lilian Faschinger, „aber ich schreibe unbedingt. Bei mir ist das gar keine Frage des Mögens mehr. Ich schreibe, weil ich muß."

Sie gehört zu den zwei, drei interessanten Debütantinnen dieses Bücherherbstes. Die anderen: Undine Gruenter, 34, Germanistin in Wuppertal, deren erster Roman „Ein Bild der Unruhe" (Hanser Verlag) heißt; und Barbara Honigmann, 37, Dramaturgin und Malerin aus Ostberlin und heute in Straßburg lebend, die ihren ersten Erzählungsband „Roman von einem Kinde" (Luchterhand Verlag) herausgebracht hat.

Mit Undine Gruenter und Barbara Honigmann hat Lilian Faschinger, die 36jährige Kärntnerin mit Wohn- und Berufssitz in Graz, manches gemein: drei Frauen Mitte dreißig, alle um 1950 geboren, in die materiellen Selbstverständlichkeiten der Nachkriegszeit hinein. Alle drei haben vielerlei gelernt und mancherlei studiert, haben sich umgetan in der Welt, haben Beziehungen ausprobiert und Milieus gewechselt, sind vielbereist und vielbewandert, haben unterschiedliche Lebensweisen und mehrere Berufe erprobt (und sich in ihnen), haben sich aber auf keine und keinen endgültig festlegen lassen, sind immer noch auf der Suche – beweglich, neugierig, veränderungslustig, aufbruchsbereit, experimentierfreudig.

Dort, wo die Faschinger, die Gruenter, die Honigmann jetzt angelangt sind, dort werden sie nicht stehenbleiben. Die Chancen sind noch lange nicht ausgeschöpft, die Möglichkeiten weiblichen Lebens noch lange nicht zu Ende definiert, die eigenen Kräfte noch lange nicht ausgekundschaftet. Was sie nicht sind, können diese drei Frauen durchaus noch werden. Schriftstellerinnen beispielsweise.

Daß sie gestandene Frauen sind, kommt ihrer Literatur zugute. Jede von ihnen hat eine Menge Lebenssubstanz und viel originelle Leseerfahrung ins Schreiben einzubringen – und derlei strahlt, verdichtet, aus ihrer Literatur zurück. Lilian Faschinger beispielsweise beschreibt zwar ihr eigenes, höchstpersönliches Lebensgefühl; um aber nicht in eine private Beliebigkeit abzudriften, stützt sie sich auf den Mythos: „Der Mythos ist eine Hilfe beim Schreiben – er stellt, auch wenn man durchaus respektlos mit ihm umgeht, den Zusammenhang mit der bestehenden Literatur her."

Lilian Faschingers Erstlingsroman heißt „Die neue Scheherazade", und der Mythos dahinter ist gut gewählt – er ist Allgemeingut, aber trotzdem unverbraucht.[1])

Ach ja, Scheherazade. Die ältere Tochter des Großwesirs. Die Kluge. Die Mutige. Die Geistvolle. Freiwillig heiratete sie den grausamen König Schahriar, der, von seiner ersten Gattin hintergangen und betrogen, fortan jeden Tag eine neue Frau heiratet und tötet, ein rächender Wüterich allen Jungfrauen des Landes. Bis Scheherazade beschließt, all ihren Witz zusammenzunehmen und dem Schrecken aller Frauen ein Ende zu machen. Triumph des Geistes über die gewalttätige Dumpfheit: Scheherazade hält Schahriar mit Geschichtenerzählen hin, tausendundeine Nacht lang. So rettet sie sich durch Phantasie, besänftigt Schahriars Rachedurst und gewinnt sich Freiheit und Leben.

So, wie die mythische Scheherazade um ihr Leben erzählt hat, so erzählt/schreibt bei Lilian Faschinger eine neue Scheherazade – genauer: Scheherazade Hedwig Moser, die Tochter eines Kärntner Bauingenieurs und der Farah Kashoggi aus Teheran –, um ihre Haut zu retten. Solange diese neue Scheherazade auf ihrem Sofa in der Grazer Leonhardstraße sitzt und schreibt und phantasiert und erzählt, solange können ihr alle Schahriars dieser Welt – will heißen: die ganze besitzergreifende, frauenunterdrückende, patriarchale Männerwelt – nichts anhaben. Das Fabulieren ist ihr Freiraum.

Nicht nur für Scheherazade, auch für Lilian Faschinger ist der Zweck des Schreibens/Erzählens die Errettung der weiblichen Eigenart, die Erringung eines Stückchens weiblicher Autonomie. „Man erringt ja Selbständigkeit durchs Erzählen", sagt die Faschinger, „das Vordringen in die Phantasie ist ja ein Vordringen in einen Freiheitsraum".

Die Faschinger schreibt in einem neuen, ganz eigenen Ton – spöttisch, erotisch, höchst unternehmungslustig, selbstsicher, aber stets auf der Hut, weltklug, leicht, aber mit jähen Einbrüchen einer grimmigen Abgründigkeit. Sie ist in der Literatur wohlbewandert – schließlich hat sie in Graz ein Lehramtsstudium in Geschichte und Englisch samt Dissertation absolviert, auch wenn sie diesen Beruf aus monumentaler Abneigung gegen das Lehrer-Milieu nicht ausübt („Ich hatte Angst vor einem Lehrerleben in Stainach-Irdning oder Weiz").

Natürlich merkt man ihrem Schreiben ihre Belesenheit an – aber nicht als akademische Beschwer oder Besserwisserei, sondern als leichthändigen Anspielungsreichtum, der auf graziöse und beschwingte Weise mit den eigenen Literaturkenntnissen seinen Schabernack treibt. Der Roman spielt witzig und raffiniert mit überall zusammengeklaubten literarischen Materialien. Freilich auch mit außerliterarischem Material, mit den Figuren der Medien-Folklore und mit Trivialmythen von Graf Dracula bis Batman, wie es einer Autorin wohl ansteht, die sich auf der Höhe der postmodernen Zitierwut erweisen will.

„Mein Buch ist ein Schelminnenroman", sagt die Faschinger. In den Schelmenromanen sind immer Männer abenteuerlich unterwegs; hier ist es, wenn auch auf Phantasiereise, Scheherazade Hedwig Moser. Sie hat – oder sie erträumt sich – die phantastischesten erotischen Abenteuer – mit Roman Polanski, mit Clint Eastwood, mit dem Verpackungskünstler Christo, mit dem Musiker Tom Waits und mit Andrew Lennon, einem fiktiven Bruder John Lennons. Ganz zu schweigen von Johannes dem Täufer und dem Hopi-Indianer Tom.

Sie läßt sich von Christo in Paris in braunes Packpapier verpacken. Sie zieht mit Tom Waits durch das abseitige Nachtleben „in der Höllenstadt Dis, der Stadt mit den flammenden Gräbern, deren Deckel gehoben sind". Sie hat in Kreta eine glühende Affäre mit Andrew Lennon und trennt sich von ihm, weil er von ihr verlangt, sie solle sich auf Yoko Ono gesichtsplastisch umoperieren lassen. Und sie genießt, was ihr die Feministinnen verübeln werden, in der Nähe von Dodge City, Kansas, „eine formvollendete, professionelle Vergewaltigung" durch Clint Eastwood.

All dies, versteht sich, hinter dem Rücken des fürchterlichen Schahriar. Mit jeder Liebesaffäre schlägt die Heldin, eine erotische Freibeuterin von unbezwinglicher Eroberungslust, allen Schahriars der Welt ein neues Schnippchen: Die kriegen sich nicht und können sie nicht unterjochen, weil sie ihnen per Phantasie ständig entwischt.

Die Phantasiereisen der Romanheldin sind durch die realen Reisen der Romanautorin durchaus beglaubigt. Die Faschinger ist weitgereist. Ein Jahr studierte sie an der amerikanischen Ostküstenuniversität Stanford, Europa ist ihr vielfältig vertraut, vor zehn Jahren ist sie zu viert – sie mit drei Männern – sieben Wochen lang per VW-Bus durch Persien und Afghanistan getrampt. „Ich weiß von vielem einiges und nur von wenigem viel", umschreibt sie ihre Weltkenntnisse.

Soviel gewitzte Weltläufigkeit findet es daheim mitunter recht eng. Die Tochter eines Schlossers aus Tschöran hinter dem Ossiachersee hat im Dorf schon den „Haß aufs Provinzielle" gelernt und vermißt auch in Graz, wo sie halbtags als Universitätsassistentin arbeitet, trotz steirischer Breite oft die Weite. Zum Forum Stadtpark, dem Grazer Dichterhort, hat sie keinen Kontakt – „Die sind doch dort recht männlich orientiert, finden Sie nicht?" Entdeckt worden ist sie beim vorjährigen Klagenfurter Bachmann-Preis, wo sie mit einem Scheherazade-Kapitel sich ein Stipendium und einen Verleger anlachte.

Aber schon kribbelt in Lilian Faschinger wieder die Wanderlust. „Wanderlust" soll auch ihr nächstes Buch heißen. Es wird von der Weltfahrt, der großen ritterlichen Abenteuerfahrt handeln. Freilich auf spöttisch subversive Weise. Es steht zwar geschrieben, daß nur Ritter wie Lanzelot auf Gralssuche gingen. Bei der Faschinger soll geschrieben stehen, wie dieser Mythos sich umdreht. Wer da auf die große Abenteuersuche geht, ist eine Frau. Ihr Name versteht sich von selbst: Lotte Lanz. ■■

[1]) Lilian Faschinger: „Die neue Scheherazade", Roman, 191 Seiten, List Verlag, München 1986, S 193,40.

Ludwig von Ficker. Briefwechsel, Bd. 1: 1909 — 1914, Otto Müller, Salzburg 1986 (= Brenner-Studien Bd. VI), 422 Seiten. ÖS 350,—

Kanäle und lebendiges Gewässer, das letztlich auch diese Kanäle speist und durch sie die Kraftwerke treibt — so etwa verhalten sich die für gewöhnlich zwischen Buchdeckeln abgespeicherten literarischen Werke zum Fundus des Innsbrucker *Brenner*-Archivs, den dieser erste Band einer Briefausgabe in Auswahl erschließt. In einer Zeit der toten, weil ausbetonierten Gerinne mag es vielleicht von wahrhaft befreiender Wirkung sein, wieder einmal in den Einzugsbereich der lebendigen Wiesengerinne zu steigen, ohne die auch die Ströme nicht flössen.

Und diese Lebendigkeit als Untergrund wird man dem damals dreißigjährigen Ludwig von Ficker nicht absprechen können, der zur Jahresmitte 19 in Innsbruck das erste Heft des *Brenner* herausgab. Vorangegangen waren literarische Auseinandersetzungen mit der Tiroler Literatur und der Zeitschrift *Föhn*, deren Mitarbeiter er zusammen mit streitbaren Jungtirolern zunächst war. Wenn der im heiligen Land Tirol wohl nicht ohne Anlaß antiklerikal-humanistischen Revue in späteren Phasen schließlich ein betont nonkonformistisch-christliches Gepräge zuwuchs, so ist das wohl in der Zentralgestalt Ludwigs von Ficker schon in diesen frühen Jahren angelegt, dessen Heim in Mühlau und harmonisches Familienambiente nicht nur für einen Georg Trakl, seine Entdeckung, zum Lebensinhalt wurde, sondern auch seinem verehrten Lehr- und Sprachmeister die folgende Anerkennung entringen konnte: *Lieber Herr von Ficker! Wenn ich — statt sie „nur zu zerstören" — mich auf allgemeines Verlangen entschlösse, die Welt „auch aufzubauen", so brauchte ich einen Plan. Und den nähme ich von der Erinnerung an den einen Tag in Mühlau.*

Dienst am Wort, das war für Ficker hauptsächlich der Dienst an den Autoren, demzuliebe er auch seine eigenen literarischen Ambitionen schließlich ganz zurückstellte: Vermittler war er im besten Sinne, etwa auch der Riesensumme, die Ludwig Wittgenstein ihm am Ende des von diesem ersten Briefband gedeckten Zeitraums zur Weitergabe an bedürftige Künstler anvertraute. Und in der Vermittlungsleistung seiner Essays und Briefe, deren Franz Seyr schon in dem Band *Denkzettel und Danksagungen* repräsentative Stücke publiziert hatte, besteht denn auch der sichtbare Teil seines literarischen Lebenswerkes, der aber, vor allem durch den umsichtigen und gediegenen Kommentar der Herausgeber, der ein gutes Drittel des Bandes einnimmt, durchscheinen läßt, daß wirklich Fickers ganzer Lebensatem in diese eine Herausgeberschaft eingegangen ist. Und wieder zwanzigjährige Arbeit ist in diese Herausgabe investiert worden, von den Anfängen des verstorbenen Tullner Ebner-Herausgebers Franz Seyr bis zu den heutigen Vollendern Ignaz Zangerle, Walter Methlagl, Anton Unterkircher und ihren Mitarbeitern im *Brenner*-Archiv.

Dabei sind Ausgabe und Kommentar durchaus für einen weiteren Kreis von Lesern angelegt, deshalb auch die recht ausführlichen Vorstellungen der Briefpartner und in Briefen erwähnten Personen, die auch weiterführende Literatur nennen. Daß trotzdem manches als nicht mehr oder nicht ermittelbar gekennzeichnet werden mußte, liegt auch daran, daß unter den 12000 im *Brenner*-Archiv liegenden Briefstücken natürlich die Briefpartner überwiegen und nur in günstig gelagerten Fällen wie bei Karl Kraus oder Trakl die Antwortbriefe Fickers aufgefunden werden konnten.

Die Lektüre erfordert daher einen ständigen Wechsel zwischen Text und Kommentar, wie er eigentlich jedem bedeutsamen Text zustünde und empfiehlt den Band auch dem Nichtfachmann als Schule der Philologie, die sich nicht mit dem hastigen Konsum manchmal unverdaulicher Brocken zufrieden gibt. Heilsames Gegenmittel gegen die Hast unserer Geschäftigkeit ist allerdings auch der Tonfall der meisten Briefe selbst, die seltsam zeremoniös die Zeit vor uns heraufführt, in der noch nicht das Telefon die persönliche Mitteilung aus dem Schriftverkehr herausgefiltert hat, wodurch unsere eigenen Schriftstücke zum Leidwesen der Philologen der Nachwelt als reine Geschäftskorrespondenz ohne Tiefgang erscheinen werden, wenn man sie einmal ausgräbt.

Man kann mit verschiedenen Interessensperspektiven an Fickers Briefwechsel herangehen, unter anderem von der, darin das geistige Abenteuer einer Zeitschriftengründung in der Provinz zu verfolgen, die sehr bald die Aufmerksamkeit einer Elite der Metropole Wien, aber auch Interesse in ganz Deutschland erweckt. Der Eigenwert geistiger Bewegung und konsequenten Einsatzes wird darin spürbar; Ermutigung für alle, die abseits der gebahnten Wege unbeirrbar ihren eigenen gehen wollen. Wer sich den Moden nicht beugt, hat die besten Chancen, selber stilbildend zu wirken. Freilich, nicht allzuviele Beiträger aus dem regionalen Raum haben mit Ficker und Trakl dauerhafte Spuren in den Literaturgeschichten hinterlassen. Selbst um einen Star des *Brenner* wie Carl Dallago ist es mittlerweile still geworden, und andere Schützlinge Fickers haben es kaum je auf gesamtösterreichische Wirkungen gebracht.

Aber gerade da mögen Entdeckungen zu machen sein, wenn man den Nachweisen des Kommentars nachginge: vielfach hat ja die edle Zurückhaltung, die der Generation junger Herren vor dem Weltkrieg bis in den Stil hinein eigen war, auch die Eigenpropaganda gelähmt, die auf den literarischen Märkten anscheinend unerläßlich ist. Lyriker wie Franz Janowitz und Karl Röck, Erzähler wie Ludwig Erich Tesar, Robert Michel oder Karl Borromäus Heinrich, um nur einige zu nennen, wären neu zu sichten, ob da nicht Wiederentdeckungen fällig wären . . .

Zum anderen kann man natürlich auf die Suche nach bekannten Autoren der Literaturgeschichte gehen und wird staunen, vereinzelt sogar Thomas und Heinrich Mann unter den Korrespondenten zu finden, daneben aber auch Peter Altenberg, Johannes R. Becher, Klabund, Jörg Lanz von Liebenfels, Thaddäus Rittner, Anton Wildgans oder Stefan Zweig. Aber natürlich auch aus dem engeren Kreis Briefe des Kierkegaard-Wiederbelebers Theodor Haecker, des *Fackel*-Verlags, Adolf Loos', Else Lasker-Schülers, deren zeitgleiches Briefwerk eben wieder in dtv-Taschenbüchern zugänglich geworden ist, und nicht zuletzt Briefe Hermann Brochs aus Tattendorf/Niederösterreich.

Dabei ist der Berichtszeitraum des Bandes so gehalten, daß manche der Entwicklungslinien des *Brenner* in der Zwischenkriegszeit kaum erst anklingen können. Dankenswerterweise erlaubt eine ausführliche Lebenschronologie Fickers die Vorschau auf die weiteren Jahre, die mit Sicherheit bei wechselnden Briefpartnern ähnlich interessante Bände ergeben werden. Nur wäre zu hoffen, daß am Ende zu den verdienstvollen Verzeichnissen nach Autoren und Chronologie auch eins tritt, das den Gesamtbestand des Briefwechsels für den interessierten Forscher erschließt und gleichzeitig ausweist, inwiefern die in die Auswahl aufgenommenen Stücke dafür repräsentativ sein können. □

Alois Eder

Kunst für die Zeit der Niederlage

Ernst Fischers Romantik-Studie

Ernst Fischer, Ursprung und Wesen der Romantik. Aus dem Nachlaß herausgegeben von Karl-Markus Gauß und Ludwig Hartinger. Frankfurt am Main 1986, Sendler Verlag, 293 Seiten, öS 218,40

Ernst Fischers Romantik-Studie, in den fünfziger Jahren geschrieben, hat den Autor selbst nie ganz zufriedengestellt. Über ein Jahrzehnt hat er immer wieder daran Änderungen vorgenommen. 1966 erschien in Prag eine tschechische Übersetzung. Die deutsche Fassung wurde jetzt von Karl-Markus Gauß und Ludwig Hartinger als dritter Band ihrer Fischer-Edition im kleinen Frankfurter Sendler-Verlag herausgegeben. Das Buch enttäuscht, und es belohnt den, der es dennoch nicht weglegt. Es ist ein Ärgernis und eine Fundgrube zugleich. Denn es weiß mehr, als es vorgibt, es ist klüger als es behauptet.

Wie alle Kunst beinhaltet auch die romantische das Verlangen des entfremdeten Menschen nach Lebensfülle und Ganzheit. Dieser Grundsatz — mit der Kunstkonzeption von Ernst Bloch durchaus verwandt — ist auch in Fischers wohl wichtigstem Werk, „Von der Notwendigkeit der Kunst", enthalten. Das spezifisch Romantische der Kunst liegt nach Fischer nun darin, daß sie diesen ihren tiefsten Gehalt nicht mehr als gemeinsame Aufgabe wahrnimmt, sondern in einer Welt untergehender Übereinkünfte nur noch als Selbstbehauptung des Individuums zu erfassen vermag. Damit sieht Fischer Romantik in der Perspektive eines Mangels, nämlich des Mangels an großen allgemeinen Aufgaben und der Kenntnis ihrer Bewältigung. Sie ist die Kunst für die Zeiten der Niederlage, in denen sich die ungebrauchte politische Energie zu individueller Empfindsamkeit aufstaut. Die verkümmerte gesellschaftliche Wirklichkeit produziert künstlerisch ihren Widerpart — aber es ist dies noch nicht ihr Totengräber, sondern eine eigensinnige, gefühlsbetonte, manchmal exzentrische Person, die es noch mit einer Krankenölung versucht.

Ärgerlich ist der Essay überall dort, wo er diesem Thesengerüst das Fleisch umhängen will. Da erscheint dann die Romantik philosophisch als Zwischenglied zwischen bürgerlichem Idealismus und dialektischem Materialismus, das zwar schon zur richtigen Seite tendiert, dem es aber noch an der richtigen „Erkenntnis der gesellschaftlichen Bewegungsgesetze" fehlt. Und ästhetisch ist Romantik dann ein „notwendiges Stadium zwischen Klassizismus und kritischem Realismus", wobei Fischers Goetheverehrung — und mehr wahrscheinlich noch sein offenes Ohr für Lukács — dieses Stadium gelegentlich bis zu einem Rückfall in neue Unbesonnenheit herabspielt, dessen Notwendigkeit in Zeiten der Aufklärung dann schon gar nicht mehr einzusehen ist. Nein, Romantik als eine Art raunender Sozialismus, dem es nur noch an der dialektischen Vernunft fehlt, das ist, obwohl in der marxistischen Tradition, in der Fischer steht und gegen die er vorsichtig argumentiert, durchaus aufwertend zu verstehen, in Wirklichkeit eine Abwertung.

Tatsächlich war Romantik auch für Fischer mehr als Füllmaterial für einen ideologischen Schematismus. Nicht nur sein bahnbrechender Lenau-Essay beweist dies. Mag das Zentrum dieser Romantik-Studie auch knorrig sein, so läuft sie doch am Rande über vor Reichtum, vor Reichtum an Detailwissen, an Interpretationsfülle und an Souveränität bei vielfältig gezogenen Querverbindungen zu anderen Kunstsparten und in andere Sprachräume hinein. Insbesonder muß man diesem Essay eine genaue Kenntnis der angelsächsischen Tradition und den raren Versuch, romantische Malerei (C. D. Friedrich, Constable, Turner) und Literatur auf gemeinsame Ausdrucksformen zu beziehen, zugute halten. Die offene Form dieser Arbeit — sie ist aus einer Fülle von Einzelbetrachtungen montiert — erlaubt es Fischer im Einzelnen gerade am Verqueren und Unbequemen der Romantik, an dem, was seinen Grundthesen nicht gerade entgegenkommt, eine sensible und ideenreiche Entschlüsselung des gesellschaftlichen Gehalts der Romantik zu versuchen.

Josef Haslinger

Ein Lob der Phantasie

„Wie soll jemand ein Marxist sein", so zitiert Ernst Fischer in seinem berühmten Aufsatz „Marxismus und Ideologie" den legendären KPI-Chef Togliatti, „der nicht einmal auf der Höhe der bürgerlichen Kultur steht." Für Ernst Fischer gilt beides: Er stand auf der Höhe der bürgerlichen Kultur und war Marxist; sein Denken und Schaffen, aus dem die Auseinandersetzung mit Kunst und Kultur, mit ästhetischen und philosophischen Fragen so hervorsticht, weist ihn nicht nur als Praktiker und Theoretiker der Arbeiterbewegung, sondern auch als bürgerlichen Intellektuellen aus. Als „alter Romantiker", wie er sich in seinen späten Jahren gerne zu bezeichnen pflegte, wollte und konnte er nicht auf die „Hoffnungen des Humanismus" verzichten — obwohl er wußte, daß der Humanismus längst seine Unschuld verloren hatte und eher für die Tradition eines barbarischen denn aufgeklärten Abendlandes stand. Als überzeugter Kommunist glaubte, hoffte und kämpfte er für eine Gesellschaft ohne Unrecht und Unterdrükkung, aber sein Widerstand gegen die Ideologie des Stillstands und gegen jedes erstarrte Denken, sein Bekenntnis für eine „Freiheit in der Vielheit", für die Macht der sozialen, politischen, künstlerischen Phantasie und den freien Wettbewerb und Austausch der Ideen machte ihn verdächtig: Für so manche, galt er denn auch als Abtrünniger, Revisionist, gar als Verräter.

Die vorzüglich edierte Werkausgabe, von der eben Band 4 „Späte Schriften zur Kultur und Kunst" erschienen ist, stellt eine neue Gelegenheit dar, der seinem Werk innewohnenden Faszination auf den Grund zu gehen. Als Ernst Fischer 1963 in Libice bei Prag Franz Kafka das Wort redete, spürten die Anwesenden, daß es um mehr ging als um die Frage eines „Dauervisums" für einen verfemten Dichter. Denn Fischers Polemik richtete sich nicht nur gegen ein verhängnisvolles Kunst- und Kulturverständnis, wenngleich er gerade dagegen immer wieder pointiert zu argumentieren wußte: „Auch eine Bratpfanne kann gelegentlich eine Waffe im Klassenkampf sein", bemerkte er einmal lapidar zur gängigen Stereotype an, daß für den sozialistischen Künstler Kunst nur die eine Funktion haben könne: eben Waffe im Klassenkampf zu sein. Seine Kritik war vielmehr grundsätzlicher, indem er die Fundamente eines Systems in Frage stellte, dem das Stalinsche Terrorregime ebenso entwachsen konnte wie die perfide Unterdrückungsapparatur in den Ländern des real existierenden Sozialismus.

„Umfassender Aufbau des Sozialismus", schrieb Fischer in seinem Buch „Kunst und Koexistenz", „erfordert doch wohl, daß nicht nur Industriekombinate, Schulen, Krankenhäuser, Forschungslaboratorien aufgebaut werden (was alles nötig und löblich ist), sondern daß die *Freiheit* zunimmt, nicht die ‚abstrakte', von der die Herrschenden so höhnisch sprechen, vielmehr die höchst *konkrete* der Information, des Denkens auf Grund der Kenntnis einander widersprechender Auffassungen, der Entscheidung zwischen Alternativen, die Möglichkeit, den Instanzen in Wort und Schrift zu widersprechen." In einem Vortrag anläßlich der Salzburger Humanismusgespräche 1967 wird Fischer noch deutlicher: „Es gibt auf Erden kein gesellschaftliches System, das den Möglichkeiten des Menschen entspricht, und jedes bedarf der Veränderung, des Aussprechens der ihm innewohnenden Negation."

Das ist — konsequent marxistisch gedacht — natürlich auf die erstarrten Systeme sowjetischen Typs gemünzt. Für Ernst Fischer gab es freilich nie eine Alternative zur historischen Notwendigkeit der Umgestaltung der Gesellschaft, zur Utopie des „Reichs der Freiheit". Die Frage war nur, wie diese Veränderung zu bewerkstelligen sei, auf welchem Wege, mit welchen Mitteln, nicht zuletzt: um welchen Preis.

Die Faszination und Anziehungskraft seiner späteren Arbeiten resultiert meines Erachtens aber nur zum Teil aus dieser radikalen und undogmatischen marxistischen Denkweise. Das Besondere wird in den Schriften zu Kunst und Ästhetik sichtbar, wo er in schroffem Gegensatz zur herrschenden marxistischen Ästhetik, das bürgerliche Kulturerbe nicht in ein ideologisches Korsett zwang, es also nicht von einem vermeintlich sozialistischen Blickwinkel aus bewertete, sondern vielmehr den verschütteten, oft nicht mehr einsehbaren Gehalt und Sinn dieser Tradition freilegte, den Werken der Malerei und Literatur, Musik und Bildhauerei also zu einer neuen Selbstdarstellung, ja, Selbstaussage verhalf. Denn: Die Kunst benötige nicht den gehobenen Zeigefinger der Gelehrten, sie spreche stets aus sich heraus. Eine Haltung, die eher an Adorno als an Lukács erinnert.

Aber gerade weil er sich in dieser Tradition selbst beheimatet fand, war er unversöhnlich gegenüber einem Bürgertum, das seine ureigensten, in der Aufklärung und in der Französischen Revolution geschmiedeten und artikulierten Werte und Ideale verraten hatte, wie auch gegenüber einer Staatsbürokratie, die die Grundwerte einer sozialistischen Gesellschaft, eben Freiheit, Gleichheit, Gerechtigkeit mit Füßen trat. Ernst Fischer witterte Verrat: Denn er war stets überzeugt gewesen, daß der verspätete, überfällige Sieg der bürgerlichen Revolution nicht mehr die Sache einer reaktionären, korrumpierten Bourgeoisie sein könne, sondern die eines Proletariats, dessen schärfste Waffe das Erbe eines aufgeklärten und kulturell ungemein produktiven Bürgertums war. All die Dichterfürsten und Komponisten, Maler und Architekten waren Kronzeugen einer neuen Gesellschaft — so wie sie einst Geburtshelfer nicht des christlich-sozialen, wohl aber des Roten Wien waren.

Ernst Fischers heftiges, manchmal in seinem Pathos irritierendes Insistieren auf die wegweisende, sprengende Kraft der aufklärerischen Tradition kommt besonders deutlich in der bei den Salzburger Humanismusgesprächen gehaltenen Rede „Das Chaos und die Gestalt" zur Geltung. Fischer beschäftigt sich hier mit der Zukunft der Menschheit in der modernen Welt und bezieht Stellung gegen Michel Foucault, in dessen „Philosophie der Selbsterfindung der Menschen", wie Fischer sagt, es nur mehr Dinge, Umstände und Strukturen gebe, aber keine Subjekte mehr. Wenn alles bloß Struktur sei, wie könne sich dann noch etwas ändern? Die Geschichte aber sei stets ein Kampf zwischen Chaos und Gestalt, zwischen den urwüchsigen Trieben und den sie formenden Kräften, und der Mensch die treibende Kraft dieses Ringens. Jede Theorie, die die Existenz des praktisch handelnden und historisch definierten Subjekts negiere, kapituliere letztendlich vor der verdinglichten Welt, verneine jede Chance auf eine menschenwürdigere Zukunft. Für Fischer wird die Kunst zum entscheidenden Medium, „die verdinglichte Welt durch Sprache, Zeichengebung, Parabel zu vermenschlichen", das nicht mehr *Vor*stellbare, wie er sagt, *dar*stellbar zu machen. Freilich: Wenn Fischer am Schluß aus Becketts „Endspiel" zitiert, ist die skeptische Tonlage seiner Rede unüberhörbar: „Irgendetwas geht seinen Gang", heißt es bei Beckett. „Endspiel? Anfang?", fragt Fischer und antwortet: „Beides."

Wie die bereits erschienenen Bände der Werkausgabe zeigen jedenfalls auch die „Späten Schriften", daß die von Ernst Fischer vor nunmehr gut zwanzig Jahren entzündeten Auseinandersetzungen auch heute noch aktuell sind. Für manche wird die Lektüre eine Wiederbegegnung sein, für viele jedoch ein erstes Kennenlernen dieses großen österreichischen Marxisten.

Christof Reinprecht

Ernst Fischer: Lob der Phantasie. Späte Schriften zu Kultur und Kunst. Herausgeber und Nachwort Karl-Markus Gauß unter Mitarbeit von Ludwig Hartinger. Sendler-Verlag, Frankfurt/M. 1986, 220 Seiten, DM 25,—

Eine politische Erzählerin ist zu entdecken

Die Tränen behalten

Elisabeth Freundlichs Prosa / Von Erich Hackl

Ein längeres Zitat: „Die Schäbigkeit dieser Stadt, dieses Sklavenheer, das sich da allmorgendlich verdrossen zur Arbeit wälzte! An den überfüllten Elektrischen hingen sie wie Trauben, bösartig, hinterlistig stießen sie jeden, der zusteigen wollte, so heftig zurück, daß Gefahr bestand, er würde unter die Räder geraten ... Und dann noch diese lächerliche Steirertracht, der Gamsbart, die das einst so elegante Stadtbild beherrschten. Die Landestracht war aber auch das einzige sichtbare Zeichen ihres Patriotismus. Sie waren eine befreite Nation – auf dem Papier, man hatte es ihnen verbrieft und gesiegelt – niemand, kein einziger hatte je Hitler zugejubelt. Aber als ich meine österreichische Staatsbürgerschaft zurück wollte, meinen amerikanischen Paß vorwies, da hatte ich allerhand Schwierigkeiten, sie wollten mich partout ins Irrenhaus sperren. Nicht etwa von *einem* österreichischen Staatsbeamten, von Dutzenden dieser Patrioten mußte ich mir sagen lassen: ‚Wenn ich Ihren Paß hätte, keinen einzigen Tag länger bliebe ich hier.' Alle, alle hatten nur eine einzige Sehnsucht – auszuwandern."

Elisabeth Freundlich, von den Nationalsozialisten aus dem Land gejagt, hat die Erzählung „Statt einer Ehrensalve", in der sich diese frühen Eindrücke an das befreite Österreich (oder an den „Zusammenbruch", wie es hierzulande heißt) finden, vor dreißig Jahren geschrieben. Zusammen mit drei anderen zwischen 1944 und 1966 entstandenen Prosastücken – über jene Zeit, die „voll war von Geschichten" – ist sie erst zu ihrem achtzigsten Geburtstag erschienen.

Der Grund für diese Verzögerung ist nicht schwer zu erahnen: Wer hätte sich denn schon so bald in ihrer Heimat das bequeme Image vom genötigten oder zumindest verführten Österreicher zerstören lassen? Jetzt erst, Jahrzehnte nach dieser literarischen Bestandsaufnahme, finden Sozialwissenschaftler heraus, was der Autorin schon gleich nach ihrer Rückkehr aus dem US-amerikanischen Exil aufgefallen war. Diese seltsame Art der Vergangenheitsbewältigung: „Es fehlte an Lehrern, Journalisten, Ärzten, aber wer zurückkam, sich anbot, stieß auf Mißtrauen. Stellungen bei Blättern der Besatzungsmacht, das bot sich, aber genau das wollte ich nicht. Ich hatte bei allerhand Ämtern Schlange zu stehen, um meine neue, alte Staatsbürgerschaft bescheinigt zu bekommen. Sudetendeutsche um mich herum, die alle ihre Einbürgerung betrieben. Sie hielten Empfehlungsschreiben in den Händen, wonach sie im Dienste der amerikanischen Besatzungsmacht sich als Ehrenmänner erwiesen hätten oder Bestätigungen von Unbekannt, daß sie ihr Lebtag lang treu sozialdemokratisch gesinnt gewesen wären. Sie alle vertrieben sich die Wartezeit ganz ungeniert mit Seufzern und Wehklagen nach der glorreichen, der entschwundenen Zeit, da in Brünn, in Prag oder in Ostrau Henlein und Heydrich so gut für Disziplin und Ordnung gesorgt hatten ..."

Das lange Schweigen um diese Erzählungen, die Österreich während und nach der Barbarei beschreiben, hat seine Ursache vermutlich nicht nur in der Allmacht der Angepaßten, der Weg-Seher („Je weniger man sah, desto besser war es"). Hier spielt auch der Widerwillen von Freundlichs Kampfgefährten in der französischen Emigration, den Kommunisten, eine Rolle, die neben der Größe nicht auch das Elend des Widerstandskampfes zur Kenntnis nehmen wollten: Verrat, persönliches Versagen, Unterwerfung unter die Parteiräson. Desillusionierend: ja, aber gerade wegen ihrer Ehrlichkeit auch aufwühlend und ermutigend – so wirken diese Erzählungen, die, vielsträngig und vielschichtig, eigentlich kleine Romane sind.

„Nie versteinern, hörst, nie. Du mußt die Tränen behalten können, die uns versteinert sind." Das sagt ein Kriegsversehrter in der frühesten Erzählung, „Im Steingebirg", zu einem kleinen Mädchen. Es könnte als Prämisse über allen Arbeiten der Autorin stehen – auch über ihrem nach dem Krieg entstandenen Roman „Der Seelenvogel."

„Der Seelenvogel" hat ein ähnliches Schicksal erlitten wie die Erzählungen der Autorin. Jahrzehntelang blieb er ungedruckt: „Naiverweise hatte ich gedacht, mich mit diesem Roman als Schriftstellerin etablieren zu können. Daraus wurde nichts. Ich bekam das Manuskript von allen Verlagen mit höflichen Worten immer zurück." Diese österreichisch-jüdische Familienchronik der Jahre 1870 bis 1900 erzählt von Freundlichs Großeltern, dem gelernten Schlosser Heinrich Lanzer und seiner Frau Rosalie, dem Waisenkind aus Boskowitz, und ihrem Aufstieg zum wohlhabenden Prokuristen und zur standesbewußten, sparsamen, energischen Hausfrau und Mutter. Wehmut stellt sich beim Lesen ein, auch wenn die Autorin ohne Sentimentalität auskommt: am Ende wird es nur dem Familienvater vergönnt sein, friedlich in Heimaterde zu ruhen. „Dein Grab steht unangetastet vom Ersten und vom Zweiten Weltkrieg. Die Asche deiner Kinder ist verstreut über die Schlacht- und Schandfelder Europas."

■ **Elisabeth Freundlich:**
„Finstere Zeiten"
Vier Erzählungen, mit einem Nachwort von Werner Fuld; Persona-Verlag, Mannheim 1986; 203 S., 29,– DM

„Der Seelenvogel"
Roman; Paul Zsolnay Verlag, Wien/Hamburg; 351 S., 34,– DM

Du meine Freude und mein Weh

Die frühen Gedichte Erich Frieds in einem Band

ERICH FRIED: *Frühe Gedichte. Mit einem Vorwort des Autors. Claassen Verlag, Düsseldorf 1986. 119 Seiten, 24,80 Mark.*

Im Vorwort berichtet Erich Fried, wie es zur Ausgabe seiner ersten Gedichtbände kam: „Deutschland" und „Österreich". 1944 und 1945 sind sie erschienen, in London und Zürich. Fried war Anfang zwanzig. Seit 1938 lebte er in London, wohin Hitlers Rassenhaß und Österreichs Anpassung ihn vertrieben hatten. Er äußert sich zu Inhalten und Formen; erinnert an Ereignisse, die jene Gedichte verursacht haben, und Vorbilder, zu denen er aufschaute. Nein, Fried muß sich nicht entschuldigen. „Deutschland" und „Österreich", nun vereint in einem Band, sind Dokumente jener Jahre und Dokumente seines lyrischen Beginns.

Wie in einem Geschichtsbuch kann man darin lesen. Man sieht und hört, wie ein einzelner, der ausgestoßen war, der zuschaute, bangte und litt, sich verhalten und dagegen sich gewehrt hat mit Gedichten. Hitlers Krieg überzieht noch die Länder Europas. Seine Verbrechen geschehen. Soldaten sterben. Kämpfer des Widerstandes werden erschossen oder siechen in Kerkern und Lagern dahin. Schon sind aber auch die Zeichen zu sehen: Krieg, Unterdrückung, Vernichtung werden enden. Trümmer bleiben. Gericht ist zu halten. Soll der Emigrant heimkehren? Wird er Genugtuung erfahren? Herrscht Friede, wie er ihn herbeigesehnt hat? „Taube, zum Ölzweig fliege; / bau dir ein Nest. / Sintflutschlamm. Diesem Siege / folgt kein Fest." So beginnt das Gedicht „Nach der Sintflut".

Politische Gedichte erforderte die Situation. Gedichte, die protestieren, rufen, warnen, klagen. „Den Herrschenden" gelten die Fragen: „Hat es euch Herz und Augen ausgebrannt? / Sind nicht mehr zehn Gerechte im Land?". „Den Nationalsozialistischen" redet ein Gedicht ins Gewissen: „Euer Reich hat nur eine Stunde gewährt, / die dunkel begann und verrann. / Aber ihr habt uns wieder den Haß gelehrt; / dafür klag ich euch an." Fried, der „Dichter im Exil", weiß: sein Gedicht wird dorthin, wo es eigentlich gehört werden müßte, nicht dringen: „Aber mein Wort bleibt ohne Gewicht, / wenn es nicht eifert, euch zu erreichen. / Ihr wohnt fremd hinter Mauern von Leichen; / ich gerate euch aus dem Gesicht."

Im Gegensatz zu anderen Emigranten wandte sich Fried gegen „die allumfassende Feindschaftserklärung" Ilja Ehrenburgs. Er unterschied zwischen Henkern und Opfern. Das Gedicht „Denen in Deutschland" endet mit der Beschwörung: „Ein Lied soll, ob nie auch der Aufstand erwacht, / von denen in Deutschland melden, / den Kämpfern im innersten Burghof der Nacht, / den einsamsten unter den Helden." Er gedenkt der Frauen, der Kinder; der Soldaten sogar, unter denen „Freunde" sein könnten: „Jene aber, die zwischen den Fronten starben, / zu den Feinden zählt ohne Zögern sie nicht, / denn es kennt keiner von uns ihre wirklichen Farben, / und ein Toter trägt keine Antwort in seinem Gesicht."

Im Band „Österreich" kommen Themen hinzu, die den jungen Emigranten mehr aufwühlen als andere. Auch dort ist die böse Saat aufgegangen. Das Gedicht „An Österreich" fordert streng und gerecht: „Zu deiner Schuld mußt du dich selbst bekennen / und im Gericht den eignen Namen nennen." Was dort an Unrecht, Niedertracht und Zerstörung geschieht, schmerzt noch mehr. „Du meine Freude und mein Weh und banger Mut!", klagt das „Bekenntnis zu Wien". Österreich ist ihm „Heimat"; Wien, die Stadt, hat ihn „aufgezogen" und „verstoßen". Dennoch sehnt er sich dorthin zurück: „Die Berge aber sind daheim geblieben! / Der Stallgeruch, der an den Hang gebaute Ort, / der Wildbach und das Mundartwort, / die Stadt und, auf dem Friedhof schon, die Lieben: / Sie warten alle. – Ich nur, ich bin fort." Die „Heimkehr" wird erwogen. Mal wird sie verneint, mal bejaht; jedoch mit Vorbehalten: „Ich bin voll Angst, zu dir zurückzukehren / und mitzusühnen, der ich niemals schlug. / Der falschen Büßer will ich mich erwehren, / und du wirst oft noch glatt sein von Betrug!"

Im Vorwort meint Fried: die Form seiner frühen Gedichte sei „größtenteils konventionell". Schon sind es aber auch, läßt sich erwidern, vielfältige Formen; wechselnde Formen vom einfachen, liedhaften Gedicht bis zum gehobenen, wortreichen, an die Ode erinnernden Gedicht. Am Reim hält er da und dort fest. Die Aussage ist wichtig; die Realität, die getroffen werden soll. Die Bilder oder Vergleiche nur stellen oft zu leicht und selbstverständlich sich ein. Einflüsse, die Fried selber anführt, kommen vom Naturgedicht, doch auch vom sachlichen, distanzierenden, epischen Gedicht, wie Brecht es vorgab, in dessen Tonfall Frieds Gedichte manchmal weitersprechen. Man sieht Ansätze zu dem, was für seine Lyrik später charakteristisch sein wird: das Wortspiel, Spruch und Widerspruch, die Assoziationskette; ein Mal schon den Ablautreim. Die Themen werden wiederkehren, und das Engagement, wie Erich Fried es zugehört, hat in den allermeisten Gedichten schon seinen festen Umriß.

HANS BENDER

Handreichungen des Menschlichen

Erich Frieds autobiografische Prosa „Zwischenfälle und Erinnerungen"

Es gibt eine schier unerschöpfliche und die Grenzen des offiziell Erfahrbaren spielerisch leicht überschreitende Form des Geschichtsunterrichts, der man sich — ob man nun im modischen Gnadengewand später Geburt einherspaziert oder nicht — sehr gern unterzieht: Dieser Geschichtsunterricht nämlich speist sich aus den Erzählungen der (noch) Lebenden; er ist der phantastischen Genauigkeit verpflichtet, der vergänglichkeitssatten Welt der Bilder, die als Erinnerungen weiterzureichender persönlicher Besitz werden und die Grauzone zwischen subjektivem Wissen und dem Grundstock objektivierter historischer Bestandsaufnahme aufs trefflichste erhellen können; — wenn, ja wenn der Erzähler nicht nur Geschichtchen erzählt, sondern tatsächlich Geschichte wieder aufleben läßt, auf daß sie zur einstmaligen Heimat werde, zum verlassenen Land, dem die Spuren seiner Wohnlichkeit nicht mehr zu nehmen sind.

Erich Frieds Erinnerungsbuch *Mitunter sogar Lachen* gibt dem Leser einen solchen, aus dem besonderen Leben gegriffenen Geschichtsunterricht, in dem — nicht zuletzt — auch den Dingen des Herzens nachgespürt wird. Fried erzählt aus seiner Kindheit und Jugendzeit im Wien der zwanziger und dreißiger Jahre; er berichtet über sein Leben in der Londoner Emigration, über die aus mittelbarer Nähe hereinstechenden Kriegsereignisse und Folgerungen, über Versuche des Neubeginns in selbstbewußter Arbeit und — dies eine von wahrhafter Altersweisheit gekennzeichnete Schlußbetrachtung, die zugleich ein ruhiger und stimmiger Blick nach vorn ist — über die „letzte Zeit vor meinem Tod".

Deutlich wird dabei vor allem, daß Fried zeit seines Lebens kämpferisch-listig sich der Sache seiner verfolgten oder in Not geratenen Mitmenschen anzunehmen wußte; er tat dies im Bewußtsein einer von Grund auf gegebenen humanen Wahrheit, die sich Mitleid ebenso verpflichtet weiß wie dem unnachgiebigen Traumbild eines ganz anderen (menschlichen) Lebens. Dem Autor allerdings müssen am Ende seines eigenen Lebensrückblicks einige (ihn ehrende) Zweifel gekommen sein, ob es denn mit den Erzähltugenden der Bescheidenheit vereinbar sein könne, wenn er — wie es in seinem Buch tatsächlich geschieht — über so viele kleine und große Hilfen berichtet, die von seiner Person ihren Ausgang nahmen —; Fried fühlt sich denn auch, kurios genug, in einer Nachbetrachtung „Zu den Geschichten aus meinem Leben" bemüßigt, das von ihm Beschriebene zurechtzurücken, zu relativieren im Sinne jenes dezenten Vortragstons, den wir bei öffentlichen Bekundungen allemal mehr schätzen als die von jedem Selbstzweifel unberührte Kraftmeierei lauter Worte.

„Irgendwie, vielleicht schon dadurch, wo mich etwas zum Erzählen angespornt hat und wo nicht, wahrscheinlich auch durch die Anordnung der kleinen Gedankenverbindungen und Nebenbemerkungen in den einzelnen Geschichten, entsteht ein falsches, viel zu einseitiges Bild von einem Erzähler, der schon als Kind gekämpft und Lügenwände durchbrochen hat und dann später als junger Mensch anderen zu helfen begonnen hat, wie er sich selbst geholfen hatte . . . Es muß aber „auch gesagt werden, daß es für jeden Kampf, den das Kind wirklich führte, zwei oder drei Kämpfe gab, die es führen wollte, aber nicht zu führen wagte. Genauso hat es später nicht nur Menschen gegeben, denen ich geholfen habe, sondern auch Menschen, denen ich helfen sollte oder auch wollte, denen ich aber nicht geholfen habe und die ich dadurch im Stich gelassen habe, aus Mangel an Kraft, aber manchmal auch aus Mangel an Einsicht in die Dringlichkeit der Lage, aus zu tiefer Versponnenheit in eigene Probleme oder aus Angst, in etwas verwickelt zu werden, dem ich mich nicht gewachsen fühlte . . . Ich war oft klug und zaghaft" und „könnte heute sagen, ich wußte es nicht besser: Ultra posse nemo tenetur: Über sein Können hinaus ist keiner verantwortlich . . ."

Was Frieds Buch lesenswert macht, ist die pfiffige Menschlichkeit, die aus ihm spricht; sie, die sich in den Dienst der aristotelischen und später mit sozialistischen Inhalten angereicherte Idee des *guten Lebens* gestellt hat, läßt die Verwerfungen der Jahre, Jahrzehnte deutlich werden, mehr noch aber jene Begebenheiten, die sich, über eines Menschen Zeit hinaus, im Zugriff der Erinnerung zu einem wirklichen Lebensinhalt aufformen. Von ihnen kann man — alt geworden und jung geblieben — erzählen; von der Großmutter etwa, die, so Fried, „sich nicht anständig angezogen fühlte, wenn sie nicht ihr schwarzes Samtband um den Hals gelegt hatte", und die „so phantasievoll und ausführlich schimpfen konnte, daß sie oft sogar meine keineswegs auf den Mund gefallenen Eltern zum Schweigen brachte".

Oder von den Vorzügen und Nachteilen (?), „ein besseres Kind" gewesen zu sein, dem es gleichwohl unterlief, einmal als „Dieb" verdächtigt zu werden; erzählen von Freunden und Vertrauten, von Enttäuschungen, Lügen und Halbwahrheiten, von Illusionisten, Strolchen und Verfolgten — von Menschenverächtern und Schlächtern; erzählen aber auch vor allem von den seltsamen und unberechenbaren Handreichungen des Menschlichen, von Hilfe und Hilflosigkeit, vom Tun in der Stille, das sich um Danksagungen nicht kümmert und den Ruhm gern an andere weitergibt, die sich um so ausführlicher dann damit beklekkern dürfen.

Erich Fried macht uns in seinem Erinnerungsbuch *Mitunter sogar Lachen* mit Menschen bekannt, die ihr Schicksal, beherzt oder nicht, in beide Hände nahmen, um eben ihm, ihrem Schicksal nämlich, letztlich dann doch nicht entrinnen zu können; dies ist, man kennt's zur Genüge, die einfältig-fatale Sinnfälligkeit des Lebens, der alle (welch mickriger Trost) mehr oder weniger hurtig in die Falle gehn. Was bleibt — nach der Lektüre dieses Buches — sind (eigene) Gedanken zum Unverstand der noch nicht abgelegten Vergangenheit, der sich eine Gegenwart aufgeschmiegt hat, die in manchem schon längst dabei ist, sich dem Gewesenen, versehen zudem mit neu ausgeheckten Zerstörungs- und Entwürdigungsarsenalen, wieder anzupassen und gefügig zu zeigen; was bleibt aber auch, ist ein Trost, dem Sterblichkeit kaum etwas bedeutet, weil er sich jener Hoffnung verdankt, die der Hoffnungslosigkeit — gebrochen in einem starken und verletzlichen Wissen-von-sich — immer schon voraus ist und vorausbleiben muß.

„Manchmal", so Erich Fried, „wird mir bei diesem Wissen und Fühlen . . . ganz warm. Einmal habe ich leise zu lachen angefangen, weil ich mir plötzlich die Worte vorgesagt hatte: ‚Ich sonne mich in der Gewißheit, daß ich mir meinen Tod in Wirklichkeit gar nicht vorstellen kann. Das Sterben vielleicht, auch nicht bis ganz zuletzt. Den Tod aber überhaupt nicht . . .' Ich bin draufgekommen, daß der Tod, zum Unterschied von den meisten Lebenslagen, keine Prüfung ist, oder aber, was auf dasselbe herauskommt, eine Prüfung, die bisher noch jeder, der gelebt hat, bestanden hat. Mich erinnert das an unseren Religionsunterricht in der Oberschule, der eine Erholung war, weil dabei ‚kein einziger Schüler, ganz gleich welcher Konfession, je durchgefallen war und auch nie durchfallen würde . . .'."

OTTO A. BÖHMER

Erich Fried: Mitunter sogar Lachen. Zwischenfälle und Erinnerungen. Verlag Klaus Wagenbach, Berlin 1986 (Quartheft 150), 158 Seiten, 19,80 DM.

Hoppe, hoppe, Reiter

Barbara Frischmuth erzählt von Menschen und Pferden

BARBARA FRISCHMUTH: *Herrin der Tiere. Erzählung. Residenz Verlag, Salzburg 1986. 142 Seiten, 24 Mark.*

Man nehme: eine Handvoll Tiere, möglichst von der kuschligen Sorte, also Hunde (mit so originellen Namen wie „Werwolf" oder „Drakul") und Katzen, dazu – denn ein Hauch von Noblesse darf schon sein – Pferde (edel!). Diese durchmische man kräftig, würze dezent mit opportunen Problemen aus Agrarwirtschaft und Pferdehaltung, siedle das Ganze an in einem etwas entlegenen Gestüt, in der „Einöde", und komplettiere dies Scheinidyll durch einige nicht allzu scharf konturierte menschliche Wesen. Ergeben dürfte solch eine unsägliche Melange – Immenhof läßt grüßen – in 99 Prozent der Fälle das, was man als „Backfischroman" zu bezeichnen pflegt.

Als Lieferantin von Projektionsstoff für pubertierende Pferdenärrinnen ist Barbara Frischmuth eigentlich bislang nicht bekannt, und da die umrissene Grundkonstellation durch mehr oder minder derbe Erotikeskapaden aufgelockert wird, ist ihre jüngste Erzählung wohl auch nicht zu diesem eher angestaubten Genre zu zählen. Ja, was nun?

Da aber ohnehin, glaubt man dem tiefschürfenden ersten Satz des Buches, „Keiner weiß, was wirklich ist", muß man diese Frage vielleicht gar nicht unbedingt lösen. Allerdings muß man auch dies Buch nicht unbedingt lesen, dessen Story sich wie folgt zusammenfassen läßt: Junge Frau, Gymnasium, Büro, flüchtet sich auf Grund enttäuschter Liebe in den Schoß des Animalischen, wird Pferdepflegerin, geht gänzlich auf in dieser Welt, doch hadert gen Ende damit.

Aus notorischer Perspektivlosigkeit und Apathie retten sich die Gestütsleute, deren ungelebtes Leben sich im Wirtshaus bei Zigeunermusik, Gesang und Tanz jäh entlädt, mühsam in erinnernde Erzählungen von „Stutenvöglern" und sonstigen Delikatessen. Bevor sie ausgehen, müssen sie duschen, denn es „leidet jeder unter der Vorstellung, nach Pferdestall zu riechen". Ansonsten erschöpft sich der Tagesablauf in Füttern und Ausmisten, dann sind die Pfleger erschöpft. Erschöpfend sind auch Barbara Frischmuths spannungslose Sprache, ihr doch etwas schlichter Tiefsinn à la „Zu klug zu sein, bringt einen in Schwierigkeiten" und fade Vergleiche wie „Die Stimmung gleicht einer Brühe, die langsam anbrennt, weil keiner umrührt".

Die namenlose Protagonistin, „stur wie ein Bock", genannt „Böckin", träumt vom Mann ohne Gesicht, Träume, aus denen sie mit schöner Regelmäßigkeit durch Berührungen von Katze, Hund oder Pferd in die weniger aus Haut- denn Fellkontakt bestehende Realität zurückgeholt wird. „Das Erwachen ist nicht schreckhaft, aber da war ein Geräusch. Ohne sich zu bewegen, öffnete sie die Augen geradewegs in den Blick eines jungen Katers hinein, der auf ihrer Brust liegt." Statt des Mannes der Kater – wie aufregend!

Der totalen Metamorphose der sich selbst als „Kentaurin" erlebenden jungen Frau zum Pferd jedoch schiebt die kluge Else (nicht mit Pferden befaßtes weibliches Wesen) einen Riegel vor, indem sie indiskret darauf hinweist, daß ihre Chancen mit dickem Hintern und rauhen Händen doch beträchtlich schwänden: „Und schau dir deine Hände an, wie willst du mit denen noch streicheln?" Prompt streichelt die „Böckin" zehn Seiten später, allerdings (ertappt!): Hunde.

Daß Tiere als Mannersatz herhalten müssen, bildet in penetranter Wiederholung die Grundstruktur von Barbara Frischmuths Erzählung; den Idealmann der „Herrin der Tiere", den „Kerl ..., der deiner Herr werden soll", imaginiert eine Freundin denn auch als „Gott in Pferdegestalt". In einer sich über mehrere Seiten erstreckenden überdeutlichen Parallelführung wird der *Frau ohne Mann* das *Pferd mit Ziege* als leuchtendes Vorbild vor Augen gestellt, denn schmusend mit der Ziege erwacht das vormals apathische Pferd zu neuem Leben.

So darf denn auch am Ende der Erzählung die ausnahmsweise mal mit frischgewaschenen Haaren im Liegestuhl faulenzende „Böckin" endlich nicht von Tieren, sondern vom Schatten eines stattlichen Mannes („Statur eines Reiters", grauäugig, Pfeife) aus ihren elegischen Träumereien geweckt werden. Freund Zufall hat ihn vorbeigeführt, just die Gunst jener Stunde nutzend. Schon schnuppert der Mann „zuerst an dem Heu, dann an ihrem Haar", und mit beachtlichem Tempo ereignet sich auch der Rest. Aus der Traum vom eigenen Pferd, her mit dem Traummann.

So denn: Was lernen wir aus diesem Buch?

1. Pferde riechen. 2. Menschen, die mit Pferden umgehen, riechen auch. 3. Männer lieben frischgewaschenduftendes Haar.

BRIGITTE HABERER

Windritt auf dem Rücken der Kentaurin

„Herrin der Tiere" – Barbara Frischmuths Geschichte um eine verliebte Pferdenärrin

Das Pferd und der Mythos, das Pferd in der Literatur, das wären Themen für umfangreiche Dissertationen und Anthologien. Vom Thema her also nichts Neues, ein Buch aus dem Pferde- und Gestütsmilieu? Die Zeiten, in denen Autos und Traktoren das Pferd verdrängten und ins Märchen verbannten, sind auch vorbei. Der neue Betrachtungswinkel verleitet allerdings um so mehr, Realitäten auszublenden, eine heile Pferdewelt abzubilden – oder, im Gegenteil, in tierschützerischer Entrüstung gegen alle Art von Pferdesport, sprich Pferdegeschäft, fanatisch anzurennen.

Solches bedenkend, die belletristische Auswertung eines Trends argwöhnend und damit rasche Einordnung witternd, schlägt man eine neue Erzählung der Österreicherin Barbara Frischmuth auf, ist schnell gefangengenommen und bald ratlos. Nein, da ist zwar jede das Thema betreffende Strömung des Zeitgeists angesprochen, aber mit keiner kalkuliert. Auch mit der Kategorie „Frauenliteratur" ist da wenig auszurichten, obwohl ein weibliches Schicksal, wie in diesem Buch, doch am ehesten von einer Frau so erfühlt und geschildert werden kann.

Es ist möglich und wahrscheinlich, daß die Erzählung autobiographische Züge trägt, also ihre Intensität auch aus der persönlichen Befreiung bezieht. Barbara Frischmuth kennt jedenfalls das Milieu sehr genau – bis zu Fachausdrücken, für die der unbelastete Leser manchmal ein Lexikon zur Hand nehmen muß.

Die Faszination liegt im Stil. Die Austrifizierung der Virginia Woolf wäre eine teilweise zutreffende, dennoch vergröbernde Wertung. Ein spürbarer Einfluß eben. Andererseits diese Nüchternheit bis zur völlig illusionslosen Bespiegelung, zum Beispiel über den Pferderennsport: „Wir sind alle Narren. Es ist wie mit dem Zirkus. Keinerlei Notwendigkeit, und doch gibt es immer wieder Narren, die alles dafür riskieren. Wir machen den anderen etwas vor und sie klatschen. Oder auch nicht. Und weil wir davon leben, daß sie klatschen, versuchen wir sie immer wieder zum Klatschen zu bringen. Gleichzeitig wissen wir, daß unser Können, unser tatsächliches Können von den wenigsten erkannt wird. Nur wir können einander annähernd abschätzen. Wir fahren nicht nur gegeneinander, sondern auch füreinander. Wir, die wir noch wissen, was ein Pferd ist!"

Barbara Frischmuth:
Herrin der Tiere
Erzählung. Residenz-Verlag, Salzburg. 142 S., 24 Mark.

Die Nacherzählung der Story vermittelt wenig. Es geht – der Leser erfährt das langsam und mit Spannung aus unscheinbaren Elementen – um das Leben einer sogenannten Tochter aus gutem Hause (typisch Frischmuth), die aus Bildung und Berufskarriere ausgebrochen ist. Ihre neue Lebensform in einem etwas desolaten kleinen Gestüt in dörflicher Weltferne ist die einer Pferdepflegerin mit dem heimlichen Ehrgeiz, Fahrerin zu werden.

Sowohl die Selbsteinschätzung der Heldin als auch die Schilderung der Tierwelt ringsum ist dabei betont realistisch. Das Verfallensein an das Milieu wird weder psychologisch noch eudämonistisch vertieft. Die „Böckin" nennen Trainer und Kollegin sie. Und diese Bezeichnung trifft auf einen weiblichen Starrkopf mehr zu als der Titel der Erzählung „Herrin der Tiere", der irrtümliche Assoziationen an irgendwie Herrschaftliches wachrufen könnte.

Ob da nicht auch Liebe ...? Richtig vermutet, im Text sehr dezent angedeutet. Vor sieben Jahren war da einer, zum Kentaur verschwommen – und gegen Ende der Erzählung ist da einer, ein zärtlicher Fremder, eine zärtliche Nacht, fast nur ein Traum. Seine Pfeife bleibt zurück. Seltsame Empfindungen einer jungen Frau, die hart im Stall und auf der Koppel arbeitet. Der neue Idealtyp von Mann?

Vieles ist da ausgespart. Ganz verstehen und nachfühlen wird dieses Buch nur können, wer Pferde – wenn auch nur theoretisch – liebt und sich hineinversetzen kann in Passagen wie diese: „Sie steht nun in den Bügeln, mit engen Knien – diesen messerscharfen Trab kann kein Mensch aussitzen –, den Kopf so nah wie möglich am Hals des Pferdes, um den Luftwiderstand zu verringern. Sie spürt, wie der ‚Kleine Meister' an Boden gewinnt und die anderen weit hinter sich läßt, obwohl sie sie nicht mehr sehen kann. Haare seiner Mähne schneiden ihr ins Gesicht, und vor ihr stoßen Himmel und Erde zusammen. Seine Hufe sind die Hufe einer Kentaurin, mit deren Armen sie die Zügel hält, ihr Herz ist es, das Blut durch diesen wirbelnden Körper schickt, und seine Bewegungen setzen sich über ihr Rückgrat bis zu ihrem Nacken fort.

Sie hört sich schreien, aber nicht sie ist es, die Laut gegeben hat, sondern aus dem ganzen großen Körper kommt die Luft zurück, heiß und fauchend in rhythmischen Stößen, kleine Schaumflöckchen mit sich reißend, die durch die Luft stieben, wie Wolken, von einem Flugzeug aus gesehen. Und die Landschaft zu beiden Seiten der Bahn hebt sich fort, zieht sich ein zu abdriftenden Kreisen, buntes Gewölle, flockenartig in den Wind gezogen ..."

EDUARD C. HEINISCH

Zu ihrem 75.Geburtstag legt Gertrud Fussenegger einen neuen Gedichtband vor

Gegen den Wind segeln

Gertrud Fussenegger:
Gegenruf
Gesammelte Gedichte.
Otto Müller Verlag,
Salzburg, 1986.
100 Seiten, 26,80 DM.

Unverhüllt religiös fundierte Literatur läuft beständig Gefahr, als Bekenntnisliteratur eingestuft zu werden, als eine Literatur, die die Möglichkeiten einer autonom gewordenen Kunst nicht ausschöpft. Die am 8. Mai 1912 in Pilsen geborene Gertrud Fussenegger hat sich um derartige Einschätzungen (und Vorurteile) zeitlebens wenig gekümmert. Der Vater war KuK-Offizier aus dem Vorarlberg, die Mutter eine Deutsche aus der Industriestadt Pilsen. So haben sich verschiedene Mentalitäten in Gertrud Fussenegger vermischt. Ihre Kindheit war ein Hin- und Herpendeln zwischen der alpinen Heimat ihres Vaters und Böhmen, der Heimat der Mutter, zwischen urbaner und ländlicher Lebensform, Liberalität und Katholizität.

Die innere Spannung mußte sich Luft machen: früh schon wußte Getrud Fussenegger, daß sie Schriftstellerin werden wollte. Nach einer mediavistischen Promotion setzte ihr mittlerweile umfängliches Werk im Jahre 1937 mit dem historischen Roman „Geschlecht im Advent" ein und wird seitdem – was in den letzten Jahrzehnten noch deutlicher hervortrat – von der Auseinandersetzung mit religiösen Themen getragen.

Die erzählerischen Arbeiten der heute in Leonding/Oberösterreich lebenden Autorin – die böhmische Familiensaga „Das Haus der dunklen Krüge" (1951) oder „Das verschüttete Antlitz" (1957) zum Beispiel – führen eine „realistische" Tradition fort, die ungeachtet der Anfechtungen der Moderne befähigt werden soll, auf die existenziellen Lebensfragen überzeugende Antworten zu geben. Orientiert an der Ästhetik (und deren religiöser Verankerung) eines Adalbert Stifter, in dessen Name Gertrud Fussenegger auch zweimal ausgezeichnet wurde, hat sie sich nur in wenigen Romanen („Zeit des Raben, Zeit der Taube", „Die Pulvermühle") an modernen Erzähltechniken versucht und wurde durch diese Verweigerung zu einer markanten Außenseiterin der bekanntermaßen experimentierfreudigen österreichischen Gegenwartsliteratur.

Begleitet wurden ihre Romane und Erzählungen von zahlreichen (Reise-) Essays wie „Böhmische Verzauberungen", „Der große Obelisk" oder „Eines langen Stromes Reise", von Theaterstücken und dem Lebensbericht „Ein Spiegelbild mit Feuersäule" (1979), der Aufsehen erregte, weil er mit einer nicht häufigen Offenheit und Selbstkritik die eigene „ideologische Süchtigkeit" brandmarkte, die die junge Schriftstellerin 1938 für die Annexion Österreichs plädieren ließ.

Daß Gertrud Fussenegger überdies auch die Lyrik kontinuierlich als künstlerische Chance begriffen hat, ihren „inneren Haushalt" (so eine poetologische Eigencharakteristik) zu bewältigen, daran erinnert „Gegenruf", eine Sammlung von einundsechzig meist neueren Gedichten, die vertraute Motive beschwören: das Sterben, die Familie, die Alltagsimpressionen, die biblischen Variationen, die Zivilisationskritik.

„Vom Scheitern / will ich nicht mehr schreiben, / seit es in aller Munde ist", heißt es dort, und damit ist eine scharfe Grenzlinie zu jeder bloß nihilistischen, zersetzenden Literatur gezogen. Gertrud Fussenegger hält ihr den alten, vielleicht anachronistisch anmutenden Traum von künstlerisch-religiöser Einheit entgegen, den ihre gelungensten Verse im Detail, im scheinbar Abseitigen zu bannen suchen.

Gewiß, nicht immer ist solch ein Balanceakt unbeschadet zu überstehen. Wo der Schmerz und die Sorge über Gegenwartserscheinungen und unsere Zeit übermächtig geworden sind, erliegt die Sprache des Gedichts („Fristenlösung"," Wer bist du") der weltanschaulichen Intention. Und dennoch erweist sich Gertrud Fussenegger auch in ihrer Lyrik als eine Konservative von Rang, die sich nicht scheut, den Finger in jene Wunden der Zivilisation zu legen, die ein unreflektierter christlicher Konservatismus übersähe. Die Schriftstellerin ist dem treu geblieben, was eines ihrer autobiographischen Gedichte als Lebensmaxime formuliert: „Ich lebe gern / mit meinem Vogel Widerspruch / mein bunter Vogel / läßt sich überall nieder, / überall findet er Nahrung, / er segelt gegen jeden Wind /(...) / Vielleicht wird es gefährlich, / den Vogel Widerspruch / im Wappen zu führen. Die Ratte / sei besser, berät man mich, / Ich weiß. / Die Vogelfänger sind schon unterwegs".

Rainer Moritz

Moderner Romancier alter Schule

Fritz Habecks neuer Roman „Die drei Kalender", erschienen im Zsolnay Verlag

Der ziemlich genau siebzigjährige Wiener Fritz Habeck gibt, wenn ich richtig gezählt habe, seinen zwölften Roman zum besten; daneben hat er auch für das Theater sowie Sach- und sogar Jugendbücher geschrieben, ist aber, seit vor rund 45 Jahren „Der Scholar vom linken Galgen" (über François Villon) erschienen ist, geblieben, was er von jenem Anfang an war: ein klassischer Romancier. Besonders seit er, vom ORF weg, in Pension gegangen ist, lebt er hauptsächlich auf dem Land, unweit von Wien, und dort siedelt er auch seine Romane an.

„Die drei Kalender" spielen natürlich an das Märchen von den persischen Derwischen und ihren Damen an, aus „Tausendundeiner Nacht", und der Autor hält bei seinem österreichischen Gegenwartsroman die Analogie virtuos durch. Schon „Der Piber" vor bald zwanzig Jahren war der typische Kavalier alter Schule, erst recht „Der General und die Distel", Habecks vorletztes Werk. Doch ist es keine Alterserscheinung unseres Literaten, es ist der respektvoll-kritische Blick auf ungebrochen und aufrecht ihren Standort – geistig wie lokal – verteidigende ältere Herren, was Fritz Habeck zur Darstellung reizt. Auch das immer gemischte Milieu (Damen, Weibs- oder Mannsbilder) ist mit sarkastischer Präzision einbezogen, denn die stets konservative Zentralfigur erweist sich nie als stockkonservativ: Ihr Verstand hat Verständnis für die Zeichen und das Gehaben einer neuen Zeit.

Auch der seit einem Jahr im Ruhestand lebende Gerichtsvorsteher des Marktfleckens Leynsam, Doktor Lorenz Taferner, sieht das alles ein, er sieht jedoch nicht ein, daß er dabei mittun soll. Der Vater war Präsident im OGH, der Sohn zog ländliche Abgeschiedenheit vor, kaufte von einer Erbschaft ein Grundstück und baute ein burgartiges Haus, mit einer wahren Bücherburg als Mittelpunkt. Dreiundzwanzig Jahre war er verheiratet, dann hatte Livia genug von der Einschicht, ging mit ihrem Jüngsten nach Wien und wurde Verlagslektorin. Auch der älteste Sohn hat längst in der Hauptstadt Karriere gemacht, die jüngere Tochter lebt als Frau eines Archäologen in München, die jüngere mit ihrem Söhnchen Lorenz, geschieden, beim Vater und führt ihm die Wirtschaft. Da kreuzt (aus Wien) ein Händler für Gebrauchtwagen auf, weil er die Tochter heiraten will; daß sie einen Buben hat, macht ihm nichts aus. Er wird zum Abendessen eingeladen. „Plötzlich krachte es, und ein Stein zertrümmerte das große Panoramafenster mit dem weiten Blick aufs gefällige Hügelland." Damit beginnt die dramatische Komponente des Buches.

Sie ist, wie immer bei Habeck, bloß mitentscheidend; das eigentlich Entscheidende bleibt der Vortrag. Nein, nicht nur wie die Geschichte erzählt wird (das freilich auch), sondern das gesamte Tages-, Zeit- und Vorzeitgeschehen, welches organisch gesprächsweise ins Romangeschehen einbezogen wird. Keine essayistischen Einschübe, wie allzuoft gehabt. Gewiß, es wird bei Tisch zu Hause oder im Wirtshaus auch debattiert, doch selbst wenn es ins Alltägliche geht, halten sich Rede und Gegenrede auf Diskussionsniveau. Politik und soziale Probleme, Wissenschaft, Technik, Literatur und Musik kommen ganz natürlich (und treffend) zur Sprache, werden nicht „einbezogen", sie gehören ebenso zur Substanz der einen wie zur Substanzlosigkeit der anderen.

Der Esprit dieses echten Romanschreibers ist durchaus echt, jedoch absolut unaufdringlich. Auch das präzis und doppelbödig Aphoristische steht nie herausgerissen isoliert da, es gehört und paßt zur epischen Kontinuität, wenn der Autor zum Beispiel die noch ungelöst kriminellen Attacken gegen den Herrn Rat kommentiert und schließt: „Debile aller Länder, vereinigt euch!"

Ergebnis: Der ureinfach zu lesende, äußerst spannende Roman eines gewiegten, jedoch raffinierten Stilisten. Darüber hinaus: Wer gern genauer mitdenkt, hat mehr vom Lesen. Man muß nicht, aber es wäre ratsam.

Edwin Hartl

Fritz Habeck: „Die drei Kalender". Roman, Ln., 226 S., S 220,–. (Paul Zsolnay Verlag, Wien/Hamburg 1986)

Frankfurter Allgemeine Zeitung, FA, Frankfurt/M., 13.12.1986 (P. v. Matt)
Nürnberger Nachrichten, Nürnberg, 21.1.1987 (Klaus Peter Dencker)

Verklemmt

Peter Handkes „Gedicht an die Dauer" · Von Peter von Matt

Peter Handke hat ein Gedicht geschrieben, auf 47 locker bedruckten Seiten. Es nennt sich „Gedicht an die Dauer". In einem Leitspruch wird Bergson zitiert, bei dem „Dauer", *la durée*, ein philosophischer Hauptbegriff ist. Allerdings bedeutet das Wort bei Handke nicht das, was es bei Bergson besagt – die gelebte Zeit, im Gegensatz zur gemessenen –, sondern meint einen Zustand plötzlicher, gnadenhaft geschenkter Geborgenheit, in dem man sich selbst und alle Dinge wie in einer geräumigen Ruhe zurechtgerückt erfährt. Heidegger hätte das wohl ein „Existenzial" genannt.

Diesem Ereignis der Innerlichkeit spürt das Gedicht nach, halb erzählerisch, halb reflektierend, und es hätte eine sensible Betrachtung, eine verhalten leuchtende Meditation daraus werden können, wenn der Autor seine Arbeit nicht in die steile Poesie kommandiert hätte. Wo der Text Qualitäten hat, sind sie prosaspezifisch; wo er peinvoll wirkt, hängt es mit der Versform zusammen, deren Anspruch nicht eingelöst wird. Da setzt sich einer an den Flügel, und man vernimmt eine Schreibmaschine. Dabei gehen einem die Passagen über den verlandenden See in Kärnten, auch über das nächtliche Paris als Beschreibungen nahe, und eine Stelle gibt es, anderthalb Seiten lang, die hat sich wie von anderswoher in diesen Text verloren. Es ist der Abschnitt über die Liebe, S. 27 und 28, ein Moment genuiner poetischer Verdichtung. Er rettet das Ganze nicht, zeigt vielmehr erst recht, wie sehr sich dieses in einer falschen Prätention verklemmt hat. Einmal heißt es:

„Nachsicht zu üben mit meinen Mängeln
(...)
kann mich verjüngen
wie eine Flasche köstlichsten Weins
(mit anderer Nachwirkung)."

Was das Gedicht betrifft, sollte sich der Autor dieses Elixiers enthalten.

Peter Handke: „Gedicht an die Dauer". Suhrkamp Verlag, Frankfurt am Main 1986 (BS 930). 55 S., geb., 12,80 DM.

Eine Seite der Medaille

Anmerkungen zu Peter Handkes umfangreichem „Gedicht an die Dauer" — Nur noch Form

Der Waschzettel sagt — wie so häufig — alles: „Ein Gedicht an die Dauer heißt nichts anderes, als das zu beanspruchen, worauf der Mensch seit der ‚Vertreibung' keinen Anspruch mehr hat. Ein dialektisches Verfahren: In der Vergänglichkeit, der Nichthaltbarkeit erkennen, was unvergänglich, was haltbar ist, und dies aufzuheben in einem Gedicht, einem Kunstwerk — diesem Synonym für eine irdische Ewigkeit."

Peter Handke, Senkrechtstarter im Literaturbetrieb am Ende der 60er Jahre, hat bereits in einem Aufsatz 1966 geschrieben: „Die Literatur ist romantisch", und ein Jahr später: „Ich bin ein Bewohner des Elfenbeinturms" — daran hat sich nichts geändert für Handke, so scheint es zunächst, wenn man das neue Gedicht liest. Doch was damals noch provokativ klang und eher diametral dem so Formulierten zuwiderlief, weil Handke in der Selbstbespiegelung viel umfassender eine Auseinandersetzung mit der Wirklichkeit sah, ein mit sprachlichen Mitteln vorgenommener Versuch der Annäherung an Realität, wirkt heute umgekehrt.

Die Sprache selbst produziert nicht mehr Wirklichkeit, übrig geblieben ist die Form, das Gedicht, die Hoffnung auf Dauer, weil das in eine poetische Form Gefaßte festgehalten ist, eben auf Dauer.

Doch dies ist nur die eine Seite der Medaille. Für die andere habe ich in Handkes „Phantasien der Wiederholung" (1983) einen Hinweis gefunden: „Das Ewige ist im täglichen Ablauf immer das Unscheinbarste; oder: das Unscheinbarste im täglichen Ablauf, das ist das Ewige (die Gehenden oben auf dem Berg, die Gehenden unten im Tal); — das Metaphysische für sich ist nicht zu fassen, wohl aber das beiläufig Metaphysische in der Alltäglichkeit."

Bedeutete für Handke das Schreiben selbst ein Stück Biografie damals, etwa nach dem Muster: „Ich schreibe, also bin ich", versucht Handke heute Biografie festzuschreiben. Auch dies ist wieder die Auseinandersetzung mit Wirklichkeit, mit flüchtiger Wirklichkeit, kaum wahrnehmbarer, Vergänglichkeit.

Das Aufspüren dessen, was in unserem Leben verlorenzugehen droht, was unscheinbar scheint und dennoch vielleicht bestimmender ist als die nachhaltige Empfindung oder das spektakuläre Ereignis, ist eine Art Sicherung der eigenen Existenz, das Festhalten von Biografie, das Herstellen von Realität.

Realität aber meint Wechsel, Flüchtigkeit, Unhaltbarkeit, Veränderung — Entwicklung und Kontinuität meinen nichts anderes als die den Veränderungen sich anpassenden Veränderungen.

Die Unmöglichkeit des Menschen zu verweilen, Augenblicke festzuhalten, reizt zu biografischen Sicherungen, zum poetischen Aufheben von augenblicklichen oder zurückgelassenen Momenten.

Handkes Versuch ist, wie er richtig sagt, ein Exerzitium. Ein Exerzitium vor dem Hintergrund romantischer Gläubigkeit an den Erfolg? Ein Exerzitium ohne Umweltbezug, nur für den Bewohner des Elfenbeinturmes, der sich für einen Augenblick aus dem Zeit- und Veränderungsgefüge von Umwelt ausklinken kann?

Es scheint nur so. Das Mißtrauen schielt dem Text aus allen Knopflöchern: „Auf die Dauer ist kein Verlaß" — „Unzuverlässige, nicht zu erbittende,/nicht zu erbetende/Rucke der Dauer:/Ihr seid nun gefügt/zum Gedicht" — dies die letzten Zeilen, der letzte Hinweis auf das Geschriebene, die Form, das Gedicht.

Das Gedicht an die Dauer dokumentiert seine eigene (Lese)vergänglichkeit, die Sisyphusarbeit ist selbst nur ein winziger Augenblick unfaßbarer Zeitlichkeit, und dennoch — das fertige Gedicht verändert sich nicht mehr, objektiv betrachtet bleiben Buchstaben und Wörter bestehen —, doch es wird immer wieder neu gelesen werden, mit neuen Erfahrungen und neuen Erlebnissen, und damit unterliegt es (wenn auch erst in bezug zum Lesenden) jenen Gesetzen, gegen die Handke anzuschreiben versucht und die auf die vieldeutige Formel bringt: „Wer nie die Dauer erfuhr, hat nicht gelebt."

Ein nachdenkliches Poem, das Handke geschrieben hat, keins, das sprachlich besticht, aber eins, das so manchem Interpreten noch die umfangreichsten Gedankenspiele abverlangen wird.

KLAUS PETER DENCKER

Peter Handke, Gedicht an die Dauer. Suhrkamp Verlag, Frankfurt, 55 Seiten, (BS 930), 12,80 Mark.

Die wirkliche Heimkehr des Peter Handke

Sein neuer, großer Roman „Die Wiederholung"

Martin Lüdke

Hut ab, meine Herren! Das mindeste, Respekt, ist angezeigt, Bewunderung gestattet. Ein seltener Fall: Hier stimmt alles zusammen, nichts nur mit Macht überein. Eine einfache und zugleich komplexe Geschichte, ganz zarte, leise Töne und zugleich ein Paukenschlag.

Gewiß, der Literaturbetrieb, ökonomisch gesehen nur ein unerheblicher Seitenzweig der Unterhaltungsbranche, braucht — zum Zweck der Vermarktung — den Rummel, zum Handwerk gehört das Klappern allemal. Paukenschläge lassen die Kassen klingeln. Dagegen ist kein Kraut gewachsen. Es sei denn . . . eine Literatur, die sich auf ihre eigenen Ansprüche besinnt. Handkes Geschichte ist sperrig genug, mehr noch: widerständig; keine Sensation, dafür: Subversion.

„Gestern wird sein, was morgen gewesen ist." Dieser Leitsatz, den Grass einmal ausgab, wird hier zur erzählten Wirklichkeit, denn Geschichte wird (noch einmal) utopisch aufgeladen: „Ein Vierteljahrhundert oder ein Tag ist vergangen, seit ich, auf der Spur meines verschollenen Bruders, in Jesenice ankam. Ich war noch nicht zwanzig und hatte in der Schule gerade die letzte Prüfung hinter mir. Eigentlich hätte ich mich befreit fühlen können; denn nach den Wochen des Lernens standen mir die Sommermonate offen. Aber ich war im Zwiespalt weggefahren: Zuhause in Rinkenberg der alte Vater, die kranke Mutter und meine verwirrte Schwester. Außerdem hatte ich mich in dem letzten Jahr, von dem geistlichen Internat erlöst, in die Gemeinschaft der Klagenfurter Schulklasse, wo die Mädchen in der Mehrzahl waren, eingelebt und fand mich nun jäh allein. Während die andern zusammen in den Bus nach Griechenland stiegen, spielte ich den Einzelgänger, der lieber für sich nach Jugoslawien wollte. (In Wahrheit hatte mir zu der gemeinsamen Reise nur das Geld gefehlt.)"

Unprätentiös, doch anspruchsvoll, verwickelt, aber nie verworren, ohne Zierat und Ballast, unpathetisch, mit einfachen Worten erzählt Handke eine große Geschichte.

Warum, bitteschön, so hoch greifen? Die Fallhöhe ist beträchtlich. Keine Angst, Handke hat den Sturz bereits hinter sich. Er wollte — *Über die Dörfer* — sehr hoch hinaus und entsprechend, fast kläglich, ist er heruntergepurzelt. Novas Botschaft, gut gemeint, ganz ohne Frage, hat sich über die Wirklichkeit hinweggemogelt. „Das Bergblau *ist* — das Braun der Pistolentasche ist *nicht.*" Das war, im „Hiergelände" sprachlos, Vogel-Strauß-Poesie: Kopf in den Sand, aber „glaubt mir und haltet euch daran". Was Handke wollte, ließ sich, bei gutem Willen, erkennen. Was er erreicht hatte: ebenso. Es war, für die Oberlehrer der Nation, kein Kunststück, ihm die Fehler anzustreichen. Verwunderlich nur, daß ausgerechnet die großen Trommler der flott unterhaltsamen Vergnügungsliteratur mit fetten Filzstiften angerückt sind. Als „Heino der Metaphysik" hat man Handke schon abgetan. Heute, fürchte ich, wird mancher, verstohlen, beschämt, seinen Hut ziehen müssen.

Die Wiederholung ist die wirkliche Heimkehr des Peter Handke. Er hat keine Botschaft zu verkünden. Er hat etwas zu erzählen, kompromißlos, radikal. *Die Wiederholung* ist Handkes „Ästhetik des Widerstands", die Summe seines bisherigen Werkes. Hier verbindet sich der Stoff des *Wunschlosen Unglücks*, dem allerorts gelobten Buch über das Leben und den Selbstmord seiner Mutter, mit der *Lehre der Sainte-Victoire*. (Und die stetigen Handke-Leser erkennen Motive wieder, die vom *Hausierer* bis zum *Chinesen des Schmerzes* reichen.)

Das Buch kommt ohne Gattungsbezeichnung aus. Ich scheue mich, von einem Roman zu sprechen, schon wegen der Emphase, die der Ich-Erzähler, Filip Kobal, ein heute 45jähriger österreichischer Slowene, aufs Erzählen legt in drei fast gleichlangen Teilen. Die Titel, „Das blinde Fenster", „Die leeren Viehsteige", „Die Savanne der Freiheit und das neunte Land", täuschen eine Steigerung vor, lassen gar eine Schluß-Apotheose befürchten. Tatsächlich handelt es sich eher um drei verschiedene Zeitgeschichten, die ineinandergreifen, sich übereinanderschieben. Die Zeit nach dem Krieg, die sechziger Jahre, heute.

Die Wiederholung ist die Geschichte des Filip Kobal, gebrochen durch die Erinnerung, gespiegelt in der Wiederholung, durchdrungen von Erfahrung. Wiederholen darf nicht als Verdoppelung mißverstanden werden; es meint: ein wieder belebendes Zurückholen (und damit auch: Verändern). Es ist die Geschichte seiner Familie: des Vaters, einer einfachen, dabei wunderbaren und unvergeßlichen Gestalt: „Seine Unstetigkeit war ansteckend: In der großen Stube ein im Kreis gehender kleiner Mann, um den herum, je länger er so ging, immer mehr einzelne Augen, Köpfe und Gliedmaßen zu zucken anfingen. Oft führte zu solch einem Gerucke auch schon, daß er die Tür aufstieß, seinen Blick wunder Hoffnungslosigkeit gegen die Angehörigen abschoß und wieder verschwand... Wir atmeten auf, sobald er in seiner Werkstätte war, aber auch von dort schollen seine Wutschreie herüber."

Die Mutter, sie war „angeheiratet", also zugezogen, begriff aber die „Stammestradition" nicht als „traurige Weise von erfolglosem Kampf und Aussiedlung", sondern als „Ur-Kunde von Ziel und Anspruch". Sie lehrte den Kindern, nicht gläubig und schicksalsergeben das Heil von außen zu erwarten: „Sie forderte es für uns von uns selber." Die Schwester, sie hatte sich nach einer unglücklichen Liebesgeschichte in sich zurückgezogen, galt lange Zeit als geistig verwirrt, zeigt aber, als es darauf ankommt, ihre Vernunft.

Vor allem aber ist es die Geschichte des Bruders, Gregor Kobal, die große Erzählung einer kleinen Familienlegende, die bald über den Bruder, die Familie hinausreicht, auf die Geschichte eines unterdrückten, vertriebenen, verstreuten Volkes übergreift. Es ist die Geschichte der Slowenen, eines Volkes, das es nie zu einem eigenen Staat gebracht hat, das sich niemals selbst regieren konnte, stets fremder Herrschaft unterworfen war, bis in die Sprache hinein: „So mußten für alles Staatliche, Öffentliche und auch Begriffliche wortwörtliche Übersetzungen aus den Herrschersprachen, dem Deutschen und dem Lateinischen, einspringen, was ähnlich künstlich und verschroben aussah, wie wenn der Leser hier statt eines Worts wie ‚Substanz' einen ‚Unterstand' fände." Es ist also auch die Geschichte einer Sprache, und, besonders, der kindlichen Beziehung zu dieser Sprache. Nur beim Fluchen und beim Kartenspielen spricht der Vater slowenisch.

Es sind, kurz gesagt, viele, sehr viele Geschichten, die hier, zugleich und nacheinander, erzählt werden, zwanglos und doch mit Notwendigkeit aufeinander folgen, sich miteinander verschränken.

Die verschiedenen Motive sind nicht nur dicht miteinander verknüpft und bis ins letzte Detail durchgearbeitet; mir erschien dieses Buch (in seiner Struktur) wie jener vielgliedrige Wunderwürfel, der vor einigen Jahren in aller Hände und, erst einmal verdreht, nur selten, ohne Gewalt, wieder in die rechte Ordnung zu bringen war. Irgendwo hakte es immer, alle (meine) Versuche, die sechs Farben auf die sechs Seiten zu verteilen, sind immer gescheitert. Nur ist es hier genau umgekehrt: Egal, wo man beginnt, welches Motiv man aufgreift, sie ordnen sich wie von selbst, führen (gleichsam schnurstracks) ins Zentrum.

Ich weiß nicht, ob es das Rinkenberg, in dem der Erzähler geboren und aufgewachsen ist, tatsächlich gibt, irgendwo, nahe der jugoslawischen Grenze, im südlichen Kärnten, unweit von Klagenfurt, der Landeshauptstadt. Es spielt auch keine Rolle. Denn *das* Rinkenberg gibt es, das Handke hier beschreibt, in seiner Erzählung. Der (junge) Filip Kobal, der in seine Kindheit zurückkehrt, den Spuren seines verschollenen Bruders folgt, der wieder-holt und in seiner Erfahrung bricht, was er einst *nur* erlebt hatte, schafft sich, erzählend, den Raum, den er braucht: einen mythischen Raum, einen (möchte ich, vorläufig, sagen) Erzähl-Raum. Hier wird nichts krampfhaft beschworen oder, künstlich, mit guten Absichten und unzulänglichen Mitteln, herbeizitiert. Schritt für Schritt, mit gleichsam natürlicher Notwendigkeit, entsteht dieser Raum, vor unseren Augen. Das kleine, langgezogene Arme-Leute-Örtchen erweist sich als würdiges Partnerstädtchen von Jefferson in Faulkners Yoknapatapha-Country. Die Familienlegende des Bruders Gregor, die — weit ausleuchtend — die Kindheit Filips überstrahlt, führt zurück auf die Legende eines anderen Gregor Kobal, eines Freiheitshelden, der vor einigen hundert Jahren den bewaffneten Widerstand der Slowenen angeführt hat.

Der Bruder sei, glaubt zumindest die Mutter, ebenfalls in den Widerstand, zu den Partisanen gegangen. Damit ist er (für sie) in die Geschichte seines Volkes eingegangen. Damit verbindet sich die

Familienlegende mit dem Mythos der Slowenen. Und der Weg, den Filip, auf den Spuren seines Bruders geht, führt damit mitten in den Mythos hinein: in die Geschichte, in die Landschaft und — in die Sprache. Was ihm von Bruder geblieben ist, Notizbücher, das sind Aufzeichnungen in slowenischer Sprache, die er, anfangs mühsam, mit Hilfe eines alten Wörterbuchs zu entziffern sucht. Lehrsätze über das Anpflanzen und Veredeln von Apfelbäumen. Der Bruder besuchte, vor dem Krieg, in Maribor, schon jenseits der jugoslawischen Grenze, eine Landwirtschaftsschule.

„Wie sich das Werkheft des Bruders, ohne den Umweg über eine andere Sprache, gleich in sein Werk, den Obstgarten übersetzte, so nun sein Wörterbuch, zum Garten hinaus, in die ganze Kindheitslandschaft": der Raum, der sich hier, fortschreitend, erschließt, reicht über die Kindheit hinaus. Die persönliche Erinnerung führt zurück in eine kollektive Vergangenheit, in das aufbewahrte Leiden und Elend, in die gegenwärtige Armut und andauernde Unterdrückung. Das kleine selbstgebaute Häuschen des Vaters rückt in die Landschaft ein, und erst so entsteht, auf dem notwendigen Um-Weg der Wieder-Holung, dieser mythische Raum, der nun, Schritt für Schritt, ausgemessen und dabei begründet wird. Die Mutter, die ihr Leben lang nie über die „Grenze" hinausgekommen war, auch nicht slowenisch sprach, konnte vielleicht deshalb die Orte, von denen der Vater nur mit „Jammer und Zorn" berichtet hatte, für das Kind in Stätten der „Erwartung" verwandeln, von einem Land des Friedens reden, in dem auch die Kobals die sein durften, die sie waren.

Das Buch läßt sich mit Fug und Recht auch als ein Entwicklungsroman lesen, in dem die Geschichte einer Identitätsfindung erzählt wird. Die frühen Leiden, im Priesterzöglingsinternat, zu Hause: „In-

Dieses Buch läßt sich vor allem anderen, wie sonst wohl nur noch Elias Canettis *Gerettete Zunge*, als der Roman einer Sprache lesen. Die Wieder-Holung der Kindheit führt auf den magischen Grund der Sprache zurück. Die Wörter werden als Zauberwörter, die sie einmal waren, erinnert, und ihr Zusammenhang schafft, aufs neue, anders, eben als Erzählung, den Raum zurück, der mit der Kindheit verloren schien: „Daß es eine Täuschung war, daß wußte ich schon damals. Aber solche Art Wissen wollte ich nicht, oder richtiger: Ich wollte es loswerden."

Er ist es losgeworden, in seinem „Land der Erzählung", in dieser Landschaft, die jetzt utopisch aufgeladen wird, „nicht im dem Sinne ‚Es war einmal', sondern eines ‚Fang an!'". Der Weg des Filip Kobal führt nicht zurück in die Natur, sondern, im genauen Verständnis bester Traditionen, darüber hinaus. Die Landschaft, die er sich (und uns) erschließt, wird zum „Modell für eine mögliche Zukunft".

(Handke räumt hier gründlich mit den Mißverständnissen auf, die er in den letzten Jahren zum guten Teil selber provoziert hatte. Wer ihn jetzt noch immer mißversteht, dem ist auf dieser Erde nicht zu helfen.)

Gregor, der Bruder, kann das Wort „heilig" verwenden, denn es „bedeutet bei ihm nicht die Kirche, den Himmel oder sonst einen entrückten Ort, sondern immer das Alltägliche" — und das heißt vor allem die Arbeit, mit der die Menschen sich seit jeher ihre Welt geschaffen haben, ohne (bislang) jemals darin heimisch zu werden. „Ich sah mich an einem Ziel. Nicht den Bruder zu finden, hatte ich doch im Sinn gehabt, sondern von ihm zu erzählen. — Und eine andere Erinnerung ergriff mich: In einem Frontbrief erwähnt Gregor das sagenhafte Land, das in der Sprache unserer slowenischen Vorfahren ‚das neunte Land' heißt." Der Weg dahin führt über den Widerstand.

Doch Peter Handke hat das Ziel seiner „Langsamen Heimkehr" jetzt schon erreicht: er hat sich einen poetischen Raum erschrieben, in dem die „Ur-Kunden" vergangenen Unrechts und Leidens aufbewahrt bleiben, als Anspruch, der noch einzulösen bleibt. Mehr kann, zumal heute, Literatur nicht leisten.

dem ich alles zugleich tun wollte, geriet jede Einzelheit ungleichmäßig: kein Arbeiter war ich, sondern ein Stümper. Ein Meister war ich höchstens im Danebengreifen". Oder, der Blick der Schwester: „Ich wurde von diesen Augen ständig gemessen, und die Messung fiel keinmal zu meinen Gunsten aus. Dabei zeigte das Gerät (und als solches sah ich den reglosen Blick) nicht meine jeweiligen Fehler und Schurkereien an, vielmehr das Grundübel: Ich verstellte mich; ich war nicht der, als der ich mich ausgab."

Glücklich sein heißt, so bestimmte einmal Walter Benjamin die gelungene Identität, ohne Schrecken seiner selbst innewerden. Die Wiederholung ist dazu, das wissen wir von der Psychoanalyse, wenn schon nicht hinreichende, so doch unerläßliche Vorbedingung. Auf dem (privaten) Rückweg in die Kindheit erfährt Filip Kobal die Bilder eines vielleicht möglichen (gesellschaftlichen) Glücks. „Das Werk der Erinnerung schreibt dem Erleben seinen Platz zu, in der es am Leben haltenden Folge, der Erzählung, die immer wieder übergehen kann ins offene Erzählen, ins größere Leben, in die Erfindung."

Dieses Buch läßt sich mit Fug und Recht auch als eine Poetologie lesen, als eine, material, im Erzählen durchgeführte Reflexion auf die Bedingungen der Möglichkeit des Erzählens.

Die Welt, Bonn, 4.10.1986

Wenn der eiskalte Boras bläst

Hier regieren die Landschaft und die Natur: „Die Wiederholung" von Peter Handke

Hier erzählt „das Erleben selber". Die Kindheit und Jugend des Filip Kobal aus Rinkenberg an der Grenze bei Klagenfurt, wo hüben und drüben Slowenisch gesprochen wird, entfaltet sich, als wäre sie ein Teil der Erinnerung dessen, der das Buch liest. Der Leser lebt mit Filip Kobal die eigenen Entwicklungsjahre noch einmal und geht mit ihm ins Land seiner Väter; denn Filips Vorfahren stammen aus Slowenien, wo es einen Ort Kobarid gibt, der an seinen Namen erinnert.

Filip sucht seinen im Krieg verschwundenen Bruder, der drüben auf eine landwirtschaftliche Hochschule ging und ein Buch mit eigenen Aufzeichnungen über den Obstbau hinterlassen hat. Filip nimmt's, zusammen mit einem dicken slowenischen Wörterbuch, im Seesack mit.

Er reist mit der Bahn, geht zu Fuß, übernachtet einmal in der Nische eines Eisenbahntunnels und erkundet den Karst, eine Hochfläche mit vielen Dolinen, diesen weiten Erdmulden, die sich gebildet haben, als der Boden nachgab, weil unter ihm Höhlungen ausgespült worden waren. Diese Senken bestimmen als weite Erdschüsseln die Landschaft, haben Obstgärten und Kornfelder aufgenommen und dienen dem Wild, wenn der Boras bläst, dieser wilde und eiskalte Nordwind, als Zuflucht; denn in den Dolinen ist's windstill und warm.

Die Landschaft und also die Natur bestimmen dieses Buch, und die Menschen werden als Teil der Natur dargestellt. Filips Vater ist Zimmermann und Waldarbeiter. Die Mutter erscheint dem wandernden Filip als Kellnerin mit fast von den Augenlidern verdecktem Blick, die an der Theke ein Glas spült und einen Zettel aufspießt. In diesem Moment ist sie gegenwärtig. Neben dem wortkargen Vater und der von einer Liebesbeziehung seit Jahrzehnten verwirrten Schwester ist sie es, die den Lebensraum des Filip Kobal bestimmt.

Und was sich im Leben der drei Menschen verändert, das wird hauptsächlich von der Mutter in die Wege geleitet, die dafür sorgt, daß der Sohn, dieser Nachgeborene, Ungefüge, aus dem Zusammenhang Geratene und Vereinzelte, auf eine Priesterschule geschickt wird, wo er fünf mühsame Jahre absolviert, bis ihn die Mutter von dieser „Geistlichenkaserne" erlöst.

Die Ereignisse der Kindheit, die dargestellt werden, wirken ursprünglich. Mit ihnen muß – in anderer Form – jeder zurechtkommen. Der „kleine" Feind, der Filip nachäfft, seine Art zu gehen, sich zu bewegen nachmacht und ihn zum Zuschlagen herausfordert, weshalb dessen Vater mit den Stallschuhen auf ihm herumtrampelt: Diese Situation wird ebenso gegenwärtig wie der in seiner Werkstatt mit sich selbst slowenisch sprechende Vater, der in der Wohnstube abseits auf einem Hocker sitzt und sonntags, die Lippen bewegend, die slowenische Zeitung liest. Er redet deutsch und gebraucht das Slowenische „nur noch in den Flüchen oder es entschlüpft ihm in der Rührung"; denn alles, was ihn von innen her bestimmt, kommt aus dem slowenischen Bezirk.

Sein Sohn Filip, der zunächst wie andere Grundschüler vor den Realschülern davonläuft, besinnt sich auf sich selbst und läßt, auf einer Wegegabel hockend, die Verfolger herankommen, als ob nichts wär. Worauf sie friedlich vorbeigehen und ihm zunicken. Er tritt also nicht in die Situation ein, und diese Haltung schützt ihn.

> Peter Handke:
> **Die Wiederholung**
> Suhrkamp Verlag, Frankfurt am Main. 350 S., 34 Mark.

Dann der „große Feind" im Internat. Diesmal ist es ein Lehrer, der Filip bevorzugt, sich beim Unterricht immer ihm zuwendet und von ihm eine Bestätigung erwartet, wenn er eine Definition gibt. Dies wird Filip, dem Vereinzelten, einmal zuviel, und er zieht eine Grimasse. Sofort bricht der Lehrer den Unterricht ab und verläßt die Klasse.

Von nun an kann ihm Filip nichts mehr recht machen, und der Lehrer drangsaliert ihn, setzt ihm zu. Er aber genießt es, „endlich niemanden zu haben als mich selber". Vom Internat wieder ins Dorf zurückgekehrt, bekommt er die Kluft zu spüren, die ihn, der fünf Jahre auswärts weilte, von den Gleichaltrigen trennt. Er ist jugendlich geblieben, während die anderen ihre Lehrlingszeit hinter sich gebracht haben. Sie erscheinen ihm deshalb schon als erwachsen.

Von diesem Standpunkt aus – dem durchschauenden des Einzelgängers – wird jede Veränderung innerer und äußerer Art erkannt, und in der Erinnerung verfestigt sich das Erfahrene: „Erinnerung hieß nicht: Was gewesen war, kehrte wieder; sondern: Was gewesen war, zeigte, indem es wiederkehrte, seinen Platz. Wenn ich mich erinnerte, erfuhr ich: So war das Erlebnis, genau so! Und damit wurde mir dieses erst bewußt, benennbar, stimmhaft und spruchreif, und deshalb ist mir die Erinnerung kein beliebiges Zurückdenken, sondern ein Am-Werk-Sein ...".

Dies erscheint mir als Grundmuster von Handkes neuem Buch. Darin bedingt die Vertiefung ins Vergangene die Intensität der Darstellungsweise. Sie entwickelt sich aus der Vertiefung ins Gegenständliche, in die Dinge, denen der Autor von Anbeginn zugetan war. Er verflüchtigt sich in die Rillen eines Viehsteiges wie der Wegmacher, der abseits vom Dorf in einem einzelstehenden Haus wohnt und als Schriftmaler tätig ist: „Ja, so langsam, so bedächtig, so schweigsam, nicht beirrbar durch gleichwelche Gesellschaft, ganz auf mich allein gestellt, ohne Zuspruch, ohne Lob, ohne Erwartung, ohne Forderung, überhaupt ohne Hintergedanken, wollte auch ich später einmal meine Arbeit verrichten", heißt es von ihm.

„Die Straße, an welcher der Maler stand, führte nun, statt in die nahe Kleinstadt, zum Dorf hinaus ins Weite, und zugleich geradewegs auf die Pinselspitze des Schreibenden zu. Auch an gewissen anderen Tagen ... hatte vor mir auf dem großen Dorfplatz die große Welt geherrscht als reines Jetzt; an den Schriftmaltagen jedoch erlebte ich den Zusatz: Im Jetzt die Zeit, erhoben zum Zeitalter."

Ist das der Kern des Buchs? Mir fällt diese Stelle immer wieder ein, auch wenn ich von der durch eine Liebeserfahrung seelisch zerrütteten Schwester lese, die nicht ansprechbar ist, aber sofort gegenwärtig und hiesig wird, als die Mutter nach einer Operation bettlägerig wird und dahinsiecht. Von nun an ist Filips Schwester immer zur Stelle, wenn es gilt, den Haushalt in die Hand zu bekommen, das Essen zu bereiten, bei der Obsternte mitzuhelfen, Wäsche auf dem Rasen zum Bleichen auszulegen und mit der Gießkanne zu besprengen.

Eine Verwandte, so geht sie von nun an durchs Buch, während Filip das Gymnasium besucht und auch nach dem Unterricht dort bleibt, um im leeren Klassenzimmer oder auf dem Korridor davor in einer Fensternische zu lernen und zu lesen. Der Vater hat ihm zwar einen Tisch und einen Sessel gemacht, damit er zu Haus im eigenen Zimmer arbeiten kann, aber dieses benützt er nicht.

In alledem wirkt sich Handkes Sympathie aus. Alles wird angeschaut, wie es in Wahrheit ist und nicht wie ein anderer will, daß er es anschauen soll. Ich meine, hier habe sich die Kenntnis der antiken Literatur ausgewirkt. Alles Dargestellte mutet archaisch an, „aber nicht im Sinn von: ‚es war einmal', sondern: ‚fang an!'" Denn mit dieser „Wiederholung" fängt nicht nur für Handke etwas Neues an, und sein Neues ist nichts Artistisches. Es ist das Natürliche, das ursprüngliche Gefühl, das sich hier bis ins Vertrauteste auswirkt. So heißt es von den Äpfeln im Obstgarten, daß sie bei der Ernte nur duften, wenn man sie an die Nase hält (und wie!) und erst im Keller ihren vollen Duft entfalten. So wird das Vertraute zum Besonderen.

Auf der Reise in den Karst liest Filip in den Aufzeichnungen des Bruders, und der Obstbau wird dabei lebendig, als sähe der Leser ihm beim Anpflanzen und Veredeln von Apfelbäumen zu: „Was das Pfropfen betraf, so verwendete er dazu nur nach Osten gerichtete Zweige. Sie hatten die Form eines Bleistifts, die Schnittflächen geschrägt, damit das Regenwasser abfloß, und das Schneiden selbst geschah, statt mit einem Hieb mit einem Ziehen (um die Rinde glatt zu erhalten)."

Es wird also hier die immer wirkende und wirksame Arbeit des Landbaus beschrieben, und die Art, wie dies geschieht, erinnert an Virgil. Und auch dies wird erzählt, als spräche „das Erleben selber".

Hier wird das dargestellt, was immer sein wird: der Mensch, die Sprache und die Natur. Die Wochein genannte Karstlandschaft breitet sich vor dem Leser als eine Hochebene aus, die gegen jede Zerstörung gefeit erscheint. Weshalb sich Filip Kobal sogar vorstellen kann, daß es möglich wäre, auf ihr einen Atombombenabwurf zu überstehen.

Er wolle dies lieber nicht ausprobieren, sagt der Referent zu sich selbst und denkt an die Begegnung Kobals mit einer Frau, die gegen Ende des Buchs dargestellt wird: „Da war es; da war das weltbewegende Ereignis; da war das Antlitz meiner Frau! – Auge um Auge, Ruck um Ruck, näherte sich so einer dem andern, bis du Ich warst, und ich Du. Anbetungswürdige unter dem Maulbeerbaum: Du bis die einzige geblieben, von der auf mich überging, sie sei mein."

Dies gehört zum weiten Ausblick über das Hochplateau, das Handke mit diesem Buch erreicht hat. HERMANN LENZ

Beulen vom Denken

Fernab von einer möglichen Bewußtseinsideologie versucht Ingram Hartinger in seiner Sammlung von Texten den äußerst unsicheren Begriff Bewußtsein, jenes in unseren Köpfen, das sich der Sprache zu oft zu entziehen versucht, mittels der Sprache zu fassen.

„Ich beginne die Sprache zu nehmen, und das macht mich sehr einsam, als etwas, das mir nicht gehört, auch Dir nicht, sondern dazwischen ist. Daß ich mir etwas Eigenes aus ihr mache, ist schon möglich, und Du Dir auch. Und doch bleibt sie dazwischen, ein Werkzeug, Gabel und Messer, ein Spezialmesser, das sich die richtige Form zum Schneiden selbst gibt. Die Menschen tun, als wäre die Sprache etwas, das ihnen gehört." (Godard)

Ingram Hartinger
Schöner schreiben
190 S., brosch., S 200,-
Verlag Droschl

Daß gerade einer, der sich und seine Arbeit der Herstellung und Abfolge von Bildern verschrieben hat, von der Sprache derart spricht, hat nicht nur einen besonderen Reiz betreffs der Bildhaftigkeit alles Narrativen, alles Geschriebenen, im speziellen der Literatur, sondern deutet, von meinem Blickwinkel aus betrachtet, auch Hartingers Dilemma an: eben schönes Schreiben als etwas zu betrachten, das dem Bewußtsein, jenem Konstrukt aus Bildern, Gefühlen, Ahnungen und verbalen Phantasmagorien eher entspricht als die orthodoxe Beschreibung dessen, was draußen in der Welt passiert, betrachtet mit allem verzweifelten und zweifelhaften Subjektivismus der Autorenschaft, eben Literatur.

Hartinger begibt sich mit seinen Texten aber nicht in die Minderheit der Bewußtseinsliteraten, sondern macht die Sprache in ihren speziellen Formen zum willkürlichen Mittel der Erkenntnis dieses, seines oder eines Bewußtseins.

Die in jedem Denken und Fühlen, dem des sogenannten angepaßten Normalen wie auch dem des sogenannten abweichenden Kranken, lauernde Abnormität, verstanden als Verletzungen von Tabus und Regeln oder Enthemmung, jene Beulen, die das Denken und Sinnen schlägt, jene Fugen, in die das Ich schlüpft, jene lauernde Abnormität drückt sich auch in der Sprache in Bildern und individualisierten Metaphern aus: „Schon während des Lesens zerfiel das Ganze in mehrere Farben, wie zum Beispiel das Blau des Irrtums, eines relativ harmlosen, oder das Grün der Banalität, welches deutlich hervortrat, und dicht daneben das heuchlerische Rot der Folklore. Irrtum, der Irrtum war eigentlich eine schöne Farbe, Rot an sich auch, und Weiß hätte eine Fortsetzung verdient. Jedoch im Gebälk nur das rätselhafte Rumoren der Literatur."

Ich meine nicht, daß Hartinger in seinen Texten – zum Beispiel „Tod dem Leser", „Der stillgelegte Fluß", „Schöner schreiben" oder anderen – Analyseregeln eines Bewußtseins gibt, doch aber lehren uns die Texte, sich über den Umweg der Sprache, ihre Tricks und Bilder und Formen, in die Tiefen des Bewußtseins zu begeben, die uns durch schöne Literatur zu oft verschlossen bleiben.

Obwohl Hartingers Buch „Schöner schreiben" in einer geradezu atemlosen Bilderfolge das, ein Bewußtsein zu unterlaufen versucht, neige ich abschließend dazu, Sören Kierkegaard als Ersatz über das reden zu lassen, was ein leichtfertiger Leser in Hartingers Texten vermissen wird.

„Mein Kummer ist meine Ritterburg; sie liegt wie ein Adlerhorst auf der Spitze eines Berges und ragt hoch in die Wolken. Niemand kann sie stürmen. Von diesem Wohnsitz aus fliege ich hinunter in die Wirklichkeit und ergreife meine Beute. Aber ich halte mich unten nicht auf; ich trage sie heim auf mein Schloß. Was ich erbeute, sind Bilder; die wirke ich in eine Tapete und bekleide damit die Wände meiner Zimmer. So lebe ich wie ein Abgeschiedener. An jedem Erlebnis vollziehe ich die Taufe der Vergessenheit und weihe es der Ewigkeit der Erinnerung. Alles Endliche und Zufällige wird abgestreift und vergessen. Da sitze ich, gedankenvoll, und erkläre mit leiser, fast flüsternder Stimme Bild um Bild; und neben mir sitzt ein Kind und lauscht meinen Worten, obwohl es längst alles weiß, was ich zu erzählen habe."

Helmut Eisendle

Die Möglichkeit des Überlebens

Abschluß der Werkausgabe Marlen Haushofer

Marlen Haushofer: Schreckliche Treue. Erzählungen. Claassen Verlag, Düsseldorf. 268 Seiten. 22,80 DM.

Auf die Frage eines imaginären Lesers, weshalb sie sich nach zwei Romanen wieder der Kurzprosa zuwende, antwortete die österreichische Autorin Marlen Haushofer im Nachwort ihres Erzählbandes „Schreckliche Treue": „Um mir selber einmal eine Freude zu bereiten. Endlich, nach Jahren, wieder einmal Erzählungen schreiben zu dürfen, schien mir geradezu eine Erholung zu sein. Im Roman ist es notwendig, oft weite Strecken hin über Vorgänge und Dinge zu schreiben, die den Autor nicht gerade brennend interessieren, über die er aber berichten muß, um den gleichmäßigen Fluß einer langen Prosa nicht zu unterbrechen. Sie sind das feste Fleisch, mit dem das Gerüst des Romans gepolstert wird".

In der Tat sind in diesen Erzählungen die Sujets linear, die Konflikte einfach. Situationen und Figuren werden wie „mit der Lupe" herausgehoben, so daß *eine* Botschaft im Mittelpunkt steht. Das nimmt ihnen, dank des psychologischen Gespürs der Autorin, wohl nichts von ihrer Wahrscheinlichkeit, doch fehlt eben jenes als Ballast empfundene „Fleisch", das durch seine minuziöse Genauigkeit „belangloser" Situationen die unausweichlich-quälende Wahrheit der Haushoferschen Prosa ausmachte.

Marlen Haushofer, deren gesamtes Werk autobiographische Züge trägt, hat — so sehr sie sich gegen die biographische Neugier des Lesers wehrte — stets Teile und Situationen ihres eigenen Lebens gestaltet. Die in einem verschwiegenen österreichischen Tal aufgewachsene Autorin trug etwas von ihrer Liebe zur Natur in die Erzählung „Das fünfte Jahr", die später in ihren Roman „Himmel, der nirgendwo endet" eingeflossen ist.

Die kleine Marili erlebt ihr fünftes Lebensjahr auf einem Bauernhof, geborgen zwischen ihren Großeltern. Die Schwierigkeiten und Probleme der Erwachsenen sind noch fern. Dennoch ist bereits die Trauer über die verlorene Unschuld, die verlorene Phantasie des Kindes zu spüren, wie sie in der Erzählung „Die Erben" ihre grausigen Konsequenzen zeigt. Dort verbringen einige Nachbarskinder ihre Nachmittage bei einer lieben alten Dame, die gefangen ist von ihrer Wohlerzogenheit und Zuneigung — bis sie durch einen Zufall entdecken muß, daß die „unschuldigen" Kleinen einen Vogel durch zahllose Nadelstiche sadistisch zu töten vermögen. Mörder, Selbstmörder, unter der bürgerlichen Fassade sich tödlich hassende Menschen kommen im gesamten Werk Marlen Haushofers vor. Meist in den Konflikten zwischen Mann und Frau (so in der Erzählung „I'll be glad, when you're dead", wo sich ein langjährig verheiratetes, unauffälliges Ehepaar, ähnlich wie im Roman „Die Mansarde", plötzlich den Tod wünscht), aber auch, und das zeigt die Auswahl dieser Erzählungen ganz deutlich, zwischen Frauen, nahen Verwandten, guten Freunden. In „Schreckliche Treue" quälen sich Gatten, Geschwister bis in den Tod, stößt ein alter Mann auf eisernes Unverständnis und Isolation, versteckt sich der Menschenhaß zwischen gutfunktionierenden Konventionen.

Marlen Haushofer schrieb, um mit diesem Wissen unwiederbringlich verlorener Liebe, Enttäuschung und Isolation überleben zu können — „in friedlicher Stimmung" diesmal, wie sie sagt, doch deshalb um so düsterer und pessimistischer. Zwischen all den abgrundtiefen, hoffnungslosen Beziehungen finden sich aber immer wieder Beschreibungen von Natur, die für die Autorin ein Refugium bedeutete. Keine Idylle, dazu war sie zu intelligent, aber ein, wenn auch noch so gefährdeter Raum, der zumindest die Möglichkeit des Rückzugs, des Nachdenkens und damit, für sie, des Überlebens bot. So ist es auch verständlich, wenn sie an anderer Stelle einmal bekannte: „Ich brauche ziemlich viel Zeit, bis ich für meine Helden ein bißchen Sympathie aufbringe. Manchmal werden sie mir unterwegs langweilig, und ich gebe sie auf. Aber noch nie ist mir ein Baum, ein Stein oder eine Landschaft langweilig geworden."

Da alle Erzählungen und Romane der 1970 verstorbenen Haushofer Teile eines großen „Stockwerks" sind, darf diese Aussage ohne Zweifel auch auf den zweiten und letzten Erzählband „Schreckliche Treue" übertragen werden, mit dem, nach „Begegnung mit dem Fremden", die Neuauflage ihrer Werkausgabe abgeschlossen ist. Zwischen den von 1952 bis 1968 entstandenen Erzählungen findet sich auch die Meisternovelle „Wir töten Stella" (aus unerfindlichen Gründen vom Claassen-Verlag gleich zweimal innerhalb eines Jahres herausgebracht), die sicher einen Höhepunkt ihres Schreibens bildet. Die übrigen Erzählungen lassen sich als Keimzellen für zahlreiche Figuren, Motive und Themen verstehen, zu ihren „großen" Texten gehören sie nicht. Dazu bedarf es eben vielleicht doch der vollen, quälenden Länge ihrer Romane, um ganz objektiv, unpathetisch zu erfahren, wie man voll Leid, Trauer und unauslöschlicher Verzweiflung dennoch leben kann — ein „unauffälliges" Thema, womit die Haushofer ganz „unauffällig" ein Meisterwerk jüngerer deutschsprachiger Literatur schrieb. **Iris Denneler**

Monika Helfer: „Mulo"

Fragmente um Soffi

Von Monika Helfer ist im Piper-Verlag der Roman „Mulo" erschienen. 1947 in Au geboren, veröffentlichte Monika Helfer 1977 eine Sammlung von Prosatexten mit dem Titel „Eigentlich bin ich im Schnee geboren" und 1984 ihren ersten Roman „Die wilden Kinder". Für diesen Roman erhielt sie 1985 die Franz-Michael-Felder-Medaille. „Mulo" spielt zwischen Vorkloster und den Sternen. Untertitel: „Eine Sage".

„Es war einmal ein kleines Mädchen mit dünnen Armen und einem Pferdeschwanz, das wohnte mit der Tante und dem Onkel Rufus, zwei Nahverwandten, zwei Cousins, den Zwillingscousinen und zwei Schwestern in einer schäbigen Kartoffel in Vorkloster." – So beginnt die Erzählung von Soffi, die sich später Sophie, Bethel und Lola nennen wird. Drei Teile hat das Büchlein: I. Auf der Erde, II. Am Himmel, III. Im Zug.

Zuerst also lebt Soffi in Vorkloster, in einer schäbigen Kartoffel. Eines Tages möchte sie in einem sauberen Granatapfel wohnen. Ihre Großfamilie besteht aus seltsam mechanisch wirkenden Figuren: Vater, dessen rechte Hand so beschaffen ist, als hielte sie ein Buch; Tante, die Strümpfe zweiter Wahl herbeischleppt und sich im übrigen um „Töpfe, Rüben, Schuhe und Putzlumpen" kümmert; Onkel Rufus, der Bier trinkt und eines Tages plötzlich vom Stuhl zu Boden fällt und mausetot ist. Die zwei Cousins, der Schwere und der Schwierige, bringen gestohlene Uhren in die Kartoffel, die Cousinen gestohlenen Kuchen. Klar, daß dann irgendwann die Polizei zum Rechten sehen muß. Die Welt also als Kasperltheater der vordergründigen Aktionen. Im Hintergrund lauert Mulo, das ist: die Angst, die Dunkelheit, der Tod. – „Der Mulo nimmt die Augen heraus, um wach zu bleiben, er schaut durch die Wand auf Soffi, bald quält er sie mit Hitze, bald mit Fieber und Kälteschauern."

In der mechanischen Welt der Puppen ist Soffi eine „bunte Murmel, die im Dahinrollen glänzte". Sie rollt hinaus aus der Erde, reist über den Ozean hinauf an den Stimmel der Sternzeichen. Alicens unterirdisches Wunderland wird von Monika Helfer an den Himmel projeziert. Die Vorklöstner Figuren sind zu Sternzeichen geworden in einer phantastischen Welt des Unwirklichen: „Kleine Baumgruppen standen auf einer großen Wiese, umrandet von geschliffenen Steinen, die in der Sonne glänzten. Unter den Steinen wuchsen Pilze und Beeren der verschiedensten Sorten. Unter den Beeren schliefen kleine Tiere mit zufriedenen Gesichtern und vollgefressenen Bäuchen. Mitten auf der Wiese lag eine tote Landschildkröte, schwarz und wehmütig auf der einen, hell und golden auf der anderen Seite, daneben lag die vergiftete Ratte." Erlebnisse und Gedanken des ersten Teils des Buches werden traumhaft verschoben, dort z. B. wo auf dem Stier die Jungfrau sitzt. Das ist der Onkel Max („halb ausgezogen"), „auf ihm saß nackt die Grete".

Im dritten Teil verliert Soffi von ihrem Glanz. Sie ist auf der Suche nach einem Vater für ihre Kinder. Sie begegnet einer weiteren Zahl von skurrilen Puppen mit komischen Namen. Wenn schließlich der Mulo kommt, ist sie selbst zur Puppe geworden: ihre milchweißen Füße sehen klein und unwirklich wie Porzellan aus.

Monika Helfer umgibt Soffi mit Fragmenten des Lebens, die sich bald als grobe Brocken der Wirklichkeit, bald als zarte Gewebe des Traumes dartun. Brutal hier: Leigewe, das ist einer der „Väter", holte „ein Messer und schnitt sich die Ohren ab. Er band sich einen Strick um den Hals und erhängte sich vor dem gemeinsamen Schlafzimmer." Verträumt hier: „Lola, am offenen Fenster, sah Insekten, die kreisten, die Luft glänzte, wie sie im Spätsommer glänzt, und ein leichtes Lüftchen wehte. Ihr kam die Vorstellung, daß die Insekten Verstorbene sind, die aus der Ewigkeit kommen ..."

Die Sprache von „Mulo" verbindet Märchenhaftes mit Realem, plätschert oft im Tonfall des Trübsinns, um dann in der direkten Rede an Kraft und Wirkung zu gewinnen. Einschübe in der ersten Person verändern den Blickwinkel, hier z. B in der Vorstellung des Leinenwebers: „Ich webe das beste Leinen weit und breit. Ich stehe gut da, habe ein schönes Haus gebaut und dahinter eine moderne Werkstatt ..." Sein schönes Haus wird nicht zu Soffis ersehntem Granatapfel. Diesen gibt es nur in ihren Träumen. Monika Helfer führt ihre Figuren auf sicheren Wegen ins Unglück. Den Leser hält sie auf Distanz. Statt Einblicke gewährt sie Anblicke.

Dr. Günter Salzmann

Monika Helfer: „Mulo". Piper Verlag, München.

Christian Kreuzberger

Artikulationen

Zu einer symbolischen Verwendung der Fotografie bei Friederike Mayröcker und Bodo Hell

Im Wesen der Schrift liegen Trieb und Gewalt, kein Strich wird das leugnen, denn was er hinterläßt, sind Furche und Spur. Schrift ist Bahnung, Schreiben von seiner Grundtätigkeit her, ein Reißen und Ritzen; Zeichnen; Teilen. Deshalb heißt Schreiben auch „articul-ieren", das bedeutet so viel wie „Glieder abspalten". Und tatsächlich, Schrift, verstanden als ARTIKULATION, hat immer bewegt, sie hat über das Setzen von Differenzen, sie hat über das Entwerfen von Bahnen Lust oder Schmerzen erzeugt. Das lehren die Schrift der Poesie, die Schrift des Krieges.

Im Diskurs der allgemeinen Kommunikation hat freilich die ganz andere, uns viel vertrautere Sprech- und Schreibpraxis der REPRÄSENTATION das Sagen; eine Praxis, die nichts artikuliert, lediglich repräsentiert und für die sich von daher die Frage, was die Verhältnisse schafft, gar nicht erst stellt. Ihr Anliegen ist der möglichst reibungslose Austausch von vorgefundenen Inhalten. Dementsprechend situiert sie sich, jenseits der Ordnung von „Stilus und Stein", in der hellen Region von Licht und Bild. Von dort her kann sie sich der Dinge gleichsam „fotografisch" bemächtigen, ohne sich dem Risiko der Täterschaft auszusetzen.

Gegen die Übermacht dieses „leeren Sprechens" arbeiten freilich, seit je, die beharrlich wiederkehrenden Beispiele der Poesie. Sie zeigen, daß Sprechen/Schreiben weit mehr sein und geben kann, gerade dadurch, daß es sein mediales Feld und die traditionellen Artikulationsformen durchbricht.

Vor nicht ganz einem Jahr erschien im Verlag Droschl ein Text-Foto-Band von Bodo Hell und Friederike Mayröcker.[1] Es handelt sich um zwei kürzere Prosatexte, denen Seite für Seite Fotos beigestellt sind. Im Beispiel I (F. Mayröcker, der Donner des Stillhaltens) begleiten sie den Text auf der gegenüberliegenden (rechten) Seite in Form eines kurzen Filmstreifens (jeweils 2 Bilder); im Beispiel II (B. Hell, Larven Schemen Phantome) sind sie direkt in den Text einmontiert, und zwar wie die Kapitallettern in alten Büchern links oben und als Quasi-Schlußpunkt auf der anderen Seite rechts unten – wo sie freilich nicht als solcher fungieren, denn dasselbe Foto, nur spiegelverkehrt, zeigt nach dem Umblättern links oben den Fortlauf des Texts an. Die dem Bändchen eigene Stärke liegt nun genau darin, daß es das Abbildungsprinzip, auf das gerade Text-Foto-Kombinationen immer wieder hereinfallen, völlig über Bord wirft. Da dienen die Fotos weder zur Illustration eines Textinhaltes (Signifikat) noch zur Wiedergabe eines allgemein bedeutsamen Gegenstandes (Referent); andererseits sagt der Text so gut wie nichts über das fotografische Bild aus, noch erhält er jene strukturellen Muster, nach denen sich eine gute Vorstellungswelt aufbauen könnte. Foto und Text behaupten sich als reine Signifikanten. Und gerade das macht die Schrift wirksam und eröffnet den Weg für die Lust. Denn die Abspaltung von Referent und Signifikat enthebt Schreiber wie Leser von Sinnfrage und Bildzwang, um ihm darüber dem puren Texterleben zu übergeben und damit jenem Genießen zu überlassen, das der „Schrieb" mit sich bringt, das ist die Art und Weise, in der sich der Trieb des Schreibens im Symbolischen artikuliert.

Im Beispiel I (F. Mayröcker) artikuliert sich der Trieb ANALOGISCH, nach dem Gesetz der kontinuierlichen Verschiebung. Das zeigt einerseits (auf der linken Seite) die den Signifikanten vortreibende Gestik; andererseits (auf der rechten Seite) wird es in dem kurzen Filmstreifen augenfällig, dessen Bilderfolge ein und denselben Bildgegenstand jeweils um ein merkbares verschiebt, nach dem Prinzip der Serie: 1–1'. 1' ist im Verhältnis zu 1 meistens etwas näher, frontaler oder höher/heller gesehen, so daß der Eindruck entsteht, der Bildgegenstand sei herausgearbeitet worden. Seine Überführung von 1 nach 1' scheint von einer sanft nachdrücklichen Geste getragen, die als Bewegung eines forschenden Nachdrängens auch in der Führung der Schrift wiederkehrt, etwa so: Seq. 1: Ein Eindruck (innerer/äußerer Bildeinfall) wird festgehalten („ich höre, ich sehe, ..."); dieser wird nun, nach der Registrierung, nicht nachlässig fahrengelassen, sondern in Seq. 2: drehend und wendend nähergebracht („was höre, was sehe ich, ...") und jetzt in Seq. 3: genauer bestimmt („das Ausblasen

[1] *Bodo Hell: Larven Schemen Phantome. Friederike Mayröcker: Der Donner des Stillhaltens. Wien/Graz: Droschl Verlag 1986.*

das Ausgeblasenwerden der Herzen, Fliege und Regen, Zweige des Funkelns; das Summen der Fliege, das Regnen ans Fenster haben mich heute geweckt – sollte ich diesen Morgen etwa mit einem Totschlag beginnen. Wann werde ich ausgeblasen, es gibt etwas Verlassenes in dieser Welt.“). Anzumerken ist, daß es sich bei diesem literarischen Zoom nicht um einen Akt der gefräßigen Aneignung handelt; das Gesehene wird, nachdem ihm ein gewisses Maß an Aufmerksamkeits- und Schreibenergie zugekommen ist, kommentarlos wieder entlassen – die Schrift wendet sich anderem, Angrenzendem, zu. So erhält der Text die Struktur eines energiegeladenen Pinsels – in dem auch Musik schwingt, was auch das Motto – ein fotografischer Violinschlüssel – verrät.

Im Beispiel II (B. Hell) artikuliert sich der Schrieb DIGITAL, nach der Signifikantenlogik des reinen Umschlags: 0/1. Am deutlichsten zeigt das wieder das Foto: der Bildgegenstand rechts unten in Text kehrt auf der nächsten Seite (links oben) spiegelverkehrt wieder – er wurde einfach „umgeblättert“, so wie ein Filmnegativ vor der Lichtquelle um die Querachse geschlagen. Es ist das ein unbedingter Umschlag von der Struktur der Schaltung. Als Artikulationsprinzip verleiht sie daher dem Schrieb etwas Maschinelles und dem Text etwas Gerastertes. Da gibt es nur Reihen und Schnitte. Paradigma für Paradigma rattern die Signifikanten heraus und arrangieren sich zu Listen wie in mittelalterlichen Summen und Enzyklopädien. Schlag auf Schlag entsteht so eine Sammlung – in diesem Fall ganze Register von Sprachhülsen und Sprechformeln, die als sogenannte „Larven Schemen Phantome“ die sexuelle und soziale Realität des Menschen reglementieren: die Beziehung zum Körper, zum Ich, zum anderen.

Das Texterlebnis ist in beiden Fällen äußerst intensiv. Der Eindruck: „Starkstromschrift“. Einmal an sie angeschlossen, läßt sie nicht mehr los und vermittelt darin etwas vom Maß der Energie, das sein „volles Sprechen“ erfordert und trägt. Diese Schrift, so erkennt man, lebt nicht von der Aussage, sondern vom Aussagen, das ein Verausgaben ist und einer erweiterten Ökonomie gehorcht, die die Schreibenergie verschwendet – und damit dem Trieb Anerkennung verschafft. Hier kann sich der Trieb realisieren – in die Schreibfläche projizieren und dort einbrennen wie Licht in den Film.

Die elementare Triebquelle bei F. Mayröcker ist „das Ausblasen das Ausgeblasenwerden der Herzen“. Es ist der anstehende TOD und Verfall, gegen den sich das Ich zu behaupten hat, zu behaupten versucht, indem es, hartnäckig und geduldig zugleich, die sich entziehenden Dinge im Schreiben wieder erobert. Da wird die Schreibmaschine zur „manischen Maschine“, zur „moralischen Höchstinstanz“, sie „rattert dahin“, muß und muß produzieren, „einfach so, Stück für Stück, Blatt für Blatt, Stunde um Stunde“. Es ist das ein beharrliches Tun, jenseits aller Illusionen zwar, aber deshalb nicht jenseits von Richtung. – Ein Foto im Foto zeigt Jesus auf dem Esel, sein Haupt ist in Erwartung des Sterbens leicht zur Seite geneigt. Noch aber ist er am Leben, aufrecht und fest sitzt er, die Hand zum segnenden Gruß erhoben.

Das Sprechen bei B. Hell, viel aggressiver, auch verbitterter, gilt der Spannung von SEXUALITÄT und Triebverordnung durch die Gesellschaft. In atemlos-hastiger Monotonie werden all die Sprachregelungen ausgeworfen, die die sexuellen Strebungen des Menschen beschneiden und verstümmeln. Unglaublich, wie erfindungsreich der Mensch zu seiner eigenen Unterdrückung ist – die Beispiele kommen aus allen Codes, Rollenverhältnissen, Diskursformen. Nicht deutlicher könnte man zeigen, was Subjekt-Sein heißt. Dem Schnitt Unterworfenes, „Gestanztes Fleisch“, „Leichenschauhaus“, „Sexfilm“ ... konnotieren die Fotos.

Auf allen Textebenen sprechen die Fotos und erhellen das Spiel des Signifikanten. Sie bringen die Textuierung erst richtig zur Wirkung. Während sie in der Illustrierten die Textwirkung als solche löschen, indem sie nur das Signifikat interpretierend hervorkehren, setzen sie hier die Lektüre auf die Wege der Artikulation an und sensibilisieren sie in vielfältiger Anspielung für die Muster und Verfahren der Schrift. Diese symbolische (nicht-imaginäre) Verwendung der Fotos ist über den besonderen Fall hinaus interessant, weil sie der Literatur wie der Fotografie eine Perspektive vorgibt.

Lust am Fabulieren

Peter Henischs Roman „Pepi Prohaska Prophet“

Als sich im Mai 1986 in Innsbruck eine Runde von Autoren traf, um darüber zu diskutieren, was sich in den letzten zwanzig Jahren in der österreichischen Literatur getan hat, saß da einer, der kaum den Mund aufmachte. Geredet wurde in erster Linie von der Wiener Gruppe, was von ihren Experimenten geblieben ist und welche Spuren sie hinterlassen hat. Dabei hätte der Schweigsame, der sich da in seinen tiefen Sessel verkrümelte, einiges zur Entwicklung in den zwei Jahrzehnten, die hinter uns liegen, zu sagen gehabt. Freilich mit einem anderen Akzent als jenem, der in Innsbruck gefragt war.

Denn Peter Henisch gehört zu jener Gruppe realistischer Erzähler, die — im Ausland weniger beachtet als ihre am sprachlichen Material orientierten Kollegen — aus ihrer Herkunft aus der Studentenbewegung (und meist aus der Mittelschülerorganisation der Sozialdemokratie) kein Hehl machen, die nach wie vor die genaue literarische Beobachtung der sozialen Wirklichkeit im Programm haben. Peter Henisch hätte erzählen können von den Erfolgen und den Schwierigkeiten, den Siegen und den Niederlagen einer Literatur, die sich einmischen wollte und will in den sozialpartnerschaftlichen Frieden der Alpenrepublik. Aber niemand fragte ihn.

Die kleine Figur meines Vaters von 1975 ist eins der wenigen Bücher, die die Vater-Mode jener Jahre unbeschädigt überlebt haben. Mit *Der Mai ist vorbei* versuchte Henisch eine romanhafte Auseinandersetzung mit der Studentenrevolte. Sie bildet auch, zum Teil, den Hintergrund für seinen jüngsten Roman *Pepi Prohaska Prophet*.

Erzählt wird das intellektuell mehr als äußerlich bewegte Leben eines (sehr wienerischen) Außenseiters der Generation, der auch der Autor, Jahrgang 43, angehört, eines genialischen Nonkonformisten, der freilich gerade in seiner habituell oppositionellen Haltung die wechselnden Zeitströmungen der Nachkriegszeit bis in die Gegenwart hinein spiegelt. Der (zunächst) eher konservative Freund Engelbert berichtet, mehr oder weniger chronologisch, mit ironischer Distanz von Pepi Prohaska, der ihn zugleich fasziniert und irritiert, der ihn unaufhörlich und meist im doppelten Sinne beschäftigt, dessen Wege auf oft skurrile Weise seine eigenen Wege kreuzen.

So außergewöhnlich Pepi Prohaskas (meist selbstverantwortetes) Schicksal auch ist — Peter Henisch achtet sehr genau darauf, es nicht vollends ins Groteske umkippen zu lassen. Immer wenn sich sein Protagonist der Karikatur zu nähern scheint, holt er ihn durch realistisch beschriebene verallgemeinerbare Erfahrungen in den Bereich des Alltäglichen, jedenfalls des Nachvollziehbaren zurück. Pepi Prohaska ist zwar ein von den gesellschaftlichen Normen extrem Abweichender, exotisch aber ist er nicht. Und so bleibt der Roman, so sehr er sich auf die eine Figur konzentriert, doch durchweg ein Zeitroman.

Korrektiv zu Pepi Prohaskas abenteuerlichen Aktionen ist die skeptische Perspektive seines Biographen. Der freilich realisiert sich zuallererst durch seine Sprache. Er läßt seinen Engelbert in einem bewußt umständlichen, durch Parenthesen und Abschweifungen charakterisierten Stil, in komisch-manieristischen Satzungetümen erzählen, genauer: schreiben. Gerade dies macht den Reiz des Romans aus. Er erfordert — dies als Warnung oder als Anreiz — einen geduldigen Leser. Mit Action ist da nicht viel, und nach hundert Seiten ist der Wechsel von linearer Entwicklung und Retardation, von Erfolgsversprechen und Hindernis, die Struktur des „zwar-aber“ durchschaut. Wer sich jedoch einläßt auf die Eigendynamik des Fabulierens, wer sein Augenmerk richtet auf die Musikalität und den ironischen Duktus des Sprachstils, dem vermittelt sich hier ein Genuß ganz eigener Art. Da transzendiert sich der realistische Roman selbst.

Ohne daß der Bezug zu einer literarisch zu erfassenden außersprachlichen Wirklichkeit verloren ginge und ohne daß der Anspruch auf möglichst wahrhaftige (wenn auch subjektiv gebrochene) Beschreibung von Geschichte und sozialem Raum aufgegeben würde, erhält die Darstellungsweise doch ein Eigengewicht, ohne daß dieser Roman platt wäre. Und dies, obwohl er aktuell ist wie wenige Romane der letzten Zeit: Ist nicht in der Tat der Prophet die exemplarische Figur der achtziger Jahre? Er, der die Antworten zu geben scheint auf all die Ungewißheiten und Verstörungen, denen sich so viele gegenüber sehen? Er, der das Heil verspricht, wo nur Bedrohung und Sinnverlust zu herrschen scheint? Er kann Pepi Prohaska heißen. Oder auch Chris de Burgh oder irgendwie sonst, und tausende Wunderkerzen begrüßen ihn, und das steile Klatschen all jener, die so dringend einer Botschaft bedürfen, um aufzugehen in der wärmenden Wohligkeit der Gemeinschaft und der Wahrheit.

Übrigens: am Ende des Romans entschwebt Pepi Prohaska. Angeblich. Wohin, das weiß kein Engelbert (und wohl auch kein Peter Henisch).

THOMAS ROTHSCHILD

Peter Henisch: Pepi Prohaska Prophet. Roman, Residenz, Salzburg und Wien, 1986, 352 Seiten, 34 DM.

Literatur Cocktail

Am 10. September 1983 war der Papst in Wien. An diesem Tag endet laut Peter Henischs neuem Buch — die Schlußphase wird auf Seite 348 eingeleitet, und dann geht's schnell bis zur letzten Seite 352 — die Geschichte von Pepi Prohaska, seines Zeichens Prophet im Endstadium einer reichlich wirren Entwicklung. Nach Entführen eines Pilger-Busses und nachfolgendem Einsatz des Diebsgutes als Ringelspiel für Kinder in der Nähe eines Schotterplatzes bei St. Pölten sei Prophet „Onkel" Pepi, laut Aussagen von Kindern, nach Besteigen einer Böschung entschwebt. Jedenfalls ist der Prophet Pepi Prohaska verschwunden. Allerdings könnte die Gefahr einer Wiederkehr bestehen. Ein bißchen fürchte ich mich davor, denn wenn er in der Zeit von seinem Entschwinden bis zum Wiedererscheinen soviel erlebt wie vom Zeitpunkt des Erscheinens auf dieser Welt bis zu seinem Hinweggang, könnte sich das so ergiebig niederschlagen wie sein von Henisch beschriebener Lebenslauf, der sich ver-

Ein Prophet und sein Chronist

quickt mit jenem des Chronisten Engelbert, Schul-, Jugendfreund und Lebensbegleiter. Hinter Engelbert steckt Henisch selbst, das macht er deutlich. Wieviel von seinem eigenen Leben, Denken, Handeln er wie in ein Vexierbild in die Figur des Pepi Prohaska gestopft hat, bleibt offen, und so soll es sein. Schließlich ist das ja kein Gerichtsakt; wenngleich die Behörden mit dem Propheten zuweilen ihre liebe Not hatten.

Wieso Prophet: Der Pepi Prohaska, ein ganz und gar wienerischer Mensch, bei dessen Konstruktion wohl manche Schraube zu stark angezogen wurde, dafür blieben einige andere lokker, bildete sich nach manchem abenteuerlich verbrachten und verdachten Jahr zu Wien und Umgebung ein, er habe prophetische Gaben. Für die Welt war das nicht so klar, für eine Handvoll Getreuer eine Zeitlang schon; doch die dauerte nicht lange. Der immer näher an den Rand der etablierten Wienerschaft (gesellschaftlich und geographisch) Rückende mit im Lauf der Jahre immer stärker werdendem Hang zur medizinisch faßbaren Narrheit löst sich geistig schließlich gänzlich von dieser Erde. Ende.

Ein zuweilen sehr munterer, zuweilen zähflüssig dahinziehender Roman um Entwicklung, Liebe und Leben in Wien seit dem Krieg und bis in die jüngste Vergangenheit.

Wer will, kann darin den Roman der Generation der heute Vierzigjährigen sehen. Wer es anders sehen will, rein vom Unterhaltungswert einer Lektüre her, der kann feststellen, daß manche vergnügliche Lesestunde über der Schwarte dahinging, aber auch manche langweilende. Insgesamt: Keine besonderen Vorkommnisse in dem ausgiebigen Erzählen. Freaks der Wiener Aussteiger-Szene, 68er-Kameraden und Insider von Wiener Literaten-Klüngeln der mittleren Generation mögen sich und andere wiedererkennen und darob ein wenig lachen. Der Leser des seitenaufwendigen Romans lächelt zuweilen und kann sich sagen, daß es wesentlich Besseres im neueren Literaturangebot gibt, aber auch Schlechteres. Guter Durchschnitt.

Reinhold Tauber

Peter Henisch: „Pepi Prohaska Prophet." Roman. Residenz-Verlag, Salzburg. 352 Seiten, S 248,—.

Im besten Sinne objektiv

Es gibt Bücher, da möchte man als penibler Leser zum Rotstift greifen, — ob der Schlampigkeit, Fehler und Entgleisungen verschiedener Art. — Es gibt Bücher, da dient der Griffel dazu, die verstreuten, wichtigen Stellen für den künftigen Gebrauch — ah, Sie sind auch ein „Profileser"?! — anzustreichen. Bei diesem Buch, genauer: bei dieser Einleitung braucht man keinen Stift, es sei denn, man würde sich der unnötigen Mühe unterziehen wollen, diese Seiten von oben bis unten mit diesem Strich der Wichtigkeit zu versehen. Die Rede ist von:

Theodor Herzl oder Der Moses des fin de siècle! Herausgegeben und eingeleitet von Klaus Dethloff, Böhlau Wien 1986. 260 Seiten, öS 296,—

Andere Herausgeber-Autoren blasen auf hunderte Seiten auf, was bei Dethloff auf etwa 50 Seiten zusammengedrängt ist und sich doch zum überwiegenden Teil erfrischend lesen läßt: die Familiengeschichte und der Werdegang Herzls, verknüpft mit dem ihn prägenden politischen, juristischen, sozialen und kulturellen Kontext. Dethloff zeichnet diesen Weg vom ehrgeizigen Jungschriftsteller zum Autor von „Der Judenstaat" nach, vom Schöngeist, dem die Literatur ein Vehikel zur allgemeinen Anerkennung als deutscher Dichter ist, zum staatstheoretischen Denker (gegen Antisemitismus und Assimilationsjudentum) und schließlich zum Politiker, der wie Moses sein Volk ins Land der Verheißung führen möchte.

Wissen, Genauigkeit und Knappheit bringen das Wesentliche immer auf den Punkt, und: von Punkt zu Punkt. Ins Hüpfen kommt nur der Leser — vor Freude über eine so gelungene, zugleich so unprätentiöse Darlegung, zumal der Herausgeber, der Judaistik, Orientalistik und Philosophie studiert hat, offenkundig auch in anderen Bereichen wie Staatsrecht und politischer Geschichte sich beschlagen zeigt; und man entdeckt in dieser Fülle von Wissen das, was man im besten Sinne des Wortes „objektiv" bezeichnen darf — also nicht jenen neopositivistischen Objektivitätsdünkel; und man findet schon gar nicht geziertes Gerede. Im Gegenteil: gelegentlich — etwa in der Darlegung der Auseinandersetzungen Herzls mit dem „amtlichen" Judentum — fühlte der (unterzeichnete) Leser eine derart gedrängte Fülle fast bedrängend. Nicht „mehr Licht!", sondern „mehr Platz!" möchte man manchmal rufen.

Die Textauswahl ist klug getroffen: Sie umfaßt Beispiele der unterschiedlichsten literarischen Gattungen, in denen Herzl sich — zum Teil nur — versuchte; vom Essay, Feuilleton und Aufsatz (Herzl war von 1891—96 Pariser Korrespondent der „Neuen Freien Presse") bis zu dramatischen Schriften und seinem wohl bedeutendsten Werk „Der Judenstaat" (14. 2. 1896). Was diese Texte untereinander verbindet?: Sie dokumentieren die Entwicklung von Herzls Gedankengängen auf dem Weg zum Zionismus und zu dessen zentraler Figur.

Ist das Stück „Die Glosse", wie Dethloff schreibt, „eine aufschlußreiche selbstbiographische und selbstironische Rechtfertigung des neuen Selbstgefühls Herzls als Jurist", — ein Stück, das er noch, allerdings vergeblich, dem Burgtheater anbot, — so spiegelt „Das neue Ghetto" seine neugewonnene Ansicht wider, „daß es sich als Illusion herausstelle, als Ausnahmejude Anerkennung und gleiche Rechte nicht nur auf dem Papier zu erlangen". Das Stück, so schreibt Herzl an Schnitzler, „Es muß ins Volk!"

Die Pariser Essays „Der Feind der Gesetze" und „Die Schule des Journalisten" belegen ebenfalls Herzls geistigen Umschwung angesichts des rabiaten französischen Antisemitismus und zeigen ihn bereits als Staatstheoretiker. „Das lenkbare Luftschiff", knapp nach dem „Judenstaat" als Feuilleton erschienen, „wurde", wie Herzl betont, „ziemlich allgemein als Allegorie auf den Judenstaat verstanden."

In den vier Aufsätzen „Die Jagd in Böhmen", „Die ‚entschwundenen' Zeiten", „Französische Zustände" und „Feuer in Galizien" hat sich Herzls Kampfrichtung geändert: nicht mehr in erster Linie gegen den Antisemitismus, sondern gegen die jüdischen Assimilanten.

Wer hätte gedacht, daß so bald nach der Flutwelle der Jahrhundertwende ein Nachtrag kommen würde, der, gerade weil er auf Plüsch und Parfum verzichtet, auch zu diesem (scheinbar) abgegrasten Thema Wesentliches zu sagen hat.

Martin Adel

Die Welt, Bonn, 30.9.1986 (Herbert Rosendorfer)

Drei Gewißheiten über den rätselhaften Herzmanovsky-Orlando

Von HERBERT ROSENDORFER

Mit zunehmender Vollständigkeit der Herzmanovsky-Gesamtausgabe wird das Bild, das sich die Mitglieder der Geheimen Loge vom Tarokanischen Orlando vom Großen Meister gemacht haben, immer mehr in Frage gestellt. Diese Orlandisten, die so um 1955 herum an Hand Friedrich Torbergs Ausgaben (die, wie man heute weiß, weitgehend Bearbeitungen waren) das eben verblichene Krypto-Genie zu bewundern begannen, konnten lange an der Meinung festhalten: Herzmanovsky war ein schrulliger Einzelgänger, ein abseits jedes Literaturbetriebes und ohne Rücksicht auf das (im Sinn des dummen Adorno) erreichte künstlerische Material lächelnd und ganz für sich dahinschreibender Kauz, ein reicher Mensch, der keinen Ehrgeiz hatte, seine Sachen zu veröffentlichen, dem es genügte, daß er sie geschrieben hatte, und der – das behauptete Torberg immer – nie irgend etwas las außer dem Schematismus der k.-u.-k.-Armee, dem Gotha, der Zeitung des Bulldog-Clubs und wissenschaftlichen Werken über Ortsnamenskunde.

Schon aus dem als ersten Band der neuen Herzmanovsky-Ausgabe erschienenen Briefwechsel mit Alfred Kubin ging hervor, wie falsch dieses Bild war und wie der wahre Charakter Herzmanovskys aussah. Mancher Orlandist ist erschrocken.

Einzig richtig war, daß Herzmanovsky so vermögend gewesen zu sein scheint, daß er es sich leisten konnte, etwa um sein dreißigstes Lebensjahr seinen Beruf als beamteter Architekt aufzugeben und fortan seinen

Fritz von Herzmanovsky-Orlando:
Zwischen Prosa und Drama
Band V der zehnbändigen Gesamtausgabe. Residenz Verlag, Salzburg. 516 S., 69 Mark, bei Subskription 59 Mark.

Launen zu leben, die zunächst hauptsächlich der bildenden Kunst galten. Aber schon in den dreißiger Jahren scheint es mit dem großen Vermögen nicht mehr so arg weit her gewesen zu sein, denn um diese Zeit mußte Herzmanovsky seine bedeutende Sammlung graphischer Werke verkaufen. Finanziell unabhängig blieb er aber doch offenbar bis zu seinem Tod. Er hielt sich auch durchaus für ein Genie, das er zweifellos war, wenngleich anders, als er meinte.

Zunächst, wie erwähnt, zeichnete und malte er. Ans Schreiben dachte er noch nicht. Erst als sein Freund Kubin den Roman „Die andere Seite" geschrieben hatte, kam auch Herzmanovsky auf die Idee, sich schriftstellerisch zu betätigen. Noch in den Jahren 1919, 1920 überwog aber seine zeichnerische Produktion die schriftstellerische bei weitem.

Keineswegs war es so, daß Herzmanovsky keinen Ehrgeiz an Veröffentlichungen hatte, im Gegenteil: Er bemühte ständig alle möglichen Freunde und die, die er dafür hielt, um Vermittlungen zu Verlagen und Bühnen, er verschickte bombardementartig seine Manuskripte, Exposés für Theaterstücke, Filme, Ballette, und wenn ihm ein Verleger ausnahmsweise einmal keine sofortige Absage erteilte, wertete er das als bindende Zusage und redete fortan so, als sei das betreffende Buch schon quasi erschienen oder das Theaterstück aufgeführt. Der kommerzielle Mißerfolg des einzigen zu seinen Lebzeiten veröffentlichten Buches „Der Gaulschreck im Rosennetz" (neben dem nur die Erzählung „Der Kommandant von Kalymnos" als Privatdruck erschien) wurmte ihn Zeit seines Lebens. Daß die literarische Welt so gar keine Notiz von ihm nahm, kränkte Herzmanovsky tief, machte ihn giftig und bösartig.

Überhaupt scheint er kein sonderlich liebenswürdiger Mensch gewesen zu sein. Er war ein eingefleischter Antisemit, was Torberg immer „ausklammerte", er stand bis lang nach der Nazizeit in enger Verbindung mit dem frühnazistischen Mystagogen Lanz (der sich „Lanc von Liebenfels" nannte), war sogar praktizierendes Mitglied in dessen „Neutempler-Orden", der verquastes Germanentum, Licht-Erlösung und Herren-Rassismus predigte. Herzmanovskys im engen Zusammenhang damit stehende Ortsnamensforschung war wissenschaftlich gesehen unseriös, eher eine Art pseudohistorisches Kaffeesatz-Lesen.

„Lanc von Liebenfels'" obskurantistische Gennenen-Zeitschrift „Ostava" lernte Hitler in seiner Penner-Zeit in Wien kennen. Er übernahm daraus seine Rasse-Ideen. Als Hitler dann an die Macht kam, erhoffte sich „Lanc" eine großartige Karriere, aber Hitler ließ ihn abblitzen, wohl weil er nicht mehr wahrhaben wollte, daß seine After-Wissenschaft aus „Mein Kampf" nicht einmal auf seinem eigenen Mist gewachsen war. Und auch die schöne Ansicht, daß Herzmanovsky nichts gelesen habe, erweist sich als Legende.

Der Band V „Zwischen Prosa und Drama" erweist nun nahezu erschütternd die Bemühungen Herzmanovskys, seine Literatur an den Mann zu bringen. Der Band vereinigt drei Arbeiten in jeweils zwei Fassungen: als Prosa und als dramatisches Werk. Der Erzählung „Der Kommandant von Kalymnos" steht das Versdrama „Die Krone von Byzanz" gegenüber, „Apoll von Nichts" das Theaterstück „Exzellenzen ausstopfen – ein Unfug", „Der verirrte böse Hund" findet sich in einer Fassung als Kurzgeschichte und in einer Fassung als Hörspiel. Im ausführlichen Apparat des Bandes sind die zahlreichen Briefe und Exposés abgedruckt, mit denen Herzmanovsky versucht hat, die eine oder andere Fassung zu verkaufen – immer vergeblich; er konnte schreiben, was und wie er wollte, kein verlegerischer Hund nahm einen Knochen von ihm.

„Der Kommandant von Kalymnos" ist eine der Geschichten Herzmanovskys aus dem byzantinischen Rokoko, um das die Weltgeschichte durch die türkische Eroberung Konstantinopels betrogen wurde, eine leuchtend farbige Geschichte, die nur darunter leidet, daß der Autor nach 20 Seiten die Lust daran verloren zu haben scheint. Es ist nicht anders zu sagen als: gegen Ende tritt plötzlich der Schluß ein; feiner ausgedrückt: auch hier erkennt man das bei Herzmanovsky so oft zu beobachtende Übergewicht der Exposition gegenüber der Durchführung. Das gleiche gilt für den Kurz-Roman „Apoll von Nichts", nur mit der Variante, daß ihn hier die Fabulierlust erst nach 35 Seiten verließ.

Das aus dem Stoff des „Kommandanten" gewobene Vers-Drama „Die Krone von Byzanz" leidet darunter, daß Herzmanovsky keine Verse schreiben konnte, und mehr noch, daß er offensichtlich dieses Drama selber zu ernst nahm. Es ist, schlicht gesagt, unverdaulich und langweilig, und auch das dem „Apoll von Nichts" folgende Theaterstück „Exzellenzen ausstopfen – ein Unsinn" ist farblos, undramatisch und fad, und die Erzählung „Der verirrte böse Hund" ist sowohl in der Prosa- wie in der Hörspielfassung eine nichtsnutzige Albernheit, die das weise Wort Torbergs, man solle sich ja davor hüten, jemals eine historisch-kritische Ausgabe der Werke Herzmanovskys zu wünschen, im hellen Glanz der Wahrheit erstrahlen läßt.

Dennoch ist natürlich aber auch dieser, von Susanna Kirschl-Goldberg sauber edierte und sorgfältig kommentierte Band eine Pflichtlektüre für jeden Orlandisten, da sich die wahre Leidenschaft ja im Drang nach der Vollständigkeit auslebt. Der wahre, kernfeste Orlandist wird auch die schwachen Seiten des Meisters kennenlernen wollen, und sei es nur, um dann die starken Seiten eigentlich genießen zu können.

Friedrich Torberg hat einmal gesagt (ich bin stolz darauf, daß es eine private Äußerung mir gegenüber war), er nehme die Gewißheit mit ins Grab, daß nun, nachdem er seine Herzmanovsky-Ausgabe herausgebracht und in der literarischen Öffentlichkeit durchgesetzt habe, daß nun also, wenn man aufgefordert werde, zehn österreichische Schriftsteller zu nennen, Herzmanovskys Name mit dabei wäre, und weiter nehme er die geheimere Gewißheit mit ins Grab: daß wenn drei Sätze Herzmanovskys zitiert würden, einer von ihm, Torberg, sei.

Die erste Gewißheit ruht mit Torberg in seinem Grab und erweist sich zunehmend. Die zweite Gewißheit ist, wie es mit Gewißheiten – namentlich österreichischen solchen – nicht ungern geschieht, ziemlich ungewiß geworden, seit die hier rezensierte Gesamtausgabe erscheint. Dafür verfestigt sich eine andere – nicht Gewißheit, aber so irgendwie vage Vermutung, die man aber wohl immerhin schon zu äußern wagen darf: Der beste Herzmanovsky war schon der, der durch den Torberg gefiltert worden ist.

Literatur als Irreführung

Klaus Hoffers Kafka-Lektüre

Seit einiger Zeit hat die schöne Literatur aus dem Lager der Literaturkritik Konkurrenz bekommen. Texte wie Hart-Nibbrigs „Die Auferstehung des Körpers im Text" oder Mattenklotts „Blindgänger" vermögen im Unschärfebereich des Essays die 'Lust am Text' sensibler zu befriedigen, als manche literarische Veröffentlichung der neuesten Zeit. Die strenge Einteilung in Primär- und Sekundärliteratur, in Dichten und Denken gewissermaßen, sollte gründlich in Revision geschickt werden.

Im österreichischen Droeschl-Verlag ist ein Buch erschienen, das auf gelungene Weise diese Revision vollzieht. Vordergründig ist Klaus Hoffers Buch „Methoden der Verwirrung" das Ergebnis einer als Poetik-Vorlesung konzipierten Kafka-Lektüre. Aber nicht Werkexegese ist es, die hier zum Vorschein kommt, sondern der exemplarische Umgang mit Literatur, kritisch und emphatisch zugleich.

„Das Leben ist närrisch und bedeutend, (...) Der Mensch ist erwacht in einer Welt, die er nicht verstand, und darum versucht er sie zu deuten." Mit dieser Formel C. G. Jungs eröffnet Hoffer seine Vortragsreihe, die verspricht, einiges über die Techniken der Irreführung in der Literatur darzulegen, denn Irreführung ist es, die der Literatur als wesentliches Element innewohnt. Im folgenden geht es darum, einzusehen, daß die klare Trennung zwischen Nicht-Ich und Ich, zwischen Innen und Außen eine Täuschung ist. Ein Bewußtsein von dieser Täuschung qua Literatur zu erlangen, ist Ansicht der hofferschen Vorträge. Kafka dient ihm dabei als Sekundant. Seine Texte bilden die Folie, auf der Hoffer seine Überlegungen abbildet.

„Jenseits des Zufalls, wo Bedeutung erst anfällt, beginnt jener Wahnsinn des Lebens der Methode hat, und in den letzten 150 Jahren ist es keinem Schriftsteller so gelungen wie Franz Kafka, diese Methode auf der Ebene der Literatur zu simulieren." Hoffer umgeht hier das quantitativ reiche Arsenal der Kafka-Rezeption, um seine Betrachtungen zum Phantastischen bei Kafka selbst anzustellen. Mit theoretischen Referenzen geht er eher sparsam um. Watzlawicks Theorem von der Unmöglichkeit der Nichtkommunikation überträgt er auf den literarischen Text: Jungs implizite Zeichentheorie ist eine weitere Grundlage. Unakademisch belegt Hoffer seine Erläuterungen mit Texten von Robert Walser, Thomas Mann, Peter Handke, sowie mit Science-fiction-Texten von Kurt Vonnegut und Kilgore Trout. Seinen eigenen Roman „Bei den Bieresch" (S. Fischer 1983) zieht er heran, um die Methoden der Verwirrung in ihrer Absicht anzuzeigen.

Anhand der Kafka-Parabel „Gibs auf" spielt Hoffer dann Methoden der Verwirrung durch. „Nachdem Zeit und Raum für den zum Bahnhof Eilenden auseinandergebrochen sind, wird die Frage nach dem Weg und die Antwort des plötzlich zum richtenden Gott gewordenen Schutzmannes: „Gibs auf" zum Verdikt über die Existenz. Alles kann jederzeit aufhören, bloß zu sein, und eine Tiefendimension hinzugewinnen, die sozusagen das ganze Leben auf einmal sichtbar macht. Das übergeordnete System zeigt sich im Subsystem." Kafkas Literatur erhält sozusagen eine holographische Dimension. Seine Texte, so Hoffer, arbeiten an der Bloßlegung und Zerstörung der Illusion, daß es so etwas wie eine Extraterritorialität des urteilenden Subjekts geben könne. „Wahrscheinlich steckt sowohl hinter Brechts Verfremdungseffekt als auch hinter dem Konzept der romantischen Ironie noch der aufklärerische Optimismus, der Autor könne vor seinen Lesern und Zuschauern den Schleier der Illusion zerreißen und stattdessen Wahrheit ins Bild rücken. Kafka hat diesen Glauben als Illusion entlarvt."

Diese Entlarvung hinnehmen zu müssen, ist wohl der Grund für die nicht abreißen wollende Kafkaforschung. Die klare Trennung der Welt in Ich und das Andere gibt es bei Kafka nicht. Seine Helden und der Leser fallen gemeinsam dieser Täuschung anheim. Hoffer widerspricht hier der (lesenswerten) Deutung Günther Anders, — ohne allerdings dessen Namen zu nennen — bei Kafkas Figuren handele es sich um 'Menschen ohne Welt', fortan darum bemüht, Zugang zur Welt zu erlangen. Für Hoffer spielen Kafkas Helden allesamt im schlechten Stück des Lebens, dessen Regie sie nicht begreifen und auch nicht begreifen können.

Diese Bühnenexistenz eingestehen zu müssen, den Verzicht auf die Letztbegründbarkeit von Werten zu leisten, ist das Skandalon und die Verwirrung, die Kafkas Literatur so exponiert. Der Held K. im 'Schloß-Roman' ist für Hoffer kein Mensch ohne Welt, der dann ja noch die Hoffnung hätte, Zugang zu ihr zu erlangen; er steht schon in ihr, aber keineswegs auf sicherem Grund, sondern in der wenig beneidenswerten Situatiion, zwischen-Frosch- und Vogelperspektive hin- und hergeworfen zu sein. Die chaotische Welt erweist sich als Subsystem eines übergeordneten chaotischen Ganzen. Hoffer rückt den Methoden der Verwirrung in der Literatur nicht unnachgiebig mit Erkenntnis zu Leibe, sondern verdoppelt sie; er stellt Orientierungshilfen im Labyrinth zur Verfügung, ohne dieses zu zerstören. „Erkenntnis", das weiß er mit Kafka, „hätten wir, aber wer sich allzu nachdrücklich um Erkenntnis bemüht, macht sich verdächtig, sich gegen sie zu bemühen."

Harry Nutt

Klaus Hoffer: Methoden der Verwirrung, Verlag Droeschl, Graz/Wien 1986, 22 DM

Frankfurter Allgemeine Zeitung, FA, Frankfurt/M., 9.12.1986

Wie du bist! Wie du warst!

Hugo von Hofmannsthals Weg vom „Rosenkavalier" zum „Unbestechlichen" / Von Ulrich Weinzierl

In herkömmlicher Sicht zweifellos ein entschieden anstößiges Verhältnis: zwischen einer reifen Frau von Stand und ihrem sehr jugendlichen Liebhaber. Siebzehn Jahre und zwei Monate ist Octavian gerade jung, halb so alt wie dero hochfürstliche Gnaden, die Marschallin. Nach Rokokobrauch könnte sie unschwer seine Mutter sein, und er sagt auch: „ich bin dein Bub"; indes eignet sich die Fortsetzung solchen Bekenntnisses herzlich wenig für filiale Liebe: „aber wenn mir dann Hören und Sehen vergeht – / wo ist dann dein Bub?"

Damit nicht genug, ist der Bub (außerdem Schatz oder Quin-Quin gerufen) genauer betrachtet eine verkleidete Mezzosopranistin, die erst, sobald sie über ihre Hosen den Rock einer Kammerzofe streift, Begehren gemäß der Natur erregt, nämlich das handgreifliche Interesse des ungeschlachten Barons Ochs auf Lerchenau. Wahrlich, nur in der Welt der Oper, in unserem Fall einer „Komödie für Musik", kann derart Skandalöses ungerügt geschehen, die besondere Atmosphäre – „halt eine Farce und weiter nichts" – verwandelt die Kraßheiten im Nu in ein delikat erotisches Quiproquo.

Und in der Tat, es hat sein Zauberisches, dieses Hofmannsthalsche Lustspiel, vor allem in der Figur der Fürstin Werdenberg, in ihrer unprätentiösen Weisheit, dem melancholischen Akzeptieren eigener Vergänglichkeit, dem Verzicht auf krampfhaft verlängerte Dauer. Sie weiß, sie spürt, „wie man nichts halten soll, / wie man nichts packen kann, / wie alles zerlauft zwischen den Fingern, / alles sich auflöst, wonach wir greifen, / alles zergeht, wie Dunst und Traum". Natürlich ist eine derartige, wie von selbst disziplinierte Haltung allein auf der Bühne beheimatet, nicht im wirklichen Leben, denn dort würde die Marschallin wohl hysterisch werden oder die prächtigsten psychosomatischen Symptome produzieren.

Nicht zuletzt diesem Unwahrscheinlichen, dem schönen Schein vernünftiger amouröser Beziehungen und ebensolcher Trennungen, ohne Gift und Galle, verdankt „Der Rosenkavalier" einen Teil seines unvergänglichen Reizes, und dieser Teil hat mit Richard Strauss nicht das geringste zu tun, ist genuin dichterisch. Obwohl wir uns heute und seit langem schon keinen anderen Titel als „Der Rosenkavalier" denken können, war diese Formel im Grunde erst eine späte Verlegenheitslösung – mit ein bißchen Pech hätte sich das Publikum etwa an „Der Ochs von Lerchenau und die silberne Rose", "Der Vetter vom Land", „Der Grobian in Liebesnot" oder „Die Schule des Unverschämten" gewöhnen müssen.

Und auch daran, daß das Gemeinschaftsprojekt zu einem guten Ende geführt werden könne, zweifelte der Librettist noch mitten während der Arbeit: „Strauss ist halt ein so fabelhaft unraffinierter Mensch. Hat eine so fürchterliche Tendenz zum Trivialen, Kitschigen in sich", unkte er und: „Eine merkwürdig gemischte Natur, aber das Ordinäre so gefährlich leicht aufsteigend wie Grundwasser." Allerdings gab es schon am fertigen poetischen Produkt heftige Kritik, wie sie Arthur Schnitzler, nach einer Lesung in privatem Kreis, in sein Tagebuch notierte: „Das ganze inhaltlich dünn; ja banal; im Erotischen die Übertreibungen des Unsinnlichen bis zur Roheit; der Humor dürr-grotesk; die Verse auffallend schlecht. Als Textbuch immerhin nicht ohne Vorzüge, was bei einem so unmusikalischen Menschen ein Beweis von Talent ist." Kein Zweifel, sogar unter Kollegen sind überzeugendere Komplimente denkbar.

In der Opernpraxis kann es, versteht sich, immer wieder zu herben Enttäuschungen für die schöpferische Phantasie kommen – als Probenbesucher beispielsweise wußte Hofmannsthal Schreckliches zu berichten: „ein rundlicher Quinquin rankt sich mangelhaft um eine corpulente Marschallin, alle sind rundlich, nur nicht der Ox (o Theater!)". Trotzdem war der Erfolg überwältigend, und nicht nur am Uraufführungsort Dresden, sondern auch in München, wo Thomas Mann Premierengast war, ein durchaus kritischer übrigens, aber sein Unmut richtete sich ausschließlich gegen den Komponisten: „Vier Stunden Getöse um einen reizenden Scherz! Und wenn dieses Mißverhältnis die einzige Stylwidrigkeit bei der Sache wäre! Wo ist Wien, wo ist achtzehntes Jahrhundert in dieser Musik? Doch nicht in den Walzern? Sie sind anachronistisch und stempeln das Ganze zur Operette."

All das und vieles andere muß man nun nicht mehr mühsam zusammensuchen, es findet sich in Band XXIII der kritischen Hofmannsthal-Ausgabe, einem Buch mit stolzestem Preis und 758 Seiten, von denen die drei Akte „Rosenkavalier" nicht einmal ein Siebtel ausmachen, dafür wurde die Hälfte des Gesamtumfangs den verschiedenen Stadien der Textgenese eingeräumt. Wie bereits des öfteren in Zusammenhang mit dieser außerordentlichen Edition gerät der Laie ins Staunen, und so mancher Fachmann tut desgleichen: Stehen Aufwand und Ergebnis in irgendeiner vertretbaren Relation? Gewiß, hin und wieder ist es reizvoll, den Weg bis zur Endfassung einer Formulierung zu verfolgen, und wenn der freiherrliche Ochs am Anfang der Feldmarschallin noch den „Arm oberhalb des Handgelenks küßt" und sich druckfertig mit einem konventionellen Handkuß zu begnügen hat, läßt sich an dieser Nuance mancherlei ablesen.

Im Grunde jedoch bleibt die Anzahl der weltweit daran Interessierten wahrscheinlich auf ein gutes Dutzend Forscher beschränkt – eine höchst exklusive Publikation also, *for the happy very few*. Für die übrigen bietet der Rest Aufschlußreicheres, unter anderem Alfred Rollers hier zur Gänze abgedrucktes Regiebuch oder die Dokumentation des Falles Keßler: Harry Graf Keßler, der überaus kultivierte Kunstkenner, Künstlerfreund und hinreißende Tagebuchschreiber, war ja weit mehr an der Entstehung des „Rosenkavaliers" beteiligt, als Opernliebhaber gemeinhin annehmen. Daß Hofmannsthal diesen Anteil schließlich erfolgreich verdrängte, kränkte den Mitarbeiter verständlicherweise, und obwohl (oder weil) die Herausgeber hinsichtlich dieser mißlichen Angelegenheit recht eindeutig Hofmannsthals Partei ergreifen, wird man skeptisch: Wieder einmal schwankt des feinsinnigen Wiener Poeten Charakterbild in der Geschichte.

Vom „Rosenkavalier" führt der Weg über den „Schwierigen" zum „Unbestechlichen", und dieser Weg ist nicht nur lehrreich, sondern auch verblüffend geradlinig. In den (vom Dichter verworfenen) Varianten zum zweiten Akt des „Lustspiels höherer Art" trällert der auf Ehebruch sinnende Baron Jaromir einer seiner verflossenen Geliebten ausgerechnet die Eingangsverse des Octavian vor (mit einer winzigen Umstellung allerdings): „Wie du bist! wie du warst! das weiß niemand! das ahnt keiner!"

Erfreulicherweise enthält der viel übersichtlichere und obendrein nicht so ausufernde Anhang des „Unbestechlichen" – sogar für den gemeinen, um nicht zu sagen: ordinären Leser – eine Fülle interessanter Details. Zum Beispiel folgenden Dialog zwischen der Baronin, Jaromirs Mutter, und ihrem alten Verehrer über den aufsässigen Diener Theodor: *„General:* An dem ist ein Robespierre verlorengegangen! *Baronin:* Der Robespierre war auch ein ganzer Kerl! Er hat eine Kraft in sich gespürt, und mit der Kraft hat er eine Ordnung in der Welt gehalten!" Aus dem Munde einer Aristokratin eine immerhin bemerkenswerte Einschätzung, die den Komödientitel, der ja Robespierres Beinamen *l'incorruptible* nachempfunden ist, erst völlig einsichtig werden läßt.

Ein seltsam vertrackter „ganzer Kerl", dieser Theodor, fürwahr: ein Robespierre aus dem Geschlechte des von Beaumarchais ersonnenen Figaro, aber einer, dessen Aufbegehren wider die verluderten Adelssitten keineswegs an den Stützen dieser Gesellschaft rütteln will, im Gegenteil: Hofmannsthal macht den unverschämten Domestiken zum Träger seiner konservativen Revolution. Die aus den Fugen geratene Welt, und sei's bloß die aus den Fugen der Moral geratene, wird durch des Unbestechlichen Schicksalspielen wieder eingerenkt. Wenn das erbauliche Werk vollendet ist, spricht er daher rechtens Programmatisches: „Aber ich hoffe, solange ich hier die Aufsicht über das Ganze in Händen behalte, wird demgemäß alles in schönster Ordnung sein!" Die „schönste Ordnung" als emphatisches Schlußwort über eine chaotische Epoche, als poetischer Sieg nach einer veritablen Niederlage, als erträumter Triumph der „Welt von gestern", die im Ersten Weltkrieg zugrunde gegangen war. Faszinierend auch, wie der Leser in Hofmannsthals Notizen aus den Jahren 1918 bis 1922 das allmähliche Entstehen der Personen der Handlung mitverfolgen kann: die Geburt der Figur aus dem Sprachgestus, dem geistigen Tonfall.

Der möglichen Interpretationen und Perspektiven sind jedenfalls viele, und je mehr man sich in das vorgelegte Material vertieft, desto armseliger, flacher erscheinen die branchenüblichen Umsetzungen dieses Textes auf dem Theater. Doch zugegeben: Einen Haken hat die dramatische Sache schon bei Hofmannsthal selbst – wenn zu guter

Letzt Ehefrieden einzieht und der Hallodri Jaromir reuig und gerührt in den Schoß der Gemahlin heimkehrt, ist's, als müßte im nächsten Augenblick „Fidelio"-Finale werden; das Mysterienspiel erschlägt die Komödie. Andererseits: Was steckt nicht alles in diesem Theodor, auf dessen Charakter den Begriff der Ambivalenz anzuwenden grobe Untertreibung wäre. Er ist ein Herrschaftsdiener in des Wortes schlimmster Bedeutung, der die ihm Untergebenen nach Herzenslust traktiert.

Seine Erotik kennt keine Rücksicht, nur Despotie, deren Schreckenslust er hemmungslos genießt: „Zuckst du?!" fährt er Hermine, „eine junge Witwe", an – „Na wart! Dir muß ich den Herrn zeigen! Du wirst mich heut in der neuen Bluse empfangen als Zeichen, daß du dich vor mir fürchtest!" Und derselbe Theodor sagt einige der behutsamsten, klügsten und zartesten Sätze in Hofmannsthals gerade diesbezüglich reichem Œuvre: „Für die menschliche Seele gibt es keine Kleinigkeiten" und „Es sind, Euer Gnaden die irdischen Dinge sehr gebrechlich." Was soll man da noch mit ihm rechten?

Hugo von Hofmannsthal: „Der Rosenkavalier". (Sämtliche Werke, Bd. XXIII). Hrsg. von Dirk O. Hoffmann und Willi Schuh. S. Fischer Verlag, Frankfurt am Main 1986. 758 S., geb., 420,– DM.

Hugo von Hofmannsthal: „Der Unbestechliche". (Sämtliche Werke, Bd. XIII). Hrsg. von Roland Haltmeier. S. Fischer Verlag, Frankfurt am Main 1986. 265 S., geb., 190,– DM.

Zu Hofmannsthals Zeiten
Bewegend, befremdlich

Hugo von Hofmannsthal/Ottonie Gräfin Degenfeld: **„Briefwechsel"**, 658 S, Ln., S 686,40 (S. Fischer-Verlag, Frankfurt/Main).

Vor dreißig Jahren war ich mit Hanns von Winter (Diplomat a. D. und Redakteur der Monatsschrift „Wort in der Zeit") eingeladen bei dem Musikkritiker und Hofmannsthal-Experten Helmut A. Fiechtner, und es kam die Rede auf Hofmannsthals gerade herausgekommenen „Briefwechsel mit C. J.Burckhardt", dem bedeutenden Gelehrten und einstigen Völkerbund-Kommissar in Danzig. Hanns von Winter sprach mit Sachkenntnis und ausführlich über das immer zutreffend zeitkritische Urteil, das aus den Burckhardt-Briefen spricht. Endlich fragte Fiechtner: „Und Hofmannsthal?" Winter, lakonisch: „Nun ja, der schreibt so wie immer."

Es ist interessant und für den genaueren Leser passagenweise pikant bis prekär, daß Hofmannsthals „Briefwechsel" mit Ottonie Gräfin Degenfeld und Julie Freifrau von Wendelstadt, ein Kompendium (100 Seiten Anhang) gekonnt redseliger Freundschaft in distingierten Kreisen, wie sie vor sechzig und mehr Jahren da und dort gepflegt wurden, nicht nur 1974 – in einer total veränderten Epoche – bei kostspielig vornehmer Aufmachung ediert, sondern auch verkauft wurde, so daß der inzwischen vergriffene Band als „verbesserte und erweiterte Auflage" (mit einigen neu gefundenen Briefen) abermals erscheint. Vermutlich trotz allem Aufwand kein Verlustgeschäft für den Verlag.

Weniger die Poesie gepflegter Höflichkeit bei den feudalen Damen und eine – durchaus vom Herzen – als bedingungslose Höflichkeit praktizierte Poesie des großen Poeten (von 1910 bis zu seinem Todestag) ist es, was bei kritischer Lektüre bewegen kann und befremden muß: daß nämlich ein so berühmter Autor das exquisit Konventionelle autorisiert und sein schöpferisches Vermögen verschwendet auf unermüdliche Niederschriften konventioneller Konversation (stilistisch einwandfrei, versteht sich). Nein, besonders die tiefsinnig formulierte Oberflächlichkeit stört, in der die zwei Korrespondenzpartner auch in Kriegszeiten kongruent bleiben.

Noch bevor das gegenseitige Abschlachten begonnen hat, weiß der als übersensibel bekannte Dichter, „daß wir alle hier, bis zum letzten Holzknecht, in diese Sache und in alles was daraus werden möge, mit einer Entschlossenheit, ja einer Freude hineingehen, wie ich sie nie erlebt habe", wird freilich gleich vom Regiment „abcommandiert hierher ins Kriegsministerium, Fürsorgeamt." Die Gräfin schwärmt zwar (im August) „Was ist das für eine fabelhafte Zeit!", ist aber erleichtert, denn: „ich weiß nun, daß Sie nicht mitkämpfen", nicht ohne hinzuzufügen, „jeder, der hier zurückbleiben muß, ist tief traurig und kann die Zeit kaum abwarten, bis er auch darankommt." Das bestätigt Hofmannsthal umgehend: „Das gräßliche marternde Gefühl, jetzt, erst jetzt so recht nicht mit dabei zu sein."

Immerhin findet er bald (wie andere seinesgleichen) Zeit zu Zeitgedichten, und aus Deutschland schreibt die ebenso literatur- wie kriegsbegeisterte Freundin: „Der Krieg ist furchtbar, aber groß... Ihr und Schröders Gedicht ist so so schön..." Sie kann sich (im November) „denken, wie entsetzlich es Ihnen war, nicht mit hinaus an die Front zuu kommen." Im Ministerium gewinnt Hofmannsthal bald mehr Überblick (als die im Schützengraben) und versichert (aus Rodaun): „Ich glaube, man muß sich auf einen langen Krieg einrichten. Aber ich spüre momentan... nur die unermeßlichen Gewinne im Geistigen und Sittlichen."

Dann brechen die Begeisterungsausbrüche – beiderseits – jäh ab. Die humane Schloßherrin stellt einen Teil des Hauses als Lazarett zur Verfügung, und der Dichter macht sich Sorgen über die Gesellschaftsfähigkeit der Verwundeten: „Was für Menschen sinds? Ist gar kein besonderer Mensch darunter?" Nun war Hofmannsthal bestimmt nicht schlecht. Ein besserer Lyriker dachte eben vor siebzig Jahren elitär. In der Folgezeit, als die Lage bedenklich wird, bedenken die beiden Briefschreiber mit keinem Wort mehr das Kriegsgeschehen, sondern nur noch das literarische, und was sich in der Verwandtschaft begibt. Da von Siegen nicht mehr die Rede sein kann, werden Sterben und Tod totgeschwiegen. Erst im November 1918 behauptet Hofmannsthal, „daß ich auch in den absurdesten Tagen nicht den Kopf verloren... habe"; es habe „sich alles so entwickelt, wie ich seit 1917 jedem sagte," – nur nie der Briefpartnerin.

Rückblickend ist das alles nicht etwa abstoßend, es ist anziehend informativ: Wie ausgeprägt mitteleuropäisches Kastenwesen damals war. Ende Oktober 1914 zum Beispiel wurde bekannt, daß die Russen ihre Gefangenen weit nach Osten transportieren, doch unser Reserveoffizier klagt nur, „sie verschleppen unsere Offiziere ins Innere von Sibirien – man könnte meinen, daß die Mannschaft zu Zehntausenden – privilegiert – in Moskauer Hotels interniert war. Im Ganzen: ein kulturhistorisch instruktives Panorama in Briefform. *Edwin Hartl*

Prozeß gegen sich selbst Kafkas Brief an den Vater

Franz Kafka: „Brief an den Vater", Faksimile, herrausgegeben und mit einem Nachwort versehen von Joachim Unseld, drei Teile in Leinenkassette, S 5460 (Hoffmann & Campe Verlag, Hamburg).

Was in der zweiten Jahrhunderthälfte die innere Existenz der Gesellschaft und das Verhältnis der Generationen in ihr bestimmt, ist in der ersten Jahrhunderthälfte individuell, als Psychodrama, durchlitten worden und in die Literatur eingegangen.

Zu Schlüsseltexten dieser Art gehört Franz Kafkas großer „Brief an den Vater". Er hat zwar Hermann Kafka nie erreicht, belegt aber in seinem Inhalt – und nicht nur bedingt durch die besonderen Familienumstände – die Grundlagenkrise in der patriarchalischen Struktur. In einem anderen Entwurf zu dem „Riesenbrief" heißt es: „Ich fange den Brief also ohne Selbstvertrauen an und nur in der Hoffnung, daß Du mich Vater Du, trotz allem noch lieb hast und besser lesen wirst, als ich schreibe." Das Fragment ist erst kürzlich entdeckt worden, es dürfte ebenfalls aus dem Sommer 1919 stammen.

Kafkas mühsame, gequälte Existenz macht Wahrheit und Suggestivkraft seiner Romane und Erzählungen aus. Der vom Vater und der Familie ausgeübte Zwang, Jurist zu werden, die Qual bürokratischen Daseins, die Zerrissenheit zwischen Schreiben und flachem Alltag wie auch Haßliebe zu Prag, immer wieder gescheiterte Versuche, eine Ehe zustandezubringen – auch um dem Vater ebenbürtig zu werden –, das literarische Milieu, das ihn der Geschäftswelt der Eltern noch weiter entfremdet, die Verlorenheit und Unübersetzbarkeit dieses Ich, das sich in einen mysteriösen Prozeß verwickelt weiß – das alles wirkt kondensiert in dem hier faksimiliert und als Kostbarkeit präsentierten Brief. Der Herausgeber kommentiert ihn aus der Lebensgeschichte des 41jährig in Kierling bei Wien Verstorbenen, ein zweiter Begleittext bietet die Transkription zur Handschrift.

„Du hat mich letzthin einmal gefragt warum ich behaupte, ich hätte Furcht vor Dir", beginnt der Brief, indes schon die Anrede „liebster Vater" klingt wie ein fernes Echo aus tiefen, weitverzweigten, dunklen Gängen. Nicht daß dieses menschliche Dokument einfach den Chiffrenschlüssel zu dem rätselhaften Oeuvre des Prager Dichters hergeben würde.

Vieles kam da zusammen, Lebensumstände, Enttäuschungen, intellektuelle Boheme, heimatlos gewordene Religiosität inmitten der Erschütterung der traditionellen Lebensverhältnisse, das alles, Klage wie Anklage gibt sich hier preis. In einem Aphorismus heißt es in jener Zeit: „Er hat den archimedischen Punkt gefunden, hat ihn aber gegen sich ausgenützt, offenbar hat er ihn nur unter dieser Bedingung finden dürfen. Hermann Kafka war kein Familientyrann, vielmehr Oberhaupt einer bürgerlich aufstrebenden jüdischen Familie jener Jahrzehnte, in denen die Monarchie unterging.

Schuld und Scham, das sind zwei Leitworte in diesem Ringen um Verständnis des Vaters und mehr noch der Rechenschaft über sich selbst: „als Wegzeiger in die Zukunft immer nur meine Unfähigkeit".

Der „Brief an den Vater" ist in Wahrheit der Prozeß, den der Dichter gegen sich selbst führt, der unlösbar scheint, von Instanz zu Instanz jagt, im Eingeständnis eigener Schwächen zugleich den Vater herausfordert und wie in den großen erzählerischen Texten – zeitverrückt und verzerrt – die Themen der jüdischen Theologie in die Existenz eines metaphysisch „Gefangenen" umsetzt. Die elegante und noble Faksimileausgabe birgt einen Nachschlüssel zu jenem Kabinett der Vergangenheit, aus dem die Fremdheit von heute entweichen konnte. *P.V.*

Wiener Tagebuch, Wien, 1986, Nr.12, S.31f.

Texte von Egon Erwin Kisch aus dem Nachlaß

Was lange währt, endet meistens gut: 1960 erschien der erste Band der Gesammelten Werke von Egon Erwin Kisch. Die ursprünglich von Bodo Uhse und Gisela Kisch herausgegebene Edition ist nach dem Tode der Herausgeber von Fritz Hofmann und Josef Polácek fortgesetzt worden. Jetzt, 1986, liegt endlich der abschließende zehnte Band mit Arbeiten aus dem Nachlaß vor.

Sicherlich werden weitere Veröffentlichungen bislang unbekannter Manuskripte und Abdrucke erscheinen, denn der umfangreiche Nachlaß im Literatur-Archiv im Museum für tschechische Literatur in Prag ist noch nicht völlig erschlossen worden. Kisch verfolgte übrigens bis zu seinem Tod am 31. März 1948 große Pläne, Erinnerungen an die zwanziger und dreißiger Jahre, neue Ghettogeschichten, einen zweiten Band seiner »Erinnerungen an Mexiko« sowie Reportagen über die Tschechoslowakei.

Der vorliegende Band vereinigt unter dem Titel »Läuse auf dem Markt« meist kürzere Reportagen, Kritiken, Feuilletons aus den unterschiedlichsten Schaffensjahren sowie mehrere Aufzeichnungen über das mexikanische Exil. Fritz Hofmann steuerte ein Nachwort bei, das durch Anmerkungen und ein Personenregister für die Gesamtausgabe ergänzt wird. Nur schade, daß viele Beiträge nicht mehr datiert werden konnten.

Die Auswahl beginnt mit persönlichen Erinnerungen, die typisch sind für Kisch' Spürsinn als Reporter. 1913 war er Sonderkorrespondent der Prager »Bohemia« im Balkankrieg. Die etablierten Wiener Starreporter behandelten ihn als »Provinzschlieferl« mehr als herablassend. Ohne Verbindung zu Diplomaten und Militärs stand Kisch auf verlorenem Posten, trotzdem er emsig Hintergrundmaterial sammelte, zumal ihm der König von Montenegro, Nikita, ein Exklusivinterview gewährte.

Mißgünstige Kollegen überredeten Kisch dazu, das Land zu verlassen, obwohl die Übergabe von Skutari unmittelbar bevorstand, was Kisch nicht wissen konnte. Nach Prag zurückgekehrt, gelang es ihm dennoch, unmittelbar nach dem Eintreffen der ersten Depesche vom Ende des Krieges einen umfangreichen Bericht zu schreiben, den sogar jene Wiener Blätter übernahmen, deren Vertreter ihn ausbooten wollten. Sie waren zu langsam als Reporter. . .

Einem längeren Vortragsmanuskript über Alexander von Humboldt, das in Mexiko entstand, verlieh Kisch eine aktuelle Note. Er ergänzte den Text durch einen fingierten Dialog mit Äußerungen des großen Humanisten und den entlarvenden Ansichten eines Rassenapostels. Über die Manie, Schüttelreime zu schreiben, verfaßte Kisch eine gelungene Satire, in der er sich selbst aufs Korn nahm.

Bei allem Temperament blieb Kisch stets ein sorgsam abwägender Beobachter und Kritiker. Das beweisen seine Anmerkungen über die Haltung von Karl Kraus, Es sind Minuspunkte, die den Herausgeber der »Fackel« nicht als jenen Halbgott über den Niederungen der Presse erscheinen lassen, für den ihn seine ihm blind ergebenen Anhänger hielten.

Eine besondere Überraschung bilden Berichte aus dem Berlin der Inflationsjahre, die Kisch für eine Zeitung in Brünn schrieb. Die Artikel wurden aus dem Tschechischen ins Deutsche zurückübersetzt, ebenso wie einige andere Artikel aus dem Slowakischen, Russischen und Englischen. Der lockere, ironische Plauderton erinnert lebhaft an Joseph Roths Berliner Reportagen. Es ging Kisch weniger um Aktualität. Er wollte seinen Lesern vor allem Eindrücke über das ferne Sündenbabel an der Spree vermitteln.

Deshalb wählte er Themen über Institutionen, die so gut wie nie Schlagzeilen machen, sei es nun die U-Bahn oder die Staatsbibliothek. Kisch wußte als Theaterchronist untrüglich zwischen dichterischer Substanz und vordergründiger Sensation zu unterscheiden, wie seine Anmerkungen über Grabbes »Napoleon« in der Inszenierung von Leopold Jeßner und den Theaterskandal über Arnolt Bronnens »Vatermord« zeigten.

Drei Texte huldigen König Fußball, darunter ein Stimmungsbericht über tschechische Schlachtenbummler von Sparta Prag in Hamburg sowie eine überzeugende Kritik am Hörfunk, der nach Meinung von Kisch nicht die Atmosphäre jener »Gleichung mit 22 Unbekannten« vermitteln könne. Er empfahl den Sportreportern im übrigen mehr Humor und mehr Temperament.

Unter den Interviewern schilderte der Wiener Georg Suter den stets wie von der Tarantel gestochen wirkenden Kisch am eindringlichsten. Suter besuchte »Egonek« in seiner Wohnung in der Nähe des Prager Hradschin 1948. In zahllosen Büchern steckten Streichhölzer als Lesezeichen. Immer wieder klingelte das Telephon. Kisch unterhielt sich in vier Sprachen und erinnerte sich an sein erstes Interview. Opfer war Edison, der ihm gönnerhaft empfahl, zu schreiben, was er wolle. So entstand ein dreiseitiger Bericht über den Erfinder.

Ein Jahr vor diesem letzten Interview besuchte ihn eine tschechische Kollegin. Sie erkundigte sich nach seinen Plänen. Kisch verwies sie auf jenen jüdischen Reisenden, den der Eisenbahner am Schalter nach seinem Ziel fragt und die Antwort erhält: »Das ist mir ganz egal. Ich habe überall zu tun.« Diese Anekdotenfigur hätte ein Doppelgänger des »rasenden Reporters« sein können.

Horst Hartmann

Egon Erwin Kisch: Gesammelte Werke in Einzelausgaben. Band 10 »Läuse auf dem Markt«. Aufbau-Verlag, Berlin 1986, 784 Seiten, Leinen, DM 21,50

Die Tat des Seidenwebers

Michael Köhlmeiers „Geschichte von Gaetano Bresci, Königsmörder"

Von den frühen Anarchisten, die vor und nach der Jahrhundertwende mit ihren gezielten Bombenattentaten auf prominente Vertreter staatlicher Gewalt in ganz Europa Tod und Schrecken verbreiteten, geht noch immer eine seltsame Faszination aus. Das mag nicht zuletzt daran liegen, daß diese politischen Gesinnungstäter der Polizei — wenn sie denn wirklich einmal nach einem Anschlag festgenommen werden konnten — gewöhnlich nichts von ihren Beweggründen und Hintermännern offenbarten.

Wenn ein Autor des Jahrgangs 1949 den Fall jenes hierzulande kaum bekannten Anarchisten aufgreift, der am 29. Juli 1900 den italienischen König Umberto I. erschoß, so sichert ihm schon der pure Stoff eine gewisse Aufmerksamkeit, aber man fragt sich natürlich auch, was er mit dieser Rekonstruktion einer vergessenen historischen Episode beabsichtigt. Michael Köhlmeiers Buch „Die Figur. Die Geschichte von Gaetano Bresci, Königsmörder" deckt jedoch weder die Motivation des Täters auf, noch läßt es deutlich erkennen, was den Autor veranlaßt haben mag, gerade in dieses geschichtliche Dunkel einzudringen.

Geboten wird eine Geschichte, die fast mager zu nennen wäre, gäbe es da nicht im letzten Drittel noch eine Liebeshandlung, die allerdings denn doch für den trockenen Berichtsstil des Vorhergegangenen halbwegs entschädigt. Dieser Gaetano Bresci, der sich da in völliger Ruhe seinen Weg durch die Menge bahnt, mit großen Schritten — den Revolver in der ausgestreckten Hand —, auf den Wagen des Königs zugeht, viermal schießt, dreimal trifft und nicht zu fliehen versucht, hätte etwas von einem unmenschlichen Automaten an sich, erführe man nicht im nachhinein, daß er zu leidenschaftlicher Hingabe. zu überschäumender Lebensfreude und fast kindlichem Übermut fähig ist. Jedenfalls erzählt Köhlmeier es so, rückt einen sensiblen und einfühlsamen Menschen vor Augen, der vor dem Attentat in Monza zehn Tage lang in Pariser Hotels eine ekstatische Liebesbeziehung ausgerechnet mit der Frau jenes sozialistischen Abgeordneten und Anwalts erlebt, der ihn nach dem Willen seiner anarchistischen Freunde zuvor mit Geld und Papieren ausgestattet hat.

Dieser Dr. Casti, der sich später weigern wird, die Verteidigung des Königsmörders zu übernehmen, versucht bei der Geldübergabe mit Gaetano Bresci zu diskutieren, will ihn von seinem Vorhaben abbringen und davon überzeugen, daß individueller Terror sinnlos sei. Aber der Anarchist ist kein Mann der abwägenden Worte, und auf die beredte Schilderung des Anwalts, was nach dem Mord mit dem Attentäter geschehen werde, weiß Bresci nur den einen Satz „Ich verstehe Sie nicht" zu entgegnen. Später wird er im ersten Verhör nach standhaftem Schweigen nur sagen: „Ich bin der Mörder des Königs. Ich liebe die Herrschaft nicht."

Das ist wenig, fast zu wenig für diese Geschichte, und auch die mit Zitaten aus Zeitungen bestrittene Nachzeichnung vom Fortgang der Ermittlungen bleibt überwiegend äußerlichen Details verhaftet. Das gilt auch für die Darstellung der New Yorker Anarchistenszene, in der das Attentat auf Umberto I. ausgeheckt wird. Bresci wird dabei nur als zweiter Ersatzmann für den eigentlich erwählten Täter bestimmt, äußert aber sogleich den Wunsch, daß die beiden anderen versagen möchten. Was aber hat diesen 1869 in der Toscana geborenen, später nach Amerika ausgewanderten Seidenweber wirklich zu den Anarchisten getrieben, was machte ihn zum Mörder des italienischen Königs, was trieb ihn ein Jahr nach seiner Einkerkerung zum Selbstmord? Reicht als Motiv für die Tat schon aus, daß Umberto I. zwei Jahre vor seinem gewaltsamen Ende — wie einmal angemerkt wird — auf streikende Mailänder Arbeiter hatte schießen lassen?

Michael Köhlmeier läßt das — wie so manches andere — offen, antwortet auf alle Fragen nach dem Warum und Wozu nur mit seiner häufig im Stakkato vorgetragenen, mitunter allzu atemlosen Geschichte, die erst im Schlußteil zu einigen behaglicher ausgemalten Bildern von einer großen, alle Rücksichten über den Haufen werfenden Passion gedeiht. Die Ausnahmeerfahrung einer schrankenlosen Leidenschaft bewegt Brescis Geliebte mit dem beziehungsreichen Namen Laura in der letzten Pariser Nacht denn auch zu der Frage: „Wenn du schon auserwählt bist, den König zu töten, warum kannst du dann nicht auch uns töten?"

Darauf gibt es wiederum keine unmittelbare Antwort, aber in dieser erschreckenden Verschränkung von Liebe und Tod ist wohl der Schlüssel zu diesem Buche zu suchen, das dergestalt einem nur zum Werkzeug bestimmten Attentäter eine Geschichte gibt, die überlieferbar und erinnernswert erscheint.

PETER ENGEL

Michael Köhlmeier: „Die Figur. Die Geschichte von Gaetano Bresci, Königsmörder". Piper Verlag, München 1986. 135 S., geb., 24,— DM.

Ein österreichischer Totentanz?

Nichts für das Auge

Die Gedichte des Alfred Kolleritsch / Von Michael Buselmeier

Ich will nicht behaupten, daß ich Alfred Kolleritschs Gedichte verstanden habe. Bei ersten Lektüreversuchen wurde ich kalt abgewiesen. Ich ließ nicht locker, buchstabierte wieder und wieder jeden Text. Es gelang mir endlich, einzelne Verse, hier und da ein, zwei Strophen, manchmal ein ganzes Gedicht annähernd zu begreifen. Anderen Rezensenten dürfte es ähnlich ergangen sein; aber sie gestehen ihr (partielles) Scheitern höchstens indirekt ein, indem sie entschuldigend auf den „philosophischen Charakter" dieser Poeme zeigen. Ein Exeget zum Beispiel beginnt seinen Artikel mit einem Hegel-Zitat. Kaum einer, der nicht Heidegger, über dessen Werk Kolleritsch vor 23 Jahren promoviert hat, als Vorbild bemüht.

Sieht man genau hin, so folgen Kolleritschs Gedichte keineswegs den strengen Gesetzen philosophischer Reflexion, sondern einer inneren Logik der Bilder (in deren spekulativer Dunkelheit auch meine Verständnisschwierigkeiten ihren Grund haben). Die Sprache ist poetisch; philosophisch nur insofern, als man in ihr „sich selber als Philosophen wiederentdeckt – seit der Kindheit war man Philosoph", wie es bei Peter Handke einmal heißt.

Ich vermute, daß der 1931 geborene Herausgeber der Zeitschrift *manuskripte*, Grazer Gymnasiallehrer, Prosaist und Lyriker auf dem Land aufgewachsen ist, (zu) dicht an der erdrückenden Natur, unter dumpfen Machtverhältnissen. Nur als Gezeichneter, Verstümmelter hat er da herausgefunden, ein fast stummer Kaspar, der nach Worten sucht und den die Fremdheit zu Menschen und Dingen nie verläßt. Kolleritschs immer wiederkehrende Hauptwörter markieren eine ländliche Welt: Haus, Schwelle, Feld, Eichen, Geruch der Erde, Leib, Eis, Grenze; hinzutreten metaphysische Begriffe wie Schuld und Schande, das Heile, das Dunkle, Schöpfung, das alte Licht, der Sturz . . .

Ein österreichischer Totentanz? Tatsächlich ist die Todesobsession, das barocke *Vanitas*-Motiv stets gegenwärtig: „Was blüht,/es kann nicht sein." Überall Grab und Abschied, „Gelächter und Fluch": „Und durch die Türen geht das Eis." Der Dichter beschwört das (uralte, zukünftige?) Unheil der Natur: „So wird die Erde sein:/Das Licht, das Risse zeigt/verdunkelt sich in seine Dinge,/der Unterschied, die Farben,/sind verbraucht,/die Wege fortgegangen."

Eine so dem Zerfall, der „Schreckenswelt" zugeneigte Erregung – das Gegenteil zu Handkes naturgläubiger, sinnenfroher Poesie – mißtraut von vorherein der schönen Oberfläche, der ewigen Wiederholung, der „Augenlust". Der Augenblick wird nicht genossen, sondern abgewogen. So sind Kolleritschs Liebesgedichte Reflexionen über den Abschied, komplizierte Deutung von Weltlauf und Vogelflug. Keine Momentaufnahmen, Schnappschüsse vom „eben", vielmehr Konstrukte, klirrende Gebilde aus Wörtern (in denen freilich des Autors Ernst und Erfahrung aufgehoben sind). Sie gehen kaum einmal vom schlichten Erlebnis aus und meiden Gefühle.

Der naive, offene Blick auf die Dinge ist unmöglich geworden, die Nähe endgültig verloren: „Hier suchst du, dieses Land,/den Vorgang der Nähe,/ein Spiel, das abgesagt ist." Viele Gedichte bleiben irritierend dunkel, als sollten sie beweisen, daß es zwischen Sprache und Wirklichkeit nur scheinhafte Annäherung gibt. „Was das Auge berührt,/verwehrt ihm, es zu besitzen" – eine Anspielung auf Orpheus, den „Vater der Gesänge", wie ihn Pindar nennt? Das Auge ist – wie die Hand, die Haut, die Zunge, das Gehör – „betrogen", es „findet nichts". „Die Augen, krank, suchen den Vergleich,/sie möchten Ruhe, senkrecht bleiben,/was sie sehen, krallen sie an sich."

Kolleritschs alltagsferne Rede besteht aus „Rissen", ein Stammeln, wobei Wortbrocken und elliptische Sätze zusammenstoßen, die an Rätselsprüche erinnern. „Mittot im Bild/ist das Gegenüber. Der Anfang/dazwischen verhüllt sich im Klaren." Manchmal wird, unter sperrigen Abstrakta, eine eigentümliche Schönheit sichtbar, „der Glanz einer Pfütze". Man glaubt Trakls, Hölderlins Tonfall zu vernehmen: „Aber das Gebirge. Es steht ungestört, groß." Der Wind ist „hartgeschliffen" oder „hochgewachsen". Dann wieder: „Querliegende Sätze./Gegen die Bilder. Bild an Bild versucht/sich zu decken, das Nachbild, schäbige Wahrheit."

Ein bis in die gebrochene Syntax hinein radikaler Zweifel an der Erkennbarkeit und Sagbarkeit der Welt, an der Verläßlichkeit der Sinne, ist Thema der Gedichte. Es gibt hier keine „mundgerechte" Ab-Bildung von schon Gewußtem. Öfters folgt Kolleritsch den Blicken der Maler, beschreibt den Weg, auf dem ein Bild entsteht, als sei dies die letzte, vermittelte, immer wieder gestörte Möglichkeit einer „Berührung" der Dinge. „Spuren, Reste", kreisend um einen verborgenen Kern. Oder gibt es diese authentische Mitte gar nicht; ist das Auge – wie der Teich – blicklos, das Selbst ohne Identität?

■ **Alfred Kolleritsch:**
„Augenlust"
Gedichte; Residenz Verlag, Salzburg und Wien 1986; 112 S., 22,– DM

Im Blitz das Licht sehen

Alfred Kolleritschs Gedichtband «Augenlust»

Kann man noch schreiben, wenn man weiss, wie das Schreiben geht? Der «gelehrte» Dichter, so will es das Klischee, sei oft auch der schlechte Dichter, der ein aussichtsloses Rückzugsgefecht gegen die Übermacht seines Wissens und seines Bewusstseins liefere. Natürlich hat die Wirklichkeit der Texte dieses Klischee längst überholt, und dennoch gibt es einen Sektor des literarischen Sprechens, wo es seine Gültigkeit selbst heute noch mit einer gewissen Hartnäckigkeit behauptet: Lyrik und Gelehrsamkeit, lautet das Restklischee, passten nicht zusammen, und dies, obwohl spätestens seit Heine auch im unschuldigen Reich des lyrischen Gefühlsausdrucks der «Spaltpilz» des Bewusstseins wütet.

Alfred Kolleritsch, Gymnasiallehrer in Graz, Präsident des «Forum Stadtpark», Herausgeber der Literaturzeitschrift «manuskripte» seit mehr als fünfundzwanzig Jahren, scheint dem Bild vom gelehrten Dichter zu entsprechen, und weil er noch dazu überwiegend Gedichte schreibt, muss er sich immer wieder sagen lassen, dass die philosophische Reflektiertheit seiner Texte in keinem Verhältnis zu deren sinnlicher Ausdrucksqualität stehe. Zutreffend an dieser Einschätzung ist immerhin, dass sie eine Polarität benennt, die in der Lyrik von Alfred Kolleritsch thematisch wird: Wie lässt sich dem Gewussten, dem geschichtlich Abgelagerten, dem Definierten, verfügbar Gemachten die ganz neue, unverstellte Erfahrung abtrotzen, jene sinnliche Evidenz von «Welt», die ein Gedicht ehedem vielleicht wirklich noch heraufbeschwören konnte?

Dabei gilt: was Lyrik seinerzeit vermochte, ist für Kolleritsch allenfalls als Verlust zu fassen. Mit der Erfahrung, die das Gedicht möglich gemacht hat, ist auch das Gedicht selbst in die Krise geraten, und diese doppelte Erschütterung bebt in den Texten von Alfred Kolleritsch in besonderer Weise nach. Sie ist zunächst einmal für die höchst widersprüchliche Struktur seiner Gedichte verantwortlich: in ihnen wird der Anspruch, einen «authentischen» Zugang zur Welt zu finden, prinzipiell aufrechterhalten; gleichzeitig wollen die Gedichte aber verhindern, dass aus dem «Zugang» ein «Zugriff» wird, der aus der «Welt» flugs wieder ein «Welt-Bild» zimmert.

Nicht zufällig dominieren in Kolleritschs jüngstem Gedichtband «Augenlust» zwei Wortfelder, die das Spannungspotential dieses Widerspruchs in sich enthalten. Das eine Wortfeld ist angeordnet um die Hand als Organ des Berührens, Angreifens, Zupackens, Inbesitznehmens im engeren, materiellen Sinn, das andere um das Auge als Organ immaterieller Aneignung. Was beide Formen der Aneignung wollen, beschreibt ex negativo, was Kolleritschs Gedichte wollen: nämlich jegliche Besitznahme verweigern. Sie wollen die Dinge der Welt lediglich berühren, ihr Sein streifen, ihr Wesen zur Erscheinung bringen, und das können sie nur, wenn sie – neben der Hand und dem Auge – auch aus ihrem ureigensten «Organ» – der Sprache – eine Defensivwaffe machen. Nichts, was die Sprache zu fassen bekommt, soll in ihrer Gewalt bleiben, in den gesicherten Besitzstand ihrer Begriffe übergehen. Dem liegt letztlich die Überzeugung zugrunde, dass die Sprache den Dingen der Welt und den Tiefen der Erfahrung nicht wirklich gerecht werden könne; «Unsäglich ist alles», heisst nahezu programmatisch eines der Gedichte. Anderseits ist es dann doch wieder die Sprache, der zugetraut wird, Zeugnis zu geben vom unnachgiebigen «Begehren», «im Blitz das Licht zu sehen».

Das Unsagbare zu sagen: das war im Grunde immer schon der geheime Antrieb, dem sich lyrisches Sprechen verpflichtet wusste. Heute muss dieses Sprechen mehr denn je mit dem Sog des Gesprochenen rechnen, und das heisst: Wer den Versuch unternimmt, das Unsägliche zu sagen, muss gleich auch dafür sorgen, dass es nicht nachgeplappert wird und dabei zum leeren Geschwätz verkommt. Alfred Kolleritsch ist kein Autor, der sich diesem Dilemma moderner Lyrik entzieht, und so führen seine Gedichte einen Zweifrontenkrieg: gegen die verabredeten Bedeutungen, die sich in der Geschichte zu einem Müllberg aus Worten angehäuft haben, und gegen die Versuchung, neue Bedeutungen zu stiften.

Es geht, wie auch bisher schon in der Lyrik von Alfred Kolleritsch, um die Zersetzung von Identität, doch so entschieden wie noch nie betreibt Kolleritsch diesmal auch die Zersetzung der Syntax. Indem die üblichen Hierarchien und Zuordnungen von Sätzen und Satzteilen aufgebrochen werden, entstehen gleitende Sinnstrukturen, die der Evidenz der Welt so etwas wie einen offenen, unbegrenzten Entfaltungsraum schaffen, einen Raum, in dem Identität und Kontingenz immer nur momentweise aufleuchten.

Dass Kolleritsch diesen «Raum» nicht einfach mit einem illusionären Reich der Unmittelbarkeit gleichsetzt, sondern ihn Zeile für Zeile dem versammelten Sinn abringt, macht nicht zum mindesten die Qualität seiner jüngsten Gedichte aus. Und lässt deren Reflektiertheit möglicherweise doch in einem milderen Licht erscheinen.

Gerhard Melzer

Alfred Kolleritsch: Augenlust. Gedichte. Residenz-Verlag, Salzburg 1986.

Kommentar überflüssig?

Zur Neuausgabe der Schriften von Karl Kraus bei Suhrkamp

Einige Bemerkungen zum Ende des Kraus-Jahres

EDWIN HARTL

Die grundsätzliche Frage, ob man die zeitkritischen, satirisch oftmals hintergründigen Werke von Karl Kraus mit oder ohne Kommentar herausgeben sollte, regte beim Kraus-Symposion (Wien, Mai 1986) zu einer lebhaften Debatte an. Das Thema hatte Christian Wagenknecht (Ordinarius in Göttingen, Autor der fundamentalen Untersuchung „Das Wortspiel bei Karl Kraus"/1965 sowie Mitherausgeber der „Kraus-Hefte") durch sein Referat aufs Tapet gebracht und an einer Reihe eindrucksvoller Beispiele gezeigt, daß der vielgenannte „Meister des Zitierens" noch weit subtiler vorging, als die Leute heute vielleicht meinen. In der Regel denkt man hauptsächlich an jene Zwischentexte, die durch Kleindruck hervorgehoben sind und dann glossiert werden, allenfalls auch an Wendungen unter Anführungszeichen.

Die stilistisch größten Feinheiten ergaben sich aber immer dann, wenn Kraus ohne jeden graphischen Hinweis innerhalb des eigenen Textes zitiert, also für viele Leser unserer Zeit fast unmerklich: zum Beispiel sich selber (ohne eine versimpelnde Hinzufügung: „wie ich schon vor Jahren geschrieben habe"), aber auch deutschsprachige oder andere Klassiker, quasi als Eidhelfer, oder im Gegenteil eines der in seiner „Fackel" klassisch gewordenen Angriffsobjekte. Das abgedroschene „Wie sagt doch Schiller" gab es natürlich bei diesem überempfindlichen Sprachmeister nicht. Seine zeitgenössischen Leser im ersten Jahrhundertdrittel, zumindest wenn sie gute Leser waren, erkannten die unauffällige Stelle als Zitat: vor allem aus Aktualitätsgründen, sowie aus früheren „Fackel"-Heften, in denen der entsprechende Ausspruch Shakespeares oder etwa des angeprangerten Alfred Kerr schon verwendet worden war. Karl Kraus erinnerte dabei, manchmal sogar im Anklang an einen griechischen Denker, wie unverändert großartig, winzig und niederträchtig, merk- oder erbarmungswürdig die Zeitläufte geblieben sind.

Dem Kösel-Verlag/München bleibt als großes Verdienst, das praktisch verschollen gewesene Riesenwerk des österreichischen Kulturkritikers von 1952 an, ein Vierteljahrhundert hindurch, Band für Band neu ediert zu haben, zusätzlich einen Reprint der gesamten „Fackel", 37 Jahrgänge im Umfang von rund 20.000 Seiten. Spiritus rector des langwierigen Unternehmens war und blieb Friedrich Pfäfflin, der auch nach seinem Ausscheiden dieses eine Verlagsprojekt weiter betreute. Herausgeber bis zu seinem Tod war Heinrich Fischer, als letzter Überlebender der drei testamentarisch Genannten, denen Kraus das Recht zugeschrieben hatte, Neudrucke seiner Schriften zu verantworten. (Philipp Berger, der 1937 „Die Sprache" herausgab, wurde ein Opfer der NS-Zeit; Karl Jaray starb einige Jahre nach dem Krieg im südamerikanischen Exil.)

Freilich hatte man bei Kösel keine großen Auflagen hergestellt; die Folge war ein besonders hoher Buchpreis. Später erwirkte ein wagemutig-junges Unternehmen die Erlaubnis, einen spottbilligen „Fackel"-Reprint zu produzieren, und setzte binnen kurzem Zehntausende Exemplare ab. Bei Kösel verlor man wohl das Interesse, die Rechte an den Schriften von Karl Kraus weiter auszuwerten, so daß sie seit einiger Zeit vergriffen waren, und der mächtige Verlag Suhrkamp erwarb das Nachdrucksrecht.

Er verpflichtete Christian Wagenknecht für die Neuausgabe, und als es gerüchteweise hieß, es wäre ein Kommentar geplant, fragte der ambitionierte Verlag Löcker (Wien) an, ob er mitmachen könnte – damit endlich auch Österreich an einer Werksausgabe dieses bedeutenden Österreichers beteiligt wäre. Bei Suhrkamp zeigte man sich einverstanden, doch resignierte Löcker, als sich herausstellte, daß der „Kommentar" nur bibliographische und ähnliche Informationen enthalten werde. Begreiflich: Ein „echter" Kommentar würde für jeden Band jahrelange Such- und andere Vorarbeiten benötigen, dem Suhrkamp Verlag lag aber daran, die „Marktlücke" des momentan vergriffenen Autors rasch zu schließen, weil er im 50. Todesjahr überall im Gespräch war. Man beschloß ferner, wie bei Herman Broch, zwei Ausstattungen gleichzeitig: in Leinen und als Taschenbuch.

Die drei Aphorismenbände aus den Jahren 1909, 1912 und 1919 von Karl Kraus sind, wie schon bei Kösel, wieder in einem Band zusammengefaßt. Neu sind die bibliographischen Angaben, und das genügt einigermaßen. Der Text spricht für sich und ist auch für Nachgeborene leicht zu begreifen. Daher wurden die Aphorismen zur populärsten Sparte des Krausschen Œuvres.

„Die letzten Tage der Menschheit" kommen nun immerhin mit einem „Anhang" von 70 Seiten heraus. Sie haben ja eine komplizierte Entstehungsgeschichte. Die „Tragödie in fünf Akten mit Vorspiel und Epilog" wurde mit dem Vermerk „Entstanden in den Sommern 1915 bis 1917" aktweise 1918/1919 zunächst nur in Sonderheften der „Fackel" veröffentlicht; denn es herrschte arge Papiernot. Auch diese sogenannte „Aktausgabe" hat Kösel – faksimiliert – 1978 als „Supplementband zum Reprint der Fackel" ediert, herausgegeben von Friedrich Pfäfflin und mit einer „Editorischen Notiz" (vier Seiten) versehen. Erst 1922 war das Drama in Buchform erschienen, wesentlich erweitert und überhaupt umgearbeitet. Auch die nächste Auflage (1926: „17.–23. Tausend") war neu redigiert, wie immer bei Karl Kraus.

„Die letzten Tage der Menschheit" sind ein Dokumentarstück; wie weit das geht, hat besonders Eckhart Früh untersucht und mit genauen Quellenangaben belegt. Er gibt an, daß rund vierzig Prozent der Zitate aus der „Arbeiter Zeitung" stammen; daneben kommen die „Neue Freie Presse" und andere Blätter zu Wort sowie Gerüchte und alles, was während jener Kriegsjahre Tagesgespräch war. Die Szenen sind also teils Zitat, teils Kommentar (wie es vor Kraus Georg Büchner in „Dantons Tod" praktiziert hat). Erst vierzig Jahre nach Kraus kamen Theaterstücke, Hör- und Fernsehspiele in Mode, die eine Montage von Gerichts- und anderen Vernehmungsprotokollen darstellten.

Kraus machte im Vorspruch anklagend die Feststellung, die Mitwelt habe geduldet, „daß die Dinge geschehen, die hier aufgeschrieben sind", und: „Die unwahrscheinlichsten Taten, die hier gemeldet werden, sind wirklich geschehen; i c h h a b e g e m a l t, w a s s i e n u r t a t e n. Die unwahrscheinlichsten Gespräche, die hier geführt werden, sind wörtlich gesprochen worden; die grellsten Erfindungen sind Zitate". Endlich interpretiert er: „Das Dokument ist Figur. Berichte erstehen als Gestalten, Gestalten verenden als Leitartikel; das Feuilleton bekam einen Mund, der es monologisch von sich gibt"; und so weiter.

In Parenthese: Der Vorspruch, aus dem soeben beispielhafte Sätze herausgegriffen wurden, war in erster Fassung nur halb so lang. Eine der Maximen (später eingefügt) ist Musterbeispiel für die durch Anklang pointierende Polemik bei Kraus; denn „ich habe gemalt, was sie nur taten" ist axiomatische Gegenbehauptung, die Schiller widerspricht. „Die Verschwörung des Fiesco zu Genua" nennt zwar im Personenverzeichnis den „R o m a n o, Maler. Frei, einfach und stolz". Der Maler als Künstler war aber nicht stolz genug – meint Kraus –, dem Fiesco zu entgegnen, so daß dieser im 17. Auftritt des 2. Aufzuges das letzte Wort behält, mit der rüden Abfertigung: „I c h h a b e g e t a n, was du – nur maltest."

(Die Betonung durch Sperrdruck stammt vom Klassiker.)

Karl Kraus kontert also: Die Sprachtat der Schreibenden – egal ob in Ämtern, Zeitungen oder Büchern –, welche Taten und Tätern das Wort reden, ist gravierender, wiegt schwerer als die Tat selber – schamlos verfälschende Geschichte furchtbaren Geschehens, statt Korrektur für alle Zeiten. Der Künstler habe, wenn es sein muß, zu desavouieren und nicht konformistisch das opportun Scheinende zu glorifizieren.

Karl Kraus hielt das 700-Seiten-Drama aus geistigen und nicht bloß aus technischen Gründen für unaufführbar; mit Recht. Viele Male hat er daraus vorgelesen, 1930 eine „Bühnenfassung" hergestellt, die er an zwei aufeinanderfolgenden Abenden las (sie blieb ungedruckt, wurde aber vor kurzem in französischer Übersetzung veröffentlicht), lehnte jedoch Inszenierungsansuchen ab – zum Beispiel von Reinhardt und Piscator – und erklärte: „Der Autor hat selbst für den Fall, daß das szenische Problem lösbar wäre, nie an eine Aufführung gedacht, durch die ein Zurücktreten des geistigen Inhalts vor der stofflichen Sensation wohl unvermeidlich wäre", räumte aber ein: „Eine Ausnahme könnten hier etwa die letzte große Szene des V. Aktes (das Liebesmahl beim Zusammenbruch) und der Epilog ‚Die letzte Nacht' bilden", und tatsächlich wurde der Epilog 1923 unter Mitwirkung von Kraus in Wien und später mehrmals gespielt.

Es gab seit dem Krieg auch erfolgreiche Leseaufführungen, u. a. von Helmut Qualtinger (vom Podium, für Bildschirm und Schallplatte), doch sowohl die Theaterinszenierung bei den Wiener Festwochen 1964 und in der Bundesrepublik Deutschland als auch andere Versuche 1974 in Basel und 1980 in Wien bewiesen, wie richtig die Bedenken des Autors waren: ein paar glänzende Passagen, im ganzen ein Regie-Spektakel und genau die Banalisierung, die Kraus befürchtet hatte.

Der Text ist visuell, geht erschreckend ins Ohr und wird durch Kulissenzauber entzaubert. Beleg: Ein Band-Mitschnitt der Aufführung 1964, auf Hörspieldauer verknappt, vom Rundfunk ausgestrahlt, wurde zum erschütternden Erlebnis: weil der nichts als störende Anblick wegfiel.

Ebenso die Rundfunkfassung, welche Ernst Schönwiese (damals Literaturchef in Salzburg bei der Sendergruppe Rot-Weiß-Rot) 1951 mit Erfolg riskierte. Schade, daß der ansonsten aufschlußreiche „Anhang" (illustriert mit den Bildern des Erstdrukkes und der Wiedergabe von Manuskriptseiten, Korrekturbögen und anderen Raritäten) zwar die öffentlichen Lesungen und alle mehr oder minder mißglückten Theaterinszenierungen registriert, die weit besser geglückten Radiosendungen aber nicht erwähnt, nicht einmal den bemerkenswerten Umstand, daß Studio Wien (von Fritz Habeck veranlaßt) unter der Regie von Hans Krendlesberger 1974/75 die komplette Textfassung, mit bestmöglicher Besetzung, inszeniert, aufgenommen und bereits zweimal ausgestrahlt hat: in 30-Minuten-Sendungen, an fünfzig aufeinanderfolgenden Sonntagen.

Die Frage, Kommentar ja oder nein: diese Frage muß offen und dahingestellt bleiben.

Hauptsache, Mutter ist tot

„Worte ohne Lieder" – Satiren von Georg Kreisler

Daß talentierte Maler nicht unbedingt auch große Schriftsteller sein müssen, wird jedermann einleuchten: Einseitige Begabungen sind eben die Regel, nicht die Ausnahme. Daß jedoch ein Autor in einem Genre Geniales leisten kann, während er in einem anderen über den Durchschnitt, mehr oder minder abgetragene Konfektion, nicht hinauskommt, akzeptieren wohl bloß die leidgeprüften Leser, der Künstler selbst hingegen nie.

Gewiß verspricht solche Einleitung wenig Gutes, und Georg Kreislers jüngste Veröffentlichung, der stattliche Band „Worte ohne Lieder", hält leider ebensoviel. Noch hat man Kreislers kunstvoll vergiftete Chansons im Ohr, seine zynischen Verse, die zu höherem *Nonsens* genotzüchtigten Reime – und traut nun seinen Augen kaum. Denn was Kreisler hier vorlegt, ist nicht brillant, nicht miserabel, es ist mittelmäßig, uninteressant, verrät sehr selten des Meisters geistige Handschrift.

„Kinder sind erst angenehm, wenn sie schon erwachsen sind, aber die meisten erwachsenen Kinder sind unangenehm" – ein Satz wie viele andere aus diesem Buch: auf beredte Weise nichtssagend. Merkwürdigerweise nennen sich die Texte „Satiren", und der Klappentext tut ein übriges zur Verunklärung, hebt er doch an: „Diese Satiren kann man nur unzulänglich als Lyrik in Prosaform bezeichnen." Dergleichen kann man, durchaus zulänglich, als Schwachsinn bezeichnen.

Im Grunde handelt es sich nämlich um Skizzen und Feuilletons, zu einem beträchtlichen Teil obendrein um recht tiefsinnige, in Weisheit getunkte Feuilletons, die man vorsichtshalber sparsam konsumieren sollte: jede Woche eines – das würde sich nicht auf den Magen legen. Wer dieses Rezept befolgt, wird dann vielleicht auch die paar Rosinen herausschmecken können, die Kreislers Sammlung naturgemäß trotzdem enthält: etwa ein besonders hübsches Exemplar seiner „Grundsätze": „Hauptsache ist, Mutter ist tot." Und wo Kreisler nicht „dichtet", von sich selbst erzählt wie im Anhang „Mein Leben in Worten ohne Lieder", offenbart sich sogar die Persönlichkeitsstruktur des echtbürtigen Satirikers Georg Kreisler: der Skeptiker, der verletzte, der traurige Clown. ULRICH WEINZIERL

Georg Kreisler: „Worte ohne Lieder. Satiren". Paul Neff Verlag, Wien 1986. 326 S., geb., 32,– DM.

Das Problem ist der Alltag

Der Briefwechsel zwischen Salomo Friedlaender und Alfred Kubin

Salomo Friedlaender, der sich als Dichter Mynona nannte, ist heute ein fast Verschollener. Sein skurril philosophisches Werk, das 1918 im Georg Müller Verlag unter dem Titel „Schöpferische Indifferenz" erschien, seine „Bank der Spötter", die Grotesken „Schwarz-Weiß-Rot" oder die Sonette „Hundert Bonbons" und vieles andere sind vermutlich nur Wenigen im Gedächtnis. Ungedruckt blieb das, was Friedlaender im letzten Jahrzehnt seines Lebens schrieb: seit 1933 auf der Flucht vor dem Nationalsozialismus, in Paris bald nach dem Kriege gestorben. Der Drangsalierte war nicht mehr transportfähig gewesen, als ihm 1943 das Internierungslager drohte.

Hartmut Geerken und Sigrid Hauff verdanken wir die Veröffentlichung seines Briefwechsels mit einem weitaus bekannteren Autor und Maler, mit Alfred Kubin. Die Korrespondenz – mehr oder minder intensiv geführt – dauerte etwa dreißig Jahre.

Alfred Kubin war schon bald ein begehrter Maler. Er stammte aus dem böhmischen Leitmeritz und blieb sein Leben lang (seit 1906) in Zwickledt am Inn wohnen. Sehr früh zählten Carossa, Paul Klee und die Maler des „Blauen Reiters" zu seinen Freunden. Salomo Friedlaender war von den Grotesken Ludwig Rubiners beeinflußt worden. Er lebte in Berlin-Halensee, kannte Herwarth Walden, Else Lasker-Schüler, Paul Scheerbart, Kurt Hiller, Erich Mühsam.

Was er schrieb, war dem Abstrakten zugewendet. Er entwickelte das absurd Philosophische aus seinen Essays. Die Zeitschriften „Der Sturm" und „Aktion" brachten seine Grotesken. Unruhig versuchte er sich in vielem. Er wollte das Ungewöhnliche, Herausfordernde, schrieb einen „Kant für Kinder", einen Text „Unterm Leichentuch". Einzelnes erreichte eine zweite Auflage. Doch immer blieb Mynona etwas für die revolutionär oder anarchisch-abstrakt Denkenden unter seinen Zeitgenossen. Alfred Kubin dagegen eroberte sich ein großes Publikum und behielt es bis zu seinem Tode im Sommer 1959 in Zwickledt.

Man muß wenigstens in Umrissen Eigenart und Schicksal beider Briefschreiber kennen, deren lebenslange Anhänglichkeit der sorgfältig edierte „Briefwechsel Salomo Friedlaender/Mynona und Alfred Kubin" dokumentiert. Nicht nur derartige Treue und Verläßlichkeit wird in der Korrespondenz festgehalten. Die Zeit und ihr Wandel, ihre Abenteuerlichkeit und ihre Gefährlichkeit werden hier, wenn auch zurückhaltend, ans Licht gebracht, nicht minder grotesk zuweilen als Mynonas bitterböse Grotesken und sein absurdes Philosophieren. Die Zeit holt den Philosophen spätestens dann ein, wenn er von seinen an Wechselfällen reichen Erfahrungen mit Verlegern schreibt, von seiner andauernden Armut, von den Zufällen seiner Existenz.

Die Konstanz ist eher auf der Seite Alfred Kubins. Immer spürt man bei ihm jenen Boden unter den Füßen, den Friedlaender niemals fand, auch wohl nicht finden wollte. Die philosophischen Gespinste waren sein tiefer Ernst. Seine Aggressionen bedeuteten ein permanentes Widerstandleisten gegenüber den zahlreichen Unzuträglichkeiten, denen er ausgesetzt blieb.

Die unterschiedlichen Temperamente der beiden Briefschreiber verband mehr als die Wertschätzung der „philosophischen Schnurren" Friedlaenders durch Kubin, der später bekannte: „Bei der ersten Bekanntschaft ... merkte ich gleich den Löwenruf, und meine Scheu bezwingend schrieb ich an diesen neuen Philosophen und war freudigst überrascht, als ich vernahm, daß man dort schon längst von meinem Streben wußte, die ‚Andere Seite' kannte, ja – erkannte. Man half mir, meine Schwerfälligkeit in abstrakten Dingen zu überwinden."

Dies war anfangs das Entscheidende in der Beziehung Kubins zu seinem Briefpartner, der ihn zuweilen mit grundsätzlich erörternden Brief-Essays traktierte. Alfred Kubins Anteil an diesem Briefwechsel ist geringer, wenn auch manches in Salomo Friedlaenders Hände kam, das im Buch nicht gedruckt wurde. Man erkennt es an den Rückäußerungen.

Friedlaenders Philosophie wird im Vorwort als „keine Philosophie für andere" bezeichnet. Dieses zwischen Kant und Dadaismus seinen Weg suchende, waghalsige Denken ist kaum einzuordnen: ein Abtasten konträrer, „polarer" Ereignisse, im Grunde eine Selbstdarstellung mit philosophischen Mitteln. Friedlaenders Denken hatte die Tendenz, sich selbst aufzuheben. In Kubin sah er den „Magier". Die „Wirklichkeit", nach der er selber suchte, blieb absurd genug: „Wir sind ja Alle erst Gespenster, die nach Wirklichkeit dürsten", heißt es in einem langen Brief vom Frühjahr 1916. Er war auf der Suche nach dem „inwendig Unendlichen". Immer wieder wird das ausgesprochen, variations- und wortreich beschrieben. Sein Verhältnis zur zeitgenössischen Literatur in ihren Extremen kommt gelegentlich in ein, zwei Sätzen zur Sprache: „Zerplatzen ist keine Kunst, obgleich sich heute die Jüngsten wie Bomben benehmen, bes. in Lyrik."

Friedlaender strebte nach dem „subjektiv Ewigen" und nach der „enormen Erhabenheit über die Zeit". Seltener war er mit dem Werk Kubins beschäftigt, so hoch er es einschätzte: „Über Ihre Bilder höre ich mitunter so entgegengesetzte Urteile. Sie haben leidenschaftliche Verehrer und ebensolche Ablehner." Solche Bemerkungen sind selten. Man ließ einander gelten.

Zur sparsamen gegenseitigen Kritik gehört die Meinung Kubins, daß Friedlaenders Sonette „Hundert Bonbons" erotisch anstößig verstanden werden könnten. Friedlaenders „Innenraum" dehnt sich weit. Die Groteske gehört selbstverständlich hinein: „Auch in der Groteske, auch in dieser Art von tollem Verfall, wie wir ihn hier mitmachen, spiegelt sich der Reichtum des Innern!" Im selben Brief kommt auch die alltägliche Misere zur Sprache: „Alle Preise steigen fast täglich." Oder: „Das allerschwerste Problem ist der Alltag! Mißlingt es, das Paradies hier zu etablieren, so hat man das Spiel des Lebens verloren."

Friedlaenders Exil, die dreißiger Jahre, der Krieg lassen die Korrespondenz verrinnen. Im letzten Brief Kubins an den alten, im Elend hausenden Freund heißt es noch einmal: „Ihre Lapidarismen zeigen die Unverwüstlichkeit segensreicher Folgen einer Lehre – deren Praxis und Technik für meinen Einzelfall längst erprobt wurde, sich immer weiter erweisen ..." Ein etwas krampfhafter Optimismus liegt über den Sätzen: „Im Alltag sehe ich die Theorie auf zahllose Weisen angewandt – bemerke Verhältnisse, Beziehungen, die keines Menschen Seele sonst je bemerkt hat." Dann verschlingen die Zeitläufe jene „Beziehungen".

Der den Krieg und die Nazis überlebende Friedlaender erholt sich von den Nachstellungen nicht mehr. Am 9. September 1946 wird der tote Philosoph des Absurden im jüdischen Teil des Pariser Friedhofs Pantin beigesetzt. Kubin überlebte ihn um dreizehn Jahre, bei wachsender Berühmtheit, internationalen Ausstellungen und Auszeichnungen. Die Korrespondenz beschließt ein kurzer Brief Marie Luise Friedlaenders an ihn aus Paris vom 1. März 1950, ein denkbar ernster Brief, der von der letzten Zeit des Mannes spricht, mit dem sie seit 1911 verheiratet war: „Seine große Bescheidenheit bei so mangelnder Ernährung war rührend, & war mir sehr schmerzlich. Mynona lebte bis zuletzt nach der Uhr alles gleichmäßig eingeteilt & auch Besuche oder Spaziergänge gehörten dazu, alles wie einst, zur lieben Gewohnheit geworden." Und als Postskript liest man schließlich, lapidar: „Mynona hat sich sehr über ihre Briefe gefreut!"

KARL KROLOW

Salomo Friedlaender/Mynona – Alfred Kubin: „Briefwechsel". Herausgegeben von Hartmut Geerken und Sigrid Hauff. edition neue texte, Wien-Linz 1986. Mit Zeichnungen von Alfred Kubin. 309 S., geb., 32,– DM.

Dem Tod entgegen

Ein Buch beginnt, ganz abrupt, ganz ohne einleitende Hinführung, mit dem Satz „Demnächst werde ich sterben", und es endet, in der Vorbereitung auf den Tod, der für *demnächst* erwartet wird, mit dem lebensabschließenden Ich-Satz des Verfassers: „Und Mauthe, wer immer das war, begibt sich ans Sterben." Dazwischen liegt, tagebuchartig, der letzte Prozeß eines Lebens ausgebreitet, das in der einen Gewißheit steht, nicht mehr viel Zeit zur Verfügung zu haben. Diese letzte Zeit wird vom ersten Tag dieser Gewißheit an mit jener journalistischen Genauigkeit festgehalten, die dem Verfasser, dem Journalisten und Schriftsteller, dem Schreiber schlechthin, eigen war.

Aber das Buch, das in und aus dieser Gewißheit, in und aus der Nähe des Todes geschrieben worden ist, beschränkt sich nicht auf ein journalistisches, in Form von Tagebucheintragungen protokollarisches Festhalten des Sterbens; dazwischen liegen die letzten Dinge des Lebens, eingeflochten in das Bewußtsein einer letzten Glückserfahrung. Da drängen sich einerseits nicht Betroffenheit und Schmerz, sondern ganz rationale Gedankengänge auf; andererseits teils ins Phantastische, teils ins Utopische gerichtete Betrachtungen. Da wechseln einander kurze kulturhistorische Abhandlungen und Gedanken zur gegenwärtigen Politik in Österreich ebenso ab wie persönliche Erinnerungen und ins Gedächtnis gerufene Halbtraumbilder. Und da treten mythologische und Kunstfiguren auf, Spiegelbegleiter des Mautheschen Traum-Ichs, die im letzten Absatz dieses Buches in all ihrer Symbolhaftigkeit wie zu einer Summa vitae zusammenfließen. Alle Phantasien, alle Träume, alle Visionen kehren hier wieder – Sisyphos, der Caesar, Herr Jacopo, Sindbad der Seefahrer und zuletzt Mauthe, der sein Leben nach einer langen Reflexion abgeschlossen hat.

Mauthe notiert sein Sterben nur nebenbei, gibt also – ohne etwas zu verschweigen – keinen voyeuristischen Einblick in sein Sterben, sondern handelt diesen Prozeß auf einer viel höheren, gedanklichen Ebene ab. Er begibt sich in ein Sich-klar-Werden über sein Leben, das nicht nur sein Leben war, und also in die Reflexion vieler – in eine politische, öffentliche ebenso wie die private. So reflektiert er über sein Persönliches, seinen gegenwärtigen Zustand, über sein zweites Zuhause in Niederösterreich, die Mollenburg, über alte Wegkreuze, über die Tier- und Pflanzenwelt seiner Umgebung, über sein Wien, über die Irrwege des Rathauses und, was schließlich wie ein roter Faden sich durch das Buch zieht, über sein Bestreben, die politischen Parteien im Wiener Gemeinderat zu einer Einigung zusammenzuführen, um eine Utopie („die Jahrtausend-Chance") für Wien zu verwirklichen.

Daß dieses Wollen und überhaupt sein ganzer Einsatz als Stadtrat für mehr Vernunft, mehr Schönheit und Umweltbewußtsein oft leider nur Sisyphos-Arbeit war, mag dem Buch den Untertitel gegeben haben.

Daß sein Sterben, weil er eine öffentliche Person war, auch ein öffentliches Sterben sein wird, hat Mauthe nicht nur geahnt, sondern selbst für unvermeidlich betrachtet. Das mindert nicht den Wert des Buches. Freilich wird es die leidige Folge haben, daß es weniger aus Interesse als aus Neugier gekauft werden und weniger als literarisches Kunstwerk als vielmehr als persönliches Dokument gelesen wird. Die Anrüchigkeit des Todes allein mag das von sich aus schon bewirken; zum anderen kommt der Einblick in einen politischen Vorgang hinzu, genauer gesagt in eine Vorgangsweise hinter verschlossenen Türen. Und hier dringt freilich mehr durch, als normalerweise in den Zeitungen zu lesen ist, nämlich das ganze widerwärtige Doppelspiel der Politik.

Die andere Frage, die des Kritikers, ob dieses Buch zur Literatur zu zählen oder als Dokument, als Zeugnis zu betrachten ist (und zwar trotz der Situation, aus der heraus es geschrieben wurde, als nicht nur persönliches also), hat Mauthe indirekt selbst beantwortet, indem er von „Aufzeichnungen" sprach. Bei diesem neutralen und nicht-normativen Begriff sollte man es belassen, ohne dabei aber den gelungenen Versuch zu übersehen, aus der Vielfalt von Betrachtungen, Assoziationen und Bildern ein literarisches Gesamtes zu formen. Und zu bewerten wird auch sein, daß hier ein Buch mit sprachlicher Einfachheit geschrieben worden ist, der es aber nicht an sprachlicher Größe ermangelt.

Bücher vom Tod mögen umstritten sein. Dieses hier steht jenseits der Effekthascherei. Mauthe hat aus seinem öffentlichen Sterben kein öffentliches Aufsehen gemacht, weil er sich nicht der erwarteten Banalität ausgeliefert, keinem Schmerz, keiner Angst, keiner Trauer ausgesetzt hat. Im Gegenteil, er hat den Rest seines Lebens als Glückserfahrung betrachtet und den Prozeß des Sterbens positiv gesehen: „Die Horizonte werden enger, aber die Bilder deutlicher und zahlreicher."

Mauthe hat einmal gesagt, daß er Romane schreibe und Romane lebe; dieses sein letztes Buch hat er in der Tat gelebt, vom ersten bis zum letzten Tag, von der ersten bis zur letzten Zeile, ganz bewußt, ganz tief.

GERHARD ZEILLINGER

Jörg Mauthe: Demnächst oder Der Stein des Sisyphos. Edition Atelier, Wien 1986. S 280,–.

Jörg Mauthe, Demnächst oder der Stein des Sisyphos, Edition Atelier, Wien 1985, 231 Seiten, öS 280,—

Sein gefaßter Abschied von einer Welt, die er geliebt hat, wird dank dieses Tagebuches seiner letzten sechs Monate auch künftigen Generationen als Vorbild dienen können: Jörg Mauthe, Allround-Genie der Wiener Szene, hat sein Zugehen auf ihn minutiös darin festgehalten und damit alles verschmockte Todeszeremoniell von Christiane Singers *Tod zu Wien* bis hin zu Andre Heller als Literatur aus zweiter Hand entlarvt. Freilich, da läßt sich auch ein Nicht-Wiener Vorbild, der Züricher Strafrechtler Peter Noll, der ihm 1982 vorangegangen ist.

Nicht ganz so leicht wie mit seiner Haltung hat mans mit den Taten und Meinungen, die Mauthes letztes Buch unter die Leute bringt, so eng sie mit dieser standhaften Haltung auch zusammenhängen. *Ich entdecke, daß ich ja mächtig bin,* heißt es da (S. 22), und *Ich könnte mir zum Beispiel einen Revolver kaufen und ihn dazu verwenden, die Welt ein bißchen zu verbessern.* Ein verräterischer Wunschtraum vom Terrorismus? Nun, wir wissen, Mauthe hat sich keinen seiner Wünsche versagt, auch die Briefe über seinen Tod hinaus sind verschickt worden, in denen er einigen Zeitgenossen ins Gesicht sagt, was er ihnen zu Lebzeiten lieber nicht gesagt hätte (in der Nachrufnummer des *Wiener Journal,* Februar 86). Also doch nicht ins Gesicht? Ein Widerspruch, auf den wir noch zurückkommen werden.

Vielleicht haben es ein Zilk, ein Bacher verdient, — kein Erbarmen für Macher! — einer Ursula Pasterk gegenüber wirkt seine Abkanzelung besonders ungalant und harsch — sogar den seinerzeit amtswaltenden Watschenmann hat man courtoiser in Erinnerung. Sind es die Lorbeeren seiner Verdienste um die Fassadengestaltung, die ihn nun so autoritär sprechen lassen? Oder war eigentlich alles sanfter Terror, was er erreicht hat, auch die zauberhafte *Familie Merian?* Wenn er dann (S. 118) von *kultureller* oder gar *literarischer Kriminalität* spricht, so ist es weniger schlimm, daß er sich damit in die Nähe der Herren Konrad Windisch und anderer ewig Gestriger begibt, sondern daß ihm die Selbsterkenntnis mangelt, daß er durchaus auch selber Grenzgänger zu diesen Gefilden ist. Und die guten Motive, die man ihm unterstellt, werden doch alle, gegen die er Verdacht hat, zunächst wohl auch für sich in Anspruch nehmen können? Wo das im voraus zugesichert wäre, ließe sich über die These durchaus differenzierter reden; aber werden sie nicht gerade die Holzhämmerer von ihm übernehmen?

Ja, er hat gut reden, wenn er anderen, etwa Helmut Zilk, die Empfänglichkeit für *Klotzwörter* vorrechnet, die er ihnen als Köder auslegt (S. 221), aber ist hier der Ermordete um soviel schuldiger als der Mörder? Ziemte nicht dem Journalisten Mauthe, sich derlei Klotzwörter zu enthalten? Aber er geht ihnen ja selbst auf den Leim, wenn er seine letzte Lebenszeit für die *Jahrtausendchance* einer städtebaulichen Nutzung der Staustufe Wien einsetzt. Daß ihm diesen *politischen Vorgang,* ausufernd in das Projekt einer Wiener Koalition zwischen Schwarz und Rot, schließlich ein anderer politisierender Journalist, der Dipl.-Ing. Worm vom *Profil,* vermasselt hat, scheint dafür nur die gerechte Vergeltung für den Voluntarismus und die Menschenverachtung des Manipulierens. Wem fällt da nicht das Tucholsky-Wort von den Journalisten ein, die Journalisten Journalisten nennen? Und auch das gibts in *Demnächst,* etwa wenn (S. 190 f.), seine Zweifel am neueren österreichischen Journalismus zu Wort kommen: die mieseste, verdorbenste und zugleich privilegierteste Kaste des Staates seien die kritischen Journalisten. Aha, und das kommt aus derselben Feder, die das Klotzwort von der *Ostblockisierung Österreichs* geprägt hat (S. 209) und genau ohne die nötige Differenzierung im *Wiener Journal* und in Fernsehauftritten *(ORF-Nachlese,* März 1986, S. 31) verbreitet? Und er spürt den Widerspruch nicht, den zu umgehen ihn vielleicht in der *Großen Hitze* und in der *Vielgeliebten* gelungen ist? Gilt auch für Mauthe, was er Herzmanovsky und Kubin anläßlich ihres Briefwechsels nachruft: *Sehr wahrscheinlich ist jeder Mensch in irgendeiner Weise schlicht und einfach selbst ein Blödian, wenn er auf anderem Gebiet ein Genie sein kann* (S. 170)? Der Nachsatz wäre ein Trost, freilich ein geringer, da sich seine Nachwirkung zum mindesten kurzfristig auf jene Gebiete konzentrieren wird, denen gegenüber dieser Verdacht schwelen bleibt. Und daß seine Gründung, das *Wiener Journal,* von Mitstrebenden weitergeführt wird, die darin sein Hauptverdienst sehen könnten. Die Erde sei ihm bei alledem leicht! *Alois Eder* □

Die Wunde Wahrnehmung
Neue Gedichte der Friederike Mayröcker

Friederike Mayröcker: „Winterglück", Gedichte, 150 S, Ln., S 202,80 (Suhrkamp-Verlag, Frankfurt/M.)

Wir alle wissen, was Glück ist. daś, wonach wir uns am meisten sehnen, was uns am meisten fehlt. Der neue Gedichtband „Winterglück" von Friederike Mayröcker vereint in seinem Titel Unvereinbares – Winter bedeutet Kälte, Isolation, Schutzlosigkeit, Glück bedeutet Wärme, Geborgenheit, ein wohliges Sich-Recken und -Strecken. Winterglück ist eine Art unmögliches Glück, „ist mir nicht zugedacht, jemand anderer an einem anderen Ort wird es wird dieses Gezwitscher Vogelstimme Stimme empfangen an meiner statt jetzt in dieser Stunde Sekunde."

Der Band enthält 108 Gedichte aus den Jahren 1981 – 85, sein Kernstück sind die im Sommer 85 in Rohrmoos (Ennstal, Steiermark) entstandenen Gedichte, in denen präzise Naturbeobachtungen „ein Hang ein Honig ein Bienenschwarm" und die Fragwürdigkeit der dichterischen Existenz „oder der stete Hang zur Verleugnung von Wirklichkeit?" eine oft phantastische, oft erschreckende Verbindung eingehen.

Die schamlose Virtuosität, mit der Friederike Mayröcker ihr poetisches Instrumentarium einsetzt, wirkt ebenso anziehend wie abstoßend, beschönigt nichts, läßt keine falsche Idylle entstehen und ist alles andere als gefaßt oder besinnlich – Qualitäten, die dümmlicher Lyrik gern zugeschrieben werden (sonst wäre sie gar zu peinlich) – „jene finsteren Sonnen Seidenspinner in meinen mehreren Köpfen: sprießenden Tränen also winkt mir neu das Leben? mit Mücken im Dorngebüsch, mit Blüten mit Blut übersät fallen die Stare ein, das Blut, die Blüte des Grases im grünen im sinkenden Sensenrausch."

Der Psychiater Franz Wellendorf, der eine psychoanalytische Interpretation der Texte Friederike Mayröckers versuchte („Sprache, Schreiben und Aggression. Überlegungen zu Texten Friederike Mayröckers"), betont die ambivalente Reaktion, die er bei der Lektüre empfand – „... und mit zunehmender Vertrautheit riefen sie mir immer wieder – jenseits von Ambivalenz und erotisch-sinnlicher Phantasie – die Erinnerung an Gefühle großer Verlassenheit und Verzweiflung und an Versuche, ihnen zu entkommen, wach."

Friederike Mayröcker selbst ist sich der ambivalenten Reaktionen der Leser auf ihre Texte durchaus bewußt: „Je grundsätzlicher ich mich vom Publikumsgeschmack absetze, desto abstoßender wirke ich auf die Mehrzahl der Leser, desto verantwortlicher werde ich dafür, daß diese außer sich geraten, aber indem sie außer sich geraten, setzt sich andererseits etwas wie eine widersprüchliche Begierigkeit in ihnen fest, ich meine sie wollen dann weiterverfolgen was es gibt, kurz sie wollen mich verfolgen, sie sind mir auf der Spur, auf den Fersen, was wieder auf mich zurückwirkt ... das ist eine alte Geschichte und eine alte Erfahrung, aber wir erleben es ja immer aufs neue, das Abstoßende ist anziehend und umgekehrt."

Dieser Verzicht auf Verstandenwerden, auf Einverständnis, auf Versöhnung, auf die Kumpanei des Realen mit der real existierenden Wirklichkeit ist die Grundbedingung der dichterischen Existenz. Leistet der Dichter diesen Verzicht nicht, verfällt er der Lüge, der Untreue sich selbst gegenüber.

Das Offenhalten der poetischen Wunde Wahrnehmung läßt 1000 Augenblicke funkeln „in Nachbars Garten das Kind, mit einer Hacke läuft es – sein ächzender Blick, Raster des Pferdes und Raster des Rinds, gebeugt geht das Weidetier, sein Leib parzelliert nach Gütebereichen im Auslagenfenster des Fleischers" und läßt unvermutet/unverhofft manchmal auch einen Augenblick des Glücks Wirklichkeit werden: „sanft ich schließe die Augen wie vom Meer strömt es, fächelt es mir ans Haar, an die Lippen, ich trinke vom warmen Bauch, jene leichte Brise von fern läuten die Weidetiere es weidet mich weidet mich aus, Dahlien, Phlox in den Beeten, aus dem Lattenzaun sprießen einzelne Halme, Kapuzinerkresse, Spitzwegerich, der untere Teil der Lärche befallen von Flechten, eine Ulme gibt auf".

Der Leser ist eingeladen, sich an diesem poetischen Lebensexperiment zu beteiligen. *Liesl Ujvary*

Wort im Schatzhaus der Wirklichkeit

„Winterglück" – Friederike Mayröckers Gedichte aus den Jahren 1981 bis 1985 / Von Gert Ueding

Befreiung durch Lesen, ein Weihnachtsbrief" ist ein kurzes, nur acht Verse umfassendes Gedicht Friederike Mayröckers überschrieben. Von Knotenschrift ist darin die Rede, die man mit den Augen oder Händen lesen kann, auch Durchtrennen ist möglich, wodurch die Schrift lebhafter wird, doch immer bleibt der Sinn („alter magischer / Text") sich gleich, zielt auf das in der Überschrift annoncierte Befreiungserlebnis.

Das ist ein prägnantes Gleichnis für die Wirkung der Poesie und spielt mit den landläufigen Bedeutungen von Knoten und Schnur. Binden, fesseln, bewegungsunfähig machen kann man mit ihnen, und die Verknotung ist allemal ein unerwünschter Zustand. Doch was geschieht, wenn man die verschlungenen Schnüre als sprachliches Ereignis auffaßt, wenn man sie, einer anderen Gebrauchsanweisung folgend, als Schrift liest, als Quipu, worin die Inkas ihre Botschaft verschlüsselten? Die Bedrohung fällt von ihnen ab, die unheilvolle Bedeutung löst sich in einer sprachlichen Information auf, und die Knotenschnur verliert ihre fatale Erdenschwere: lesend fühlen wir uns befreit. „Eskapismus ist schon / dabei", heißt es freilich in einem anderen Gedicht, und einen leisen ironischen Vorbehalt meldet die Autorin auch in ihrem poetologischen Gedicht an: der Zusatz „ein Weihnachtsbrief" relativiert die Überzeugung auf jeden Fall, ob man ihn nun als frohe Botschaft oder frommen Kinderglauben nimmt.

Das Gleichnis von der Knotenschrift liefert eine unmißverständliche Lektüreanleitung für das meiste, was Friederike Mayröcker geschrieben hat, macht ihr ästhetisches Ziel deutlich, aber auch die Zweifel, die sie nicht los wird. Selbst der Titel „Winterglück" ihres neuesten Buches ist zweideutig. Er steht über Gedichten, die zwischen 1981 und 1985 entstanden sind und vor allem vom Glück einer Kunstwelt zeugen, die aus sich selber von Kälte bedroht ist.

Die Themen bieten dabei zunächst kaum Überraschendes, wirken wie aus dem üblichen Katalog der Gattung abgezogen. Von den Jahreszeiten ist viel die Rede, ausgezeichnet vor allen anderen natürlich der poetischste Monat: „auf dem Boden, und in den Wolken im Mai" ist gleich das Eingangsgedicht überschrieben, ein anderes zeigt den „Wiegen- / druck Deutschland im Mai", und dann fehlen auch die entsprechenden gefühlstimulierenden Wendungen nicht: „der Frühling / längst gehißt, schwer / bricht Liguster auf", man liest von niederfallenden Kirschblüten und singenden Amseln.

Auch die anderen Jahreszeiten und andere Monate tauchen auf, der August („beim Beerenpflücken") oder Landregen im Juli, „Frühabend im September" und schließlich der Winter, der ganz stilgerecht „Bußwinter" heißt. Stichwortgeber ist in allen Fällen die Natur, ein Wortreigen schließt sich an, in welchem die „Silberlinge des Birkenlaubs", „rosa Bauernrosen", „Dahlien, Phlox in den Beeten" sich mit prosaischeren Kräutern wie Kapuzinerkresse oder Spitzwegerich mischen.

Andere Gedichte nehmen ihren Ausgang von alten Fotos („dreijährig ich / mit Zipfelmütze / baumelnden / Fausthandschuhen"), von der Erinnerung an die Toten und Begrabenen, von Reisereminiszenzen und Alltagssituationen. Doch so identifizierbar mit unserer Erfahrung, der im Wirklichen und jener in der Literatur, diese Themen auch sind, in den meisten Fällen verlieren sie sich schnell im Labyrinth mehrfach verschränkter Wortreihen, die zwar noch in einer nach Laut und Gebrauch sich richtenden assoziativen Beziehung zum Anlaß stehen, ihn darüber hinaus aber nicht mehr berühren.

Um das Verfahren mit Hilfe von Friederike Mayröckers poetologischem Gleichnis zu verdeutlichen: die gegenständlichen Verschlingungen auf der Knotenschnur verwandeln sich in einen sprachlichen Vorgang, in ihm haben sie eine bestimmte, durch Anordnung und Form definierte Funktion, und ihr Gebrauch, nicht etwa die Beziehung zur materiellen Wirklichkeit der Schnur und ihrer Schleifen, entscheidet über ihre Bedeutung: „das Hufeisen auf der Schwelle, / immer noch, mit seinen Enden nach oben – ja, wir wissen / schon, damit / das Glück nicht ausrinnt, etc., in diesem *Verstall:* / Hasen-, Hosenstall, Koben, in diesem verschworenen / Pferdekopf in dem ich wohne; ich drehe / vergeblich den Türkenkopf, Türknopf, verliere Verwandtschaft, / Kniestücke, Flöte / von Flucht,..."

Die Worte bezeichnen Tätigkeiten, die als sprachliche Ereignisse ablaufen, ihre Bedeutung als Gegenstandsbenennung tritt zurück hinter ihre grammatische und stilistische Bedeutung, sie werden zu Trägern lyrischer Kompositionen. Deren Zweck orientiert sich am Ideal einer rein sprachlogischen Kommunikation. Die Dichterin gibt den Anstoß dazu, nimmt ihn von irgendwoher, aus der Natur oder dem städtischen Leben, gleichviel, und erzeugt nun durch Weiterentwicklung, Anordnung und Veränderung von Worten und Wortfügungen einen Text, der potentiell unendlich ist, auf einen Leser zugeschrieben, der ihm möglicherweise antwortet und ihn weiterspinnt. Daher der prinzipiell offene Schluß aller Gedichte, die mitten im Satz abbrechen („Glanz vor Augen der duftenden Blütenmonde im hohen / Holunderbaum,"), in eine Frage münden oder in ein fragmentarisches Bild („einer Insel / bräunlicher Rückenschild wölbt / die See –").

Dabei spielt der Rhythmus eine große Rolle, und wenn man sich einmal in ihn eingeschwungen hat, wird die Frage nach dem außersprachlichen Sinn des Textes immer wesenloser, die Worte funktionieren wie Pendel, die sich gegenseitig anschlagen, aufleuchten für einen Augenblick und dann, ohne Erinnerungsspuren zu hinterlassen, von den nächsten abgelöst werden. Wer diese Gedichte verstehen will, darf nicht nach ihrem außersprachlichen Sinn fragen (auch wenn Sinn-Rudimente erhalten bleiben, sich immer wieder vordrängen), sondern muß sich auf ihre Gebrauchsweise einstellen, darf die Bedeutung der Einzelelemente nicht in einer Entsprechung zur äußeren Welt suchen, sondern allein in ihrem Platz im Gedicht.

Wer wäre unempfindlich gegen diese Verführung durch reine Poesie, wer genösse nicht das Einschwingen ins schön geregelte, mit dissonanten Spannungen aufgeladene, daher niemals bloß eintönige Spiel der Worte? Es ist die Luftgeisterei, das Arielhafte der Poesie, das hier wirkt, und Dichtung, die davon unberührt bliebe, müßte stumpf, glanzlos und ohne Leben erstarren.

Friederike Mayröcker spricht an anderer Stelle von dem „Strahlenkranz von Assoziationsmöglichkeiten", den die lyrischen Erinnerungspunkte für sie besitzen, von der „Eigenbeweglichkeit", für welche das Gedicht dann zum Spielfeld wird: „Wolf wie ein Wolf du siehst / darauf aus wie ein Wolf nach- / denklich mit gesenktem Kopf, Kopf- / tier, das Bild hat dich in einen / Wolf verwandelt auch aufgelöst, nicht / so sehr Wölfin, Wolf! auch Bruder Bruder Wolfs- / hund, mit dem Kopf auf die Brust / gesenkt sitzend, ein Wolf ich weiß / nicht gepaart mit struppig-nachdenklicher / Korpulenz (nachsichtig?) Kopf: behaartes / Gewicht nach unten, wolfs- / mäßig du siehst du sitzt ein wenig / zusammengesunken wölfisch die Schärfe!, und / gnadenlos knochenschüttelnd von Gullies / umflort, *das hat mich auch ganz / verstorben,*"

Wir erleben die Herstellung einer lyrischen Metapher, ihre zunehmende Entfernung vom Gegenstand (dem Bild oder Foto), erleben ihre Verselbständigung und Kollision mit anderen Metaphern oder Metaphernkeime getragen von einer Beunruhigung, die mit dem Eingangswort gegeben ist, in ihm wurzelt und aus ihm heraus nun sprachlich entfaltet wird. Doch sind in diesem, für Mayröckers Manier kurzen Gedicht die Grade der Abstraktion noch erkennbar, so haben sich die Wortreihen in den meisten langen Gedichten ganz von ihrem Anlaß entfernt, auf grammatische und stilistische Verhältnisse, Kontraste und Vergleiche reduziert.

Bei ihrer Lektüre werden wir Opfer einer ständigen Irritation. Gewohnt, Wörter auch als Objektmitteilung zu verstehen, versuchen wir dauernd, ihnen auch im Gedicht einen gegenständlichen Sinn abzugewinnen, obwohl die Autorin uns dafür jeden Vorwand zu entziehen versucht. Diese Hartnäckigkeit, die uns, entgegen der dichterischen Absicht, nach einer außersprachlichen Bedeutung des lyrischen Worts fragen läßt, wurzelt gewiß in Tradition und Übereinkunft, doch auch in der Überzeugung, daß Sprachbau und Objektwelt keine disparaten, nur durch Konvention verbundenen Sphären darstellen, sondern sich sinnvoll entsprechen.

Das Ideal, auf das hin sich Friederike Mayröckers Gedichte unaufhaltsam zubewegen, ist nicht die Vermittlung der sprachlosen mit der menschlichen Welt, sondern die autonome künstlerische Ausdrucksform, die in sich selbst ihr Genüge findet und Bedeutung mit Funktion zusammenfallen läßt. Ein Weg, der ins Leere führt, auch ins bloß Private, Abseitige, in die Maschinerie von Sprachfunktionen, die sich von der Alltagsrede nur dadurch unterscheidet, daß die pragmatische Zwecksetzung wegfällt und an ihre Stelle die formal-ästhetische Instrumentalisierung des Wortes tritt.

Es gibt auch gegenläufige Tendenzen in Mayröckers geschlossenem Sprachbau, es gibt die Sehnsucht nach der sinnlich-sinnfälligen Erfahrung („ich will mich betören / lassen von aller Welt"), und es gibt sogar die offene Hinwendung zum Wirklichkeitsbezug der Sprache: dort nämlich, wo die Freundschaft, wo gar die Liebe eintritt für den anschaulich erweisbaren Sinn des Worts im Schatzhaus der Wirklichkeit („mit deiner sanften / Zunge Kirschkerne zählend in meinem / Mund"). Dann vollendet sich ihre Dichtung nicht mehr bloß in der Absicht, Sprache zu entwirklichen, sondern wird gleichsam leibhaftiger Ausdruck des Geliebten in seiner ganzen Realitätsfülle. Ein *argumentum ad hominem*, von dem ich wünschte, daß es sich doch noch als stärker erweisen und die geniale Sprachspielerin Friederike Mayröcker zur Dichterin jener offenen Möglichkeiten machen möge, die nicht nur eine Dimension der Sprache, sondern zugleich auch des Wirklichen ist.

Friederike Mayröcker: „Winterglück". Gedichte 1981 - 1985. Suhrkamp Verlag, Frankfurt am Main 1986. 144 S., geb., 26,– DM.

Janko Messners „Kärntner Heimatbuch" im Europaverlag erschienen:

„Hunger nach Phantasie und Würde"

1980 ist in einem Triestiner Verlag Janko Messners „Kärntner Heimatbuch" in deutscher Sprache erschienen. Die Auflage war in knapp einem Jahr vergriffen. „Nach einer Lesung vor mehreren Jahren in der Wiener ‚Alten Schmiede' ", wie Messner anläßlich der Präsentation der Neuausgabe des „Heimatbuches" erklärte, „sei der Europaverlag an ihn herangetreten". Das Ergebnis ist ein knapp 300 Seiten dickes Buch, das zwar zum überwiegenden Teil aus dem bereits 1980 erschienenen Werk besteht, das aber auch etliche neue Prosaarbeiten Messners enthält, sowohl aus dem Slowenischen ins Deutsche übersetzte Werke als auch die „Offenen Briefe", die der Schriftsteller Janko Messner an Herrschaftsgewaltige und ihre Lakaien in Kärnten geschrieben hat und schreibt.

Im „Kärntner Heimatbuch" finden sich Geschichten voller Liebe, voller Vergnügen — der spitzbübische und schlaue Janko Messner, wie man ihn bei der Erzählung der „Sexbombe" erlebt — aber auch Geschichten voller Wut, Schmerz und Trauer, wenn er die „Kärntner Verhältnisse" angreift: Die „friedliche Machtübergabe" etwa, wie sie Gauleiter Rainer nach dem Zusammenbruch des Hitlerfaschismus in Kärnten vollziehen konnte und anstelle des erwarteten gesellschaftlichen Prozesses der Entnazifizierung, ein solcher der — man möchte meinen — Entslowenisierung folgte. Ein Prozeß, der sich heute noch fortsetzt und mit der „schiachen" Sprache der slowenischen Volksgruppe die eigene Geschichte und damit die Gegenwart und Zukunft raubt.

Ein aufmerksames Publikum hatte sich im Wiener Studentencafé eingefunden, um bei der Präsentation des neuen „Kärntner Heimatbuches" dabeizusein, und Messner umriß auch eingangs den künstlerischen und politischen Stellenwert seines Schaffens: „In der österreichischen Literatur gibt es zwei Peter", so Messner, „der eine ist der Handke, der andere der Turrini." Und stellte damit klar, daß das Suchen nach der Sprache nicht bei der Sprache enden darf, unterstrich die überlebenswichtige Notwendigkeit politischen Engagements auch und gerade für die Kulturschaffenden unter den Kärntner Slowenen, eines politischen Engagements, das immer wieder das Bündnis mit fortschrittlichen Kräften in der deutschsprachigen Bevölkerung des Landes suchen muß und wird.

„Ein ‚Kärntner Heimatbuch' ", so Messner, „ist aus einem Boden gewachsen, der die Heimat ist der weltweit bekannten Alpenrosen und der viel weniger bekannten Neurosen." Während die Alpenrosen verschwinden, vermehren sich die Neurosen infolge des permanenten Konfliktes zwischen den biologischen Trieben meiner konsumbeflissenen slowenischen Landsleute und der Preisgabe der Symbole, ihrer eigentlichen Lebenswerte, unter welchen das Wort, der Mutterlaut, noch immer den ersten Rang einnimmt. Durch die Abkehr von ihrer miesgemachten Muttersprache werden sie geschichtslos und gesichtslos."

Seine Aufgabe in dieser Situation sieht Janko Messner so: „Ich weiß sehr wohl, daß keine Literatur die Politik verändern kann — auch meine nicht, die meines Kärntner Landes. Dafür sorgen die Lohnschreiber sensationslüsterner systemwahrender Boulevardzeitungen in unserem dumpfen Heimatdunst. Und doch lege ich meine Feder nicht weg. Weshalb wohl? Vorerst um selbst zu überleben. Und dann, um meine verlassenen, allmählich verzagenden Landsleute auf Albert Camus hinzuweisen, dessen Dr. Rieux immer wieder gegen das Wüten der ‚Pest' ankämpft, wohl wissend, daß er mit keinem Sieg rechnen kann. Noch gibt es einige Tausend starrköpfiger Kärntner Slowenen, die trotz offener und versteckter Unterdrückung oder gerade ihretwegen nicht müde werden, diesen Sinn im unaufhörlichen Kampf um das Recht auf eigene Geschichte und eigene Gegenwart unter der Kärntner Sonne zu sehen, im Kampf um ihre verbrieften Rechte, um die Erhaltung und Entfaltung ihrer menschlichen Würde.

Mein Platz ist unter ihnen, und sei es auch ohne Hoffnung auf einen Sieg. Bin ich demnach einer Illusion verhaftet? — Aber selbstverständlich! Und ich lasse sie mir nicht rauben. Natürlich ist mir bewußt, daß sie mir den brennenden Durst auf Freiheit und gleiches Recht für mein Volk nicht löschen kann, aber sie fördert die Absonderung der in meinem Mund befindlichen Speicheldrüsen. Und das ist immerhin etwas. Für den Notfall. Zum Ausspucken."

„Ein Kärntner Heimatbuch" wird übrigens nicht das einzige Buch Janko Messners im Europaverlag bleiben. Zu seinem 65. Geburtstag — also noch heuer — soll ein Gedichtband von ihm erscheinen. Gerhard Moser

Janko Messner: „Ein Kärntner Heimatbuch", herausgegeben von Ulf Birbaumer, Europaverlag, Wien, 1986. 294 Seiten. 198 Schilling.

Kleiner Mann, was nun? Vom Alltag zum Alptraum

Marcel Meyrath: **„Pflocks Glück"**, Roman, 219 S, geb., S 198 (Edition S, Verlag der Österreichischen Staatsdruckerei).

Daß man die Probleme der Lebensmitte nicht nur philosophisch-larmoyant, sondern auch hinterhältig-heiter an den Leser herantragen kann, zeigt der in Österreich lebende Autor Marcel Meyrath, Jahrgang 1954, in seinem ersten Roman „Pflocks Glück".

Stephan Pflock ist 35, treusorgender Familienvater und Angestellter eines Konzerns, der sich bezeichnenderweise mit der Erfindung und Herstellung von Prothesen befaßt. Vom kleinen Lehrling der Orthopädiemechanik hat er sich an Gehbehelfen bis zum kreativen Mitarbeiter des mittleren Managements hochgehantelt, sich an Plattfußeinlagen und künstlichebn Kniegelenken bewährt. Bei seinem fast erotischen Verhältnis zur Mechanik funktioniert auch die menschliche Kommunikation zumindest äußerlich reibungsfrei, nur mit sich selbst hat Pflock Schwierigkeiten, seine Nächte sind buchstäblich atemberaubend. Im Auseinanderklaffen von scheinbar harmonisch-vernünftigem Alltagsleben und der Nacht- und Schattenexistenz des Innenlebens liegt die Spannung des Ich-Erzählers und die erzählerische Spannung des Romans. Stück für Stück werden die kausalen Verbindungslinien zwischen dem Funktionieren, wie Pflock es an seinen Maschinen so liebt, und dem krankmachenden Anspruch, der darin begründet liegt, unaufdringlich freigelegt. Oberflächlich positive Milieus erweisen sich als doppelbödig. Das beginnt beim Betriebsklima, das den Streß erzeugt, heiter, entspannt und zuversichtlich sein zu müssen, und endet bei der Familienidylle.

„Ich falle in Stücke von Selbstmitleid, wenn ich an mich zurückdenke. Ich weiß nicht, ob über den, der ich war, oder über das, was aus mir geworden ist. Ich habe keine Zukunft mehr, und was sich in der Zwischenzeit an Vergangenheit angesammelt hat, habe ich in Akten verpackt, verschnürt, und abgelegt... Das einzige, das mir noch bleibt, ist die Gegenwart, und die ist nichts Besonderes. Ich könnte nicht einmal behaupten, daß sie meine ist."

Das Weinen, das nicht mehr gelingt, gerät zum zwanghaften Lachen, die existentielle Beklemmung wird zur körperlichen und erhält schließlich mit einer medizinischen Diagnose eine sozusagen natürliche Erklärung. Mit dieser Wendung hebt der Erzähler zynisch die Tragik auf, die er durch hintergründigen Humor und vordergründige Satire eigentlich nie wirklich aufkommen läßt. Sein humoristisches Feingefühl äußert sich dabei etwa in der Zurückhaltung, mit welcher er die skurrilen Möglichkeiten der „Prothetik" wohldosiert einsetzt.

Mit seinem Helden Pflock ist Marcel Meyrath eine sehr heutige Figur gelungen, die an die ganz normalen Neurotiker eines Woody Allen erinnert. *Anita Pollak*

Zutritt nur für Frauen

Der Roman „Das andere Gesicht“ von Waltraud Anna Mitgutsch

Waltraud Anna Mitgutsch hat im vergangenen Jahr ihr erstes Buch, den Roman „Die Züchtigung“, veröffentlicht. Es handelte von einer die Seelen aufreibenden und sich über die Generationen forterbenden Mutter-Tochter-Beziehung. Das Buch fand hohes Lob bei der Kritik und wurde mit dem Brüder-Grimm-Preis der Stadt Hanau ausgezeichnet.

In diesem Jahr stellt sich Waltraud Anna Mitgutsch der Probe des zweiten Buches, an der viele junge Autoren scheitern, zumal wenn ihr Erstling stark aus autobiographischer Substanz lebte. Um es gleich zu sagen: Sie hat diese Probe überlegen bestanden, auch wenn wohl „Die Züchtigung“ das intensivere und bedeutsamere Buch bleibt.

„Das andere Gesicht“ ist wieder ein Roman mit psychologischer, um nicht zu sagen psychopathologischer Thematik. Vorgeführt ist die Leidensgeschichte einer gefährdeten, schutzlosen Seele, die nicht mit der Welt ins reine kommt und sich in ihren Nöten nicht zu helfen weiß. Jana, die Flüchtlingstochter aus Osteuropa, wurde schon als Kind von Ängsten und vom Gefühl rettungsloser Einsamkeit verfolgt. Sie findet nie zu vertrauensvollem Umgang mit anderen und schließt sich in ihren Träumen ein. Als junge Frau bricht sie in ferne Länder auf und verschafft sich auf rastlosen Reisen das Gefühl einer prekären Freiheit. Ihr Versuch, zu sein wie alle anderen und sich durch Heirat einen festen „Platz im Leben“ zu verschaffen, scheitert. Sie macht die Erfahrung, daß manche ihrer Mitmenschen von ihrer ungewöhnlichen und schwer zugänglichen Person angezogen werden, daß aber die Gefühle am Ende immer in Haß umschlagen.

Der Roman schildert eindringlich, wie die zerbrechliche Seele ohne Hilfe bleibt, wie sie in der eigenen Familie schon als die „verrückte Schwester“ gilt und wie ihr Mann sie später mißhandelt und in einem alten Haus am Rand des tropischen Urwalds fast zugrunde gehen läßt. Beklemmend spürbar werden auch die innere Unruhe und die Widersprüche, die das Scheitern Janas unausweichlich machen: Sie blickt einerseits mit Neid auf das Glück und die Sicherheit derjenigen, die ein normales Leben führen, aber andererseits ist es ihr nicht möglich, eine bestimmte Existenzform als die eigene anzuerkennen: „Ich hatte mit allen Träumen nur spielen wollen, jonglieren wie mit Bällen, fünf Leben wollte ich haben, zum Ausprobieren in bunter Folge, und sooft eines unansehnlich wurde, wieder ein frisches, neues.“

Ihre Glücksansprüche richten sich auf nichts Geringeres als auf das Paradies. Die Enttäuschung tritt daher geradezu zwangsläufig ein. Als sie auf den „großen Wahn“ ihrer Liebe zurückblickt, erkennt sie, daß sie sich selbst mit ihren maßlosen Illusionen genarrt hat: „Mir selber lief ich ja nach, meinen in einem selbstgeschaffenen Gott Fleisch gewordenen Träumen.“

Die Geschichte dieses schwierigen Lebens ist zweistimmig erzählt: einmal aus der Perspektive Janas selbst und dann aus dem Blickwinkel ihrer Freundin Sonja, die als Beschützerin und Stimme der Vernunft auftritt. Zwischen den beiden besteht ein ambivalentes, bisweilen unterbrochenes, aber nie aufgehobenes Verhältnis. Sonja fühlt ihren Willen zu Hilfe und Verständnis bisweilen blockiert. Jana lehnt sich gelegentlich auf und will sich von der Bevormundung durch das „Über-Ich“ der vernünftigen Freundin befreien.

Am Ende zeigt sich, und darin liegen Hoffnung und Trost des Buches, die geheime Identität der beiden Figuren: Beide haben das Leben bislang verfehlt, aber sie könnten ihre Einseitigkeiten hinter sich lassen, wenn sie nur das Eigene in der bislang als fremd erlebten, unverstandenen Freundin erkennen. Janas Ängste, Einsamkeiten und Glückshoffnungen sind ein Teil auch Sonjas, und deren Vernunft, Distanz und pragmatische Lebenstüchtigkeit sollten sich Jana erschließen und ihr den „Eingang zum Leben“ öffnen.

Erzählt ist die drangvolle Leidensgeschichte mit der psychologischen Einfühlsamkeit und der sprachlichen Intensität, die man von der Autorin nach ihrem ersten Buch erwarten durfte. Kritisch anmerken ließe sich vielleicht, daß dem Roman in seinen mittleren Teilen eine etwas konzisere, knappere Form gutgetan hätte. Fragwürdig mag erscheinen, daß die Protagonistin Erlösung von ihren Nöten in einem exotischen Frauen-Tempel zu finden hofft, in dem offensichtlich der Weihrauch eines mythisch drapierten Feminismus wabert: „Erst viele Jahre später, am Ende meiner Reise, als ich das Urteil längst angenommen hatte, als mich die Blicke nicht einmal mehr verletzten, betrat ich einen Tempel, der einer mächtigen Göttin geweiht war und zu dem nur Frauen Zutritt hatten ... Im schwachen Licht sah ich die überlebensgroße Gestalt der schwarzen Göttin, mächtig und breit und in bunte Schleier gehüllt. Eine Zauberin, eine Hexe, Ursprung des Lebens und Spenderin des Todes in gleichem Maß. Beim Anblick ihrer mächtigen Glieder war alle Angst, alle Schuld und Fremdheit getilgt, einen Moment lang hatte alles, was geschehen war, seine Richtigkeit.“ Mit dieser naiven pseudoreligiösen Glücksverheißung bleibt das Buch unterhalb jenes Problembewußtseins, das es ansonsten auszeichnet.

JÜRGEN JACOBS

Waltraud Anna Mitgutsch: „Das andere Gesicht“. Roman. Claassen Verlag, Düsseldorf 1986, 333 S., geb., 34,– DM.

HUNDERT JAHRE EWIGKEIT

Mit der Geschichte der Familie Spiegelglas hat der amerikanische Bestsellerautor Frederic Morton einen Bilderbogen vom Wien seiner eigenen Kindheit gezeichnet, das 1938 endgültig unterging.

Von Senta Radax-Ziegler

Die obskure Familiengeschichte beginnt vor etwas mehr als hundert Jahren. Um 1873. Als Berek Spiegelglas, damals ein blutjunger jüdischer Schmied im slowakischen Dörfchen Varungy auf die Idee gebracht wurde, sein sterbendes Städtl mit der aufstrebenden Residenzstadt Wien zu vertauschen. Eine Wanderung beginnt. Die Wurzeln werden aber spontan auf dem „Türkenplatzl" im heutigen 17. Wiener Gemeindebezirk geschlagen, auf einem Feld also, das damals noch weit außerhalb der dichtbebauten Gebiete lag. Auf diesem Platzl hatte einst bei der letzten Türkenbelagerung Kara Mustafa seine Zelte aufgeschlagen und sogar die sechs Steinhäuser erbaut gehabt, die Berek später erwerben sollte.

Von diesem Mustafa soll angeblich auch der aus der großen Mauer des zerstörten Tempels von Jerusalem stammende, kleine Stein herbeigebracht und vergessen worden sein. Jedenfalls war dieses Kleinod schon da, als Berek Spiegelglas am Türkenplatzl einzog.

Fortan dreht sich um diesen unscheinbaren Mauerbrocken Bereks Leben und dieses Buch. Bis zur Auslöschung Österreichs 1938 und Auswanderung der jüngeren Spiegelgläser werden in seine Ritzen kleine Wunschzettelchen gesteckt, nach dem Vorbild des uralten Rituals an der Klagemauer im fernen Glaubenszentrum der Juden.

Durch diesen für Berek heiligen Stein ist das Zentrum seines Glaubens fortan auch da, wo sich dieser Stein befindet. Die Diaspora war für ihn so gut wie aufgehoben. Über Jahrzehnte lag für die Familie Spiegelglas Jerusalem am Rande von Wien, was zu köstlichen Auseinandersetzungen mit der israelitischen Kultusgemeinde von damals führte.

Spiegelglas wird wohlhabender Fabriksbesitzer. Trotz der vielen Wunschzettelchen wird ihm aber nichts geschenkt. Auch bleibt er der glaubensstarke, halsstarre, aber lautere Städtl-Patriarch, selber nicht nur ein Stein, sondern ein Fels in der Familienbrandung. Um ihn herum gruppieren sich die rührendsten Verwandten. Sie verdichten das Geschehen zu einem einzigen skurillen, aberwitzigen, gottvollen und vollkommen unpolitischen Ganzen. In seinen prallsten Passagen erinnert diese Familien-Saga mit autobiographischen Zügen in Milieu und Schreibe an „Hundert Jahre Einsamkeit" von Garbiel G. Marquez. Ein Kompliment an den Autor Frederic Morton, geborenen Fritz Mandelbaum dem hier über weite Teile ein ebenso spannendes wie komisches Ganzes an familiärer Tragik-Komik gelingt.

Da und dort sind vor allem in der zweiten Hälfte, wenn die Gestalten des Sohnes und Enkels von Berek in den Vordergrund treten, manche Übergänge allzu routniert gelungen. Auch verliert dann die eingangs pompöse Handlung einige ihrer urigen, dunklen mystischen Dichte.

Doch immerhin noch dicht genug. Der Autor selbst konnte sich erst vierzig Jahre nach seiner Emigration 1938 aus Wien entschließen, sich dieses unerschöpflichen Themas anzunehmen. Bestseller her oder hin; der Roman besitzt eine fesselnde Kraft, die dem innersten Erleben des Autors entspringt. Überdies auch ein Buch. ■

Frederic Morton: „Ewigkeitsgasse", Bertelsmann Verlag, 473 Seiten, 310,40 Schilling.

Die Krankheit «Schreiben»

Wilhelm Musters neuer Roman «Pulverland»

Aussagen über andere sind oft versteckte Selbstaussagen. Francisco de Quevedo, befand Wilhelm Muster einmal, sei ein «unruhiger Autor», ein Meister der Verwandlungen, einer, der sich nicht so recht fassen lasse. Muster weiss, wovon er spricht. Und dies nicht bloss, weil er als Übersetzer aus dem Spanischen seit Jahrzehnten eine Intimbeziehung zu Quevedo unterhält. Im Bild, das Muster von ihm zeichnet, schimmern die Umrisse eines Selbstbildnisses durch. Dass beide Bilder unscharf bleiben, macht vielleicht ihre tiefste Gemeinsamkeit aus.

Wie Quevedo legte es auch Muster lange Zeit darauf an, Daten seiner Biographie zu verschleiern, teils aus Bescheidenheit, teils aus Lust an der spielerischen Camouflage. Sein erster umfangreicher Roman, «Aller Nächte Tag» (1960), erschien noch unter dem Pseudonym Ulrich Hassler, und die Angaben zu seiner Person haben erst in den letzten Jahren so etwas wie Konsistenz angenommen: Zuvor wiesen die Klappentexte, hielt man sie vergleichend nebeneinander, eine schillernde, schwankende Identität aus, die von Mal zu Mal einen etwas anderen Akzent trug.

Ein derartiges Bedürfnis, sich in immer neue Verborgenheiten zu flüchten, wäre Rechtens als Privatangelegenheit abzuhaken, enthielte es nicht schon – als Verfahren und als Thema – den Treibsatz, der den Schriftsteller Muster in Bewegung hält. Die Dimension der Verwandlung, der gleitenden Veränderung, der Grenzüberschreitung auch, ist in Musters Erzählungen und Romanen gleich in doppelter Hinsicht gegenwärtig: zum einen, indem diese Geschichten in einem vordergründig-magischen Sinn von Verwandlungen handeln, zum anderen, indem das Geschichtenerzählen als Verwandlung schlechthin verstanden und bedacht wird. Insofern sind Musters Geschichten immer auch poetologische Geschichten, von denen freilich gilt: Was Reflexion an ihnen ist, wird flugs in Erzählung umgegossen.

Muster fühlt sich dem «unschuldigen» Geist des Geschichtenerzählens verpflichtet, wie er in Legenden, Mythen und Märchen seinen Niederschlag findet. Gleichzeitig kommt er nicht umhin, die Zersetzung dieses Geistes zu konstatieren, so dass sich der alte, «märchenhafte» Kampf zwischen Gut und Böse gleichsam auf eine andere Ebene verlagert: Das «Böse», das ist jetzt der Wider-Geist, der sich nicht mehr gegen etwas *in* den Geschichten, sondern gegen die Geschichten selber wendet. Das heisst nicht, dass gar nicht mehr erzählt wird, wohl aber, dass die Geschichten ihren Zauber verlieren: sie erklären die Welt, statt von ihr zu erzählen. So besehen, lässt sich Musters Schreiben als Akt des Widerstands gegen die Entzauberung der Welt begreifen.

Welchen Reichtum erzählerischer Möglichkeiten Muster dabei freizusetzen vermag, zeigt einmal mehr sein jüngster Roman «Pulverland», der rechtzeitig zum siebzigsten Geburtstag des Autors erschienen ist. Der Text beginnt weitgehend «realistisch», wenn man will sogar autobiographisch: Ulrich, ein österreichischer Schriftsteller und Übersetzer, und seine Freundin Olga ziehen sich – noch hat der Touristenboom nicht eingesetzt – nach Ibiza zurück, um die Schatten zu bannen, die auf ihrer Beziehung lasten. Vordergründig scheitert der «Sanierungsversuch»: Eines Tages ist Olga verschwunden und tritt auch bis zuletzt nicht wieder in Erscheinung. Ab diesem Zeitpunkt verästelt sich das Romangeschehen in zahllose Geschichten, Reflexionen und literarische Zitate, die scheinbar in keinem inneren Zusammenhang stehen, letztlich aber doch als verschlüsselte, unterschwellig aufeinander verweisende, phantastisch überhöhte Verarbeitungen der krisenhaften Beziehung zwischen Olga und Ulrich erkennbar werden.

Zusammengenommen ergeben alle diese Geschichten ein kunstvolles System von Spiegelungen, das in exemplarischer Weise zur Anschauung bringt, wie sich Leben und Erfahrung in die Erfindung hinein fortzeugen und wie umgekehrt die Erfindung, selbst in der «realitätsfernsten» Ausprägung des Märchens, mit einem Mal die Schwelle zur Wirklichkeit überschreitet. Muster hält daran fest, dass es möglich sei, sich in ein Märchen zu «retten»; gleichzeitig weiss er um die hochgradige Zerbrechlichkeit von Geschichten und dass, wer bei ihnen Zuflucht sucht, in einem fort auf der Flucht bleibt.

«Pulverland» ist, bei aller Lust am Fabulieren, ein Buch über das Leiden an der Literatur. Zwar buchstabiert Muster da bloss eine alte Einsicht nach, aber er tut es auf so unverwechselbare Weise, dass die Einsicht wieder frisch und unverbraucht wirkt: Wer schreibt, entäussert sich der Welt, um sie in anderer Gestalt wiederzugewinnen. Oder, drastischer formuliert: Das Heilmittel ist zugleich die Krankheit, gegen die es aufgeboten wird. In Ulrichs Worten: «Schreiben ist schlimm. Nicht schreiben noch schlimmer.» Und weil der Widerspruch letztlich nicht auflösbar ist, muss sich Ulrich von seinem anderen Ich sagen lassen: «Die Krankheit wird komplizierter werden.»

Form und Inhalt von Musters Roman sind das genaue Abbild dieser komplizierten «Krankheit». Sie äussert sich als höchst spannungsreiche Verschlingung von Erzählen und Erzählreflexion, die Musters Lebens- und Schreiberprinzip der Verwandlung gleichsam auf die Spitze treibt: wie innerhalb der Mythen, Märchen und Legenden, aus denen «Pulverland» zusammengeschmolzen ist, Metamorphosen von Menschen in Tiere, von Tieren in Menschen, von literarischen Gestalten in deren lebende Inkarnationen an der Tagesordnung sind, so verwandelt sich auch die Reflexion unentwegt in Erzählung, während umgekehrt die Erzählung immer auch ihre versteckte Poetik mitliefert.

Was dabei entsteht, ist ein gleissendes Oszillogramm ineinander verschachtelter und verfugter Geschichten, durch die der grosse, lange Atem der «ewigen» Erzählung strömt. Gleichzeitig lässt Muster keinen Zweifel: «Ewig» ist nicht nur die Erzählung, sondern auch das Elend des Schreibens, das ihr vorausgeht, jene ängstliche, herzbeklemmende Erregung, die immerfort damit rechnet, dass die Geschichten eines Tages ausbleiben. Für diesmal, so scheint es, ist Muster wieder einmal davongekommen, in ein Land, das – zufällig und notwendig zugleich – den Namen «Pulverland» trägt. Doch er weiss, und dieses Wissen wird ihn in die nächste Erzählung treiben: «Pulverland raucht immer, wir merken es nicht. Immer rinnt es durch uns, grob- oder feinkörnig, immer sehen wir schwachen Feuerschein am Horizont, immer fehlt Wasser, fehlen die Eimer, und tasten wir uns zurück, werden unsere Finger schwarz, der Mund dorrt aus ...»

Gerhard Melzer

Wilhelm Muster: Pulverland. Roman. Verlag Klett-Cotta, Stuttgart 1986.

Erfolgreich über den Tod hinaus

Leo Perutz: Der Marques de Bolibar. Roman. Paul Zsolnay Verlag, Wien. 253 Seiten. 29 DM.

Seit einer Reihe von Jahren bemüht sich der Zsolnay Verlag, das Lebenswerk von Leo Perutz wieder zugänglich zu machen. Der 1882 in Prag geborene Autor war vor allem während der Zwischenkriegsjahre ein viel beachteter Erzähler. Obwohl er den größten Teil seines Lebens in Wien verbrachte, hatte er doch aus seiner Prager Heimat den Zug ins Mystische mitgebracht. Seine Erzählungen sind bestens komponiert und von hohem Spannungsreiz. Aber im Hintergrund der zumeist das Kriminelle beleuchtenden Geschichten fand sich fast immer ein Hauch von etwas Geheimnisvollem, mitunter Überirdischem, und in dieser Hinsicht war Perutz ein Seitenstück zu seinem Landsmann und Generationsgenossen Gustav Meyrink. Im Lauf der letzten Jahre sind uns nun Bücher wie „Nachts unter der steinernen Brücke", „Der Meister des jüngsten Tages" oder der glänzende Thriller „Zwischen neun und neun" wieder zugänglich gemacht worden. In ihnen manifestiert sich ein brillanter Erzähler, der es versteht, immer einen geheimnisvollen Hintergrund in seine Story einzubringen. „Das Resultat eines Fehltritts von Agatha Christie mit Franz Kafka" hat ihn Fritz Torberg genannt.

Diese Definition paßt auch auf das nunmehr bei Zsolnay wieder vorgelegte Buch „Der Marques de Bolibar". Die Szenerie ist einigermaßen exotisch: der napoleonische Feldzug in Spanien, in dem auch zwei deutsche Regimenter vom Rheinbund mitkämpfen und auf sehr geheimnisvolle Weise untergehen. Sie wurden — so Perutz — ausgelöscht, bis auf den letzten Mann. Und dieser letzte Mann, ein Leutnant Jochberg, berichtet nun, wie die Truppe in dem Städtchen Le Bisbal aufgerieben wurde. Von der Bevölkerung vorerst freundlich aufgenommen, aber von den Guerillakämpfern in respektvoller Entfernung umstellt, werden die Deutschen schließlich Opfer eines von der Bevölkerung mit devoter Hochachtung verehrten Greises, des Marques de Bolibar.

Dieser ist nicht nur ein Meister der Verkleidung, der in allerlei Kostümierungen seine Gegner hinters Licht führt, sondern auch der heimliche Kommandant des Widerstandes. Wie ein verwundeter deutscher Offizier erlauscht hat, hält er die Guerillatruppen vorerst von der Stadt fern, will ihnen aber, sobald der rechte Zeitpunkt gekommen ist, heimliche Signale zum Angriff geben: einmal schwarzen Rauch aus seinem Schornstein, einmal dröhnendes Orgelspiel aus der Kirche, am Ende die Übersendung eines schmuckhaft ziselierten Dolches. Nun gerät allerdings der Marques in einer seiner Verkleidungen in die Hände der Deutschen und wird als Heckenschütze erschossen. Aber selbst als Toter vermag er noch seine Mission zu erfüllen und den Kampf gegen die Eindringlinge zu organisieren.

In dieser mystischen Welt meinen wir nun geradezu im Prag des Golems zu sein. Der hingerichtete Marques bringt es dazu, daß deutsche Soldaten ahnungslos das Rauchzeichen geben, das die Widerstandskämpfer zum Sammeln veranlaßt. Und es sind ausgelassene deutsche Offiziere, die ihr nächtliches Orgelgetön über die Stadt hinaus an die Ohren der Guerillas dringen lassen. Die Bevölkerung der Stadt erhebt sich gegen die Eindringlinge, denen zudem die Munition ausgeht. Nicht genug daran, daß sogar ein deutscher Offizier unwissentlich das verhängnisvolle Dolchsignal den Feinden zuspielt, begegnen wir auch einem tollkühnen französischen Offizier namens Salignac. Der geht aus den heftigsten Attacken unverwundet hervor. Er übernimmt es auch, hoch zu Roß durch die Linien der Widerstandskämpfer hindurchzureiten, um Hilfe von französischen Truppen herbeizuholen. Keine Kugel kann ihn verletzen.

Dies wird ungemein spannungsreich erzählt. Das magische Netz, das der Marques aus seinem Grabe heraus um die deutsche Truppe spinnt, geht sogar so weit, daß der blutjunge Leutnant Jochberg, der einzige Überlebende des Regiments, sich zeitweilig in einen Greis verwandelt und zum Ebenbild des toten Marques de Bolibar wird. Die Logik des Unlogischen wird mit erzählerischer Bravour entwickelt und ergibt einen Roman von ungewöhnlicher Spannungskraft.

Otto F. Beer

Vor Ort der Satire

VON ALFRED PAUL SCHMIDT

Mit der Wahrheit ist das so eine Sache; bekanntlich macht sie uns frei, aber oft ist sie nur durch Übertreibung erkenntlich zu machen. Das ist der Ort der Satire. Zur Zeit scheint sie sehr gefragt zu sein, denn sie erblüht in einer sich heftig ausweitenden Kabarettszene.

Grund genug also, in dieses Bedürfnis nach Wahrheit einen satirischen Roman hineinzustellen, der jene Fakten zu einem Ereignisgebäude verbindet, die unser Leben weitergehend bestimmen: Familie, Medien, Politik und Produkte.

Der Krisenfall einer Flugzeugentführung, durchgeführt von einer idiotisch planlosen Terror-Internationale, wird zum Prüfstein jener Ideale, denen sich diese Institutionen verschrieben haben. Das Ergebnis ist ein vernichtendes.

Der Wiener Autor Ernst Petz, der in der vorigen Saison mit einem sehr berührenden Arbeitslosenroman debütierte, verschont niemand und nichts. Dankenswerterweise zerteilt er die Gesellschaft nicht in Opfer und Täter, nicht in Gute und Böse, sondern in Funktionäre und Funktionierende. Wobei jeder einzelne bemüht ist, seine Aufgabe mit größtmöglicher Debilität zu verwalten. Der Grad der Dummheit und der Niedertracht wird nicht von der Individualität des einzelnen ermittelt, sondern von der Macht des Amtes, das ihm zur Verfügung gestellt wurde.

Der Roman ist eine gnadenlose Kritik des Durchschnittsmenschen, der, ganz egal ob Politiker, Journalist, Militär oder Wirtschaftsmacher, sich als Opportunist seines Eigennutzes betätigt. Verunstaltet sind diese Menschen bis hinein ins Familienleben von der völligen Abwesenheit jeglichen idealistischen Gedankens.

Ganz klar, aus welcher Wirklichkeit hier extrapoliert wurde.

Der manchmal tragisch einfallende Ton besteht darin, daß demjenigen, welcher versuche, aus dem System dieser fettbäuchigen Vertiertheit auszubrechen, ebenfalls nur die Kraft zu phrasenhaftem Aufbegehren bleibt. Auch die Revolte ist nur eine Pose.

Natürlich macht sich als Folge dieser glanzlosen Kutscherwirtschaft überall dumpfer Mißmut breit, der nur durch den Aberwitz ideologischer Lüge ertragen werden kann. Was den Roman so ätzend macht, ist sein Insistieren auf der fröhlich machenden Kraft des Schwachsinns; so wie uns die Idioten heiter stimmen, weil sie ihre Tragik nicht verstehen, die eigentlich die unsere ist, jedoch von einem anderen getragen wird. An sich handelt es sich um ein umfassendes Protokoll des korrumpierten Verstandes, der sich lieber in den Schwachsinn flüchtet, da ihn ein bewußtes Leben, dirigiert von Besitz und Macht, wahnsinnig machen würde.

Der Unterhaltungswert des in Filmtechnik geschriebenen Buches stammt von der Fähigkeit des Autors, die Erwartungen des Lesers durch ständig skurriler werdende Entwicklung der Handlung zu überrumpeln.

Ernst Petz, „Airbus", Roman, Edition S, Verlag der Österreichischen Staatsdruckerei, 320 Seiten, S 198.-.

Drei Männergeschichten

Es gibt wohl den durchschnittlichen Aussteiger: Im Kern der Industriegesellschaft, in der Werbebranche tätig, erfolgreich, aber privat erschöpft, wechselt er von heute auf morgen Wiens Geschäftsleben mit Berlins Alternativszene, und er empfindet dort „in bis zu diesem Augenblick noch nie erlebter Nähe zu sich selbst sich plötzlich als ein ungeschütztes Wesen". Das alte Selbstverständnis zerfällt, soweit es sich Frauen gegenüber bestimmt, einem neuen legt sich die Vergangenheit quer, der Neubeginn ist keiner, und doch wird viel lamentiert: „Ohne eine Antwort auf die Frage zu finden, was die Liebe ihrem Wesen nach ausmache, schlief er endlich erschöpft ein".

Wilhelm Pevnys Erzählband „Der Mann, der nicht lieben konnte" hebt nicht den neuen Mann aus der Taufe, sondern einen Aussteiger auf Probe, der enttäuscht ist und angejahrt, der das „quälende Innere" entdeckt, ohne vom „mitleidigen Geheische" Abschied zu nehmen. Alles passiert, wie es jedermann denkt, aber das macht die Erzählung nicht aufregend, das Außergewöhnliche, das ab und zu das Normierte durchbricht, bleibt letztlich ohne Konsequenz.

Diese Folgenlosigkeit möchte man den Erzählungen Pevnys, die hier Einsichten oft weniger entwickeln und dem Leser zuspielen als beschwören, nicht gern abnehmen. An Emphase fehlt es auch den „Briefen eines Hörigen" nicht, der Klappentext bemüht Goethes „Werther", aber es entwickelt sich eine komische Kontrafaktur des bekannten Themas. Der historisierende Tonfall, die angestrengte Situation des fiktiven Briefeschreibers, die krassen Erlebnisse als gequältes männliches Objekt in Drogen- und Sexorgien auf einem einsamen Landhaus, das alles als überbrachte Dokumente aufbereitet ergibt ein eigenartig peinlich-groteskes Intimjournal vom Leidensweg eines Geprüften, den die Liebe in Abhängigkeit und später in die Psychiatrie brachte. In der dritten Erzählung wird der Ausbruchsversuch aus dem Alltag erleichternd offen karikiert, in einem Wochenendseminar, zwischen Guru und Bekehrungswilligen.

Die Texte gewinnen gewiß durch die Fertigkeit des Dramatikers Pevny, sie rücken an seine Theaterarbeiten aber nicht heran, auch wenn sie sich die Hektik und Verlorenheit, die Binsenweisheiten und Lebenslügen heutiger Erfolgsmenschen, das Unvermögen in der Liebe zum Gegenstand wählen. Übrig bleiben drei Männergeschichten, durch die der alte Adam ungerührt hindurchgeht.

Johannes Jetschgo

Wilhelm Pevny: „Der Mann, der nicht lieben konnte". Drei Erzählungen. Kart., 163 S., S 198,–. (Edition S im Verlag d. Österr. Staatsdruckerei, Wien 1986)

Südtiroler Debut

Anita Pichler: Die Zaunreiterin. Erzählung. Frankfurt/M., Suhrkamp 1986, 122 Seiten, öS 154,40

Anita Pichlers Beitrag hat beim Bachmann-Wettbewerb heftige Diskussionen ausgelöst. Reich-Ranicki und Muschg im Infight. Fortsetzung des Duells auf den Feuilleton-Seiten der Presse: Die Kritiker pendeln zwischen euphorischer Zustimmung und krasser Ablehnung. Aber ist der Text der Südtiroler Autorin wirklich so extrem, daß er im Urteil nur extreme Festlegungen zuläßt?

Anita Pichlers Debut ist schmal ausgefallen. Die Schreibweise verläuft in den Bahnen des Assoziativen, des verbalen Dahinschwebens, des hohen poetischen Tons. Die Materie verschwimmt, ist seltsam konturlos, nur langsam schälen sich Personen und Ambienté heraus. Es handelt sich um eine Ich-Erzählung, autobiographische Anklänge sind zu vermuten. Pichler ordnet sich damit ein in die vielen Versuche „weiblichen Schreibens".

Wobei dieses Vorwärtstasten im Ungewissen zumindest passagenweise kontraproduktiv ist. Zu vieles wirkt geziert, die Verweise auf die antike Mythologie und die Exegese deutscher Kirchenportale nehmen sich allzu gewollt aus. Gehört solches Verweisspiel nach „Kassandra" zur Pflichtübung weiblicher Literatur? Dann aber stößt man immer wieder auf lange Abschnitte von unverwechselbarem Charakter und hoher Suggestivität. Fast scheint es, als wäre hier vom Verlag ein Text leichtfertig vergeben worden.

Der Beginn hätte nicht „durchgehen" sollen. Das ist einfach plumpe, schlechte Symbolik. Nach Hause kommen, der Schlüssel paßt nicht für die Wohnungstür, man probiert und probiert, er dreht sich nicht. Ein Blick durchs Schlüsselloch: Die Vergangenheit liegt da. O je.

Eine Frau, Gelegenheitsarbeiterin mit studentischer Vergangenheit, lebt als Interviewerin, hat ein Notquartier in einem Kloster bezogen, wird wieder hinausgebeten. Bei ihrem täglichen Treppauf-Treppab trifft sie eine alte Bekannte; Uta sitzt im Rollstuhl. Ja das ist ihre Uta. Sie war Tänzerin, Artistin. Und schon treten die Paare von einst, die Freunde, das Milieu, die Geschichten aus dem Nebel der Vergangenheit. Situationen, Gerüche, einzelne Wortmeldungen: Die Rückbesinnung auf die eigene Vergangenheit erfolgt nicht systematisch, ordnend, eher gleichen die Erinnerungen Gespenstern, die vorbeihuschen, sie sind Teil jener Unbegreiflichkeiten, die auch die Gegenwart der Ich-Erzählerin bestimmen. Genauere Nachfragen gleiten am Text ab. Er offenbart und verdeckt zugleich. Johannes, ihr Freund, ist tot. Wie kam das? Wir hören viel von Eckehard, dem Bildhauer, der mit Verbissenheit seine Steine bearbeitet hat. Die Erinnerungen an Utas Absturz wird in Bildern wachgerufen.

Frust ist bei der „Zaunreiterin" notwendiger Teil der Leseerfahrung. Es ist, als würde dir jemand die Hand hinstrecken und sie immer wieder zurückziehen. Das macht aber zugleich den irritierenden Reiz dieser Erzählung aus.

Alfred Pfoser

Dem Leser wird die Gefolgschaft nicht leicht gemacht

Geliebte des Zufalls

Anita Pichlers „Zaunreiterin" / Von Barbara von Becker

Eine junge Frau ist unterwegs in die eigene Vergangenheit: „Die Zaunreiterin", in Anita Pichlers erstem Buch. Sie nennt sich „die Geliebte des Zufalls", und etwas zufällig erscheinen auch die sprunghaften Assoziationen der Ich-Erzählerin. Sie schlägt sich durch als Handlangerin der Demoskopie, klappert mit absurden Fragebögen Wohnungen ab, wo sie absurde Antworten festhält.

Dabei stößt sie auf eine Frau im Rollstuhl, die eine dunkle Brille trägt, und erst beim wiederholten Besuch beschleichen Ahnungen die Erzählerin, es könnte sich um ihre ehemalige Freundin Uta handeln. Das klingt nach einer gradlinigen Handlung, aber die als Lektorin an der Universität von Venedig arbeitende Autorin entführt ihre Erzählerin auf eine Gratwanderung zwischen Realität, Traumvorstellungs- und Erinnerungswelten, die dem Leser die Gefolgschaft nicht leicht macht. Er droht abzustürzen ins Gewirr packender bis prätentiöser Sprachbilder, eindrücklicher wie bedeutungsschwangerer Aphorismen.

Aus nicht ganz ersichtlichen Gründen will die Erzählerin auch die Nonnen einer Klosterschule mit ihrem Fragebogen traktieren. Eine „kleine Mönchin" streift sie dort mit ihren „Wachsfingern", eine, deren Blick „aus den Augen des Körpers" kam. Kein Wunder, daß die Klosterfrau über so seltene Fertigkeiten verfügt, denn spätexpressionistisch gestimmt heißt es weiter: „Dort woher sie kommt, ist die Gegend aus Menschenknochen entstanden, Jahrtausende, der Körper der Riesin. An ihren Brüsten ist sie großgeworden, auf einer endlos grünen Wiese, und ihre Tränen fließen unaufhörlich, weil sie einsam ist, und nur diese Tränen verbinden sie mit dem Fluß des Ganzen."

Die „Zaunreiterin" muß weiter in fremde Häuser gehen, denn der Schlüssel zu ihrer eigenen Wohnung, derselbe, den sie immer benutzt hatte, dreht sich plötzlich nicht mehr im Schloß. Unbehaust, ausgesperrt von Innenwelt, treibt es sie gerade da hinein zurück, veranlaßt von der Frau im Rollstuhl, die ihr ein Buch in die Hand drückt, das ihr früher viel bedeutet hatte: „Die Figuren am Dom zu Naumburg". Besonders um die Stifterfiguren Ekkehard und Uta kreisten seit jeher ihre Gedanken, und Eckehardt, Uta und Johannes heißen die Freunde der Vergangenheit, einer gemeinsamen Vergangenheit, die die Autorin zögernd, tastend dem Vergessen ihrer Protagonistin zu entreißen sucht.

Im konkreten Erzählen, im knappen Skizzieren der Personen, dem Andeuten von Situationen gelingen Anita Pichler suggestive Bilder, eigensinnige Passagen. Doch wenn sie zu Abstraktionen ansetzt, sich auf die Grenze zwischen Fiktion und übersinnlichem Blendwerk begibt, überfordert sie noch häufig ihre sprachlichen Mittel, gerät die erstrebte Begrifflichkeit ungenau, überladen. Ein Aufbrechen herkömmlicher Syntax und unorthodoxe semantische Verwendung der Wörter kann zu spannungsvollen Ergebnissen führen, aber ist „abgewelkt" wirklich so viel besser als verwelkt, und woran soll man sich halten bei einem Satz wie dem: „Eckehardt trank sehr viel zu dieser Zeit, oder auch nicht, ich weiß es nicht, er war abwesend."

Anita Pichler hat allerhand gewagt in diesem ersten Buch. Aber noch bleibt die „Zaunreiterin" ein merkwürdiger Schemen, hinterläßt sie dem Leser ein Rätsel, in dem neben dem zauberisch Geheimnisvollen auch ungelöste Fragen des Textes stecken.

■ **Anita Pichler:**
„Die Zaunreiterin"
Erzählung; Suhrkamp Verlag, Frankfurt 1986; 122 S., 19,80 DM

Warum die KPÖ protestiert hat
1956 als Einzelschicksal: „Filmprosa"

Thomas Pluch: **„Der Aufstand. Wien im Feuerschein der ungarischen Revolution."** 135 S, Ln., S 278 (Österreichischer Bundesverlag, Wien).

Thomas Pluch hat, wie in „Dorf an der Grenze", eine österreichbezogene und in Einzelschicksalen verarbeitete Annäherung an die Geschichte gefunden: Im Drehbuch zum Fernsehfilm, der morgen, Sonntag, ausgestrahlt wird, und in seinem Buch, das er Filmprosa nennt, schildert er die ungarische Revolution von 1956 mit Hilfe der Erlebnisse des – erfundenen – „Volksstimme"-Redakteurs Dr. Ernst Bach. Von einem angeblichen Exilungarn, der in Wirklichkeit ein KGB-Agent ist, und einem Apparatschik-Kollegen an der Nase herumgeführt, verschafft Bach dem KPÖ-Organ willkommene Publizität durch Sensationsmache: Wien habe als Zwischenstation für US-Waffenlieferungen an die Aufständischen in Ungarn gedient. Die Meldung wird von der Sowjetunion als Alibi für den Einmarsch verwendet und beschert der „Volksstimme" eine Anklage wegen Aufwiegelung und Landesverrats.

So weit, so wahrheitsgemäß. Pluch bekennt sich zur Vermischung von historischem Faktum – der „Enthüllung" – und literarischer Freiheit. Er erzählt die Geschichte eines Intellektuellen und dessen Frau, die als Folge der Erlebnisse mit dem Nationalsozialismus, vor allem aber aus Idealismus Kommunisten geworden sind, denen jede Ausrede recht ist, wenn diese nur der Partei dient. Er erzählt auch den Generationskonflikt mit einem pazifistischen Sohn und die Niederlage des Individuums gegenüber dem sowjetisch unterstützten KP-Apparat. Und er erzählt vom unversöhnlichen Haß jener Wiener, die gerade ein Jahr die Abwesenheit der Roten Armee genießen dürfen, gegenüber den „Kummerln".

Dies alles kommt aber nur in Andeutungen vor, sodaß es unwirklich wirkt: Historisch bedenklich und in der Zeichnung der Figuren ungenau, bleibt die Handlung in den Randbereichen der Geschichte hängen, ohne den Anlaß – den ungarischen Aufstand – dem Konsumenten näherzubringen. Auch die Gefahr, die damals für das neutrale Österreich existiert hat, wird nur bruchstückhaft spürbar.

Obwohl „Ernstl" Bach durchaus sympathisch gezeichnet ist, konnten es sich „Volksstimme" und KPÖ nicht verkneifen, schon in der allerersten Drehphase gegen das Projekt zu polemisieren. „ORF will Hetzfilm gegen die KPÖ drehen", schrieb das Blatt in einer Schlagzeile, und Parteichef Muhri protestierte formell bei Generalintendant Bacher. Dies wirft ein schärferes Licht auf die kommunistische Vergangenheitsbewältigung als der Scheinwerfer der Filmemacher. Denn die österreichischen Vasallen des Kreml hätten 1956 alles unternommen, um die Volkserhebung im Nachbarland zu diskreditieren. Und sie haben auch 30 Jahre später nichts dazugelernt. Wenigstens das wird in der „Filmprosa" deutlich.

*

Naturgemäß seriöser als Pluch beschäftigt sich der Historiker *Manfried Rauchensteiner* mit Österreichs Rolle während des Aufstandes. In *„Spätherbst 1956. Die Neutralität auf dem Prüfstand"* (Österreichischer Bundesverlag) listet er die Wechselwirkung zwischen Außenentwicklung und Wiener Entscheidungen auf. Das Buch, das vom Heeresgeschichtlichen Institut herausgegeben wird, basiert nach Angaben des Verlags auf einer Reihe bisher nicht ausgewerteter Dokumente.

Peter Martos

Hüter der Gerechtigkeit

Alfred Polgar: Kleine Schriften. 6 Bde. Hrsg. von Marcel Reich-Ranicki in Zusammenarbeit mit Ulrich Weinzierl. Reinbek bei Hamburg: Rowohlt 1982–1986. (Bd. 1: Musterung; Bd. 2: Kreislauf; Bd. 3: Irrlicht; Bd. 4: Literatur; Bd. 5 u. 6: Theater I u. II.) Bd. 1–5 je öS 374,40, Bd. 6 öS 462,40

Die in Umlauf befindlichen Literaturgeschichten scheinen ihn nicht zu kennen, und wenn sie Theaterkritiker als Zeitzeugen brauchen, dann zitieren sie ihre Iherings und Kerrs. Dadurch avancierte Polgar zum Geheimtip, und er ist es tatsächlich, das belegen nicht nur die beiden letzten Bände der Ausgabe, sondern alle sechs. Gewiß, die 3104 mit zarten Lettern bedruckten Dünndruckseiten sind teuer, doch wer von den Besitzenden sich darüber empört, der überschlage, was er für Ballkleid und Autozubehör ausgegeben hat, schweige und kaufe ohne Zögern. Warnung für Snobs: Polgar ist kein Steinbruch für Bonmots, die ohne zu denken übernommen werden können, und er setzt auch sonst einige Intelligenz beim Lesen voraus.

Die Herausgeber haben gute Arbeit geleistet und sich vornehm im Hintergrund gehalten. Kein belehrendes Nachwort (tatsächlich entbehrlich, da so gut wie alles für sich spricht), bloß eine von Band zu Band leicht variierte editorische Notiz, die anfänglich von vier, ab Band vier von sechs Bänden spricht (ein schönes Zeichen für den Erfolg des Unternehmens), eine Zeittafel, eine Bibliographie der Schriften Polgars und ein Namensregister beschließen jeden Band, was es denn auch ermöglicht, jeden für sich zur Kenntnis zu nehmen.

Beiden Herausgebern, Marcel Reich-Ranicki, dem es wohl auf die literarische Ahnenpflege ankommt (über Unterschiede möge die Kritik der Literaturkritik nachdenken), und Ulrich Weinzierl ist für Mühe und Sorgfalt zu danken. Und es war Ulrich Weinzierl, der mit seiner ursprünglich als Dissertation konzipierten Polgar-Biographie (in zweiter Auflage 1985 bei Löcker) am meisten für Polgar getan hat. Band 1 bis 4 enthalten „politische Glossen und Satiren, erzählende Schriften, autobiographische Texte, Aphorismen, Aufsätze zum literarischen Leben" und Studien zum Film, wobei Band 1 allen Gerichtsjuristen und Militaristen mit Hang zur Selbsterforschung dringend als Lektüre empfohlen sei. Das mir liebste Feuilleton steht in Band 4 und handelt von Druckfehlern – eine Erörterung, in der im Scherz der ganze Tiefsinn der Frage ausgelotet wird.

Die Aufmerksamkeit möge hier vor allem den beiden letzten Bänden gelten; sie handeln vom Theater, Polgars Metier. (Vom großen Epischen, im besondren von Romanen hielt er – wie Karl Kraus – nicht viel).

Wer sich über die Zeit zwischen den beiden Weltkriegen ein Urteil bilden will, der braucht diese handlichen und vernünftigen Kommentare, unersetzlich als Informationsquelle, und nicht nur dies, denn sie sind auch eine vergnügliche Lektüre, die Erkenntniswert hat. Selbst dort, ja vielleicht gerade dort, wo es um Mediokres geht, entfaltet Polgar seine größten Fähigkeiten.

Er kann einem Autor sagen, wie mittelmäßig sein Opus ist und bleibt doch freundlich. Franz Theodor Csokor erhält seinen Platz, und wenn Polgar dessen 'Dritten November 1918' gegen die frühere Produktion hält und mit guten und redlichen Gründen lobt, so wird klar, daß er etwas verwaltete und hütete, was im Bereich der Literaturkritik Fiktion zu sein schien: Gerechtigkeit. So wird er bedeutenden Autoren gerecht – und den schlechten wahrlich auch. In einer Zeit, da Pathos zum guten Ton gehörte und Pathos für Stil gehalten wurde, behielt er – und das muß nicht immer leicht gefallen sein – seinen klaren Kopf. Er warf den „Erbarmungs- und Erlösermist" der heilsuchenden Periode dorthin, wohin er gehörte, und ließ sich auch von einer Reinhardt-Inszenierung nicht blenden, sondern verteidigte standhaft die Qualitäten von 'Kabale und Liebe' gegen eine Inszenierung, bei der im „stillosen Zusammenwirken schauspielerischer Prominenzen" die Regieeinfälle „als Regieeinfälle deutlichst erkennbar" sind. Er gab den Schauspielern, was ihnen gebührte, und rettete den Zauber des Theaters durch den Gegenzauber der Kritik, rettete es vor der Verhexung durch das Programmatische der Erfolgsregie. Seine Urteile über zeitgenössische Werke sind treffsicher, so etwa zu Zuckmayers „Lust- und Leidspiel", „Der Hauptmann von Köpenick", dessen schwachen Punkt er genau trifft, wenn er meint, daß da die Satire „durch Humor gemildert, man könnte auch sagen: verdünnt" sei. Um zu so sicherem Urteil zu gelangen, brauchte die Literaturwissenschaft Jahre. Die Entschuldigungen, daß für eine solche Einsicht ein Umweg nötig wäre, gilt nach Polgars Einsichten nicht mehr.

Im Feuilleton, in der Glosse, in der Rezension – darin lag Polgars Stärke. Mit der vielgerühmten „Szene" mit dem Titel „Goethe" (gemeinsam mit Friedell verfaßt und im 6. Band abgedruckt) habe ich meine liebe Not: Diese Schnurre fällt mit ihrem – gewiß liebenswerten Ulk – so weit hinter das zurück, was Polgar in seinen Rezensionen vom Dramatiker immanent forderte, daß ich darin nicht mehr zu sehen vermag als eine Arabeske, einen Faltenwurf, einen bloßen Zierat – all das, was sonst im Feuilleton vermieden wurde. Wenn Polgar einem Wortspiel, einem launigen Einfall nachgab, so hatte dies seine kritische Spitze. Daß ein Feuilleton schreiben auf einer Glatze Locken drehen heiße, hatte Kraus behauptet, ein Wort, das in der Entsprechung von Toupet- und Feuilletonkultur seine grausame Bestätigung findet – gerade dieses Wort gilt von Polgar nicht. Der Sprachwitz ist nicht Blendwerk, sondern durch inhaltliche Substanz gedecktes Kapital. Selten läßt er sich in die Karten schauen; doch einmal, in einem Bericht aus Berlin, 1928, meint er, daß ihm just für Rezensionen, die er nicht schriebe, „unglaublich gute Sachen" einfielen. Wenn schon das Geschriebene so gut ist – wie gut mußte dann erst das Ungeschriebene sein, das er für sich behielt! Und ganz faßlich wird für uns das Prinzip seiner esoterischen Rezensions-Poetik: „Nie ist mein Senf besser, als wenn ich ihn nicht dazugebe." Das gilt nur für Polgar, und kein Theaterkritiker heute rede sich darauf hinaus.

Wendelin Schmidt-Dengler

Qualtinger-Buch: Herr Karl, Travnicek und viele neue, unbekannte Satiren

(u. st.) Helmut Qualtinger ist begraben. Wer glaubte, ihm etwas nachrufen zu müssen, tat es mit wortreichen Verrenkungen, hymnisch: Stein um Stein zu einem Denkmal, das längst errichtet ist. Nur Hamburgs große Wochenzeitung sprach in ihrem aus Wien herbeigeschafften Qualtinger-Nachruf von Überschätzung, ungeklärten Standpunkten und Selbststilisierung, bevor auch hier das Wörtchen „genial" fiel.

Sein Geniales hat uns Qualtinger hinterlassen: Die so unglaublich wandelbare und zwischengetönte Stimme, die das Labyrinth von Karl Kraus' „Die letzten Tage der Menschheit" für viele erstmals begreifbar, auslotbar machte, die Stimme, die die galligen, nur im Selbstmitleid fühlenden Kammern des opportunistischen Wiener Herzens verließ, um nach schrecklicher Entlarvung dorthin zurückzukehren, denn Qualtinger war an Wien erkrankt, zeitlebens.

Sein schriftlicher Nachlaß erreicht die interpretatorische Größe nicht ganz. Das nach Quasis Tod, aber noch 1986 erschienene „Qualtinger-Buch" des Langen-Müller-Verlages beweist es auf über 300 Seiten. Gewiß, da ist „Der Herr Karl" abgedruckt, jenes großartige, Qualtinger handmarkende Einmannstück, dessen Autorenschaften – man sollte das über des Schauspielers und Kabarettisten überwältigender Interpretation nicht vergessen – Qualtinger aber doch mit dem wesentlich beteiligten Carl Merz teilt. Da sind die Travnicek-Dialoge, die viele gern nachlesen werden, weil ja auch daraus unzählige Zitate als geflügelte Worte kursieren.

Den Hauptteil nehmen freilich weniger bekannte Texte ein, die zum Teil aus Qualtingers letzten Lebensjahren stammen: Monologe vielfach, sowie Sketches, unermüdlich in banale Geschwätzigkeit getaucht, böse, zynisch und erschreckt vom Abgrund kündend. Beim Lesen hört man Qualtingers Stimme und Tonfall, filtert „Typisches" heraus und muß doch konstatieren, daß weder Konzentration noch Dichte des „Herrn Karl" jemals mehr erreicht werden. Und doch hat man den Wortezauberer gern im Ohr auch mit diesen Texten, die oft zutiefst „Karl-Krausisch", immer zutiefst Wienerisch und darum unverwechselbar „Qualtingerisch" sind. „Wie heißen Sie?" „Znirsch." „Sie müssen doch einen Vornamen – " „Herr Znirsch." Solche Pointen fallen heute nur noch selten. Rund um den Hausmeister, die Wirtin, die Prostituierte, den freundlichen Herrn, den höheren Beamten oder das Paar im Hotel geht es böse zu, vergangenheitsbelastet, im Detail das Ganze zeigend.

Die Monologe und Dialoge, die immer wieder ins Kaffeehaus führen, sind in Kapitel eingeteilt, deren Einführung Brigitte Erbacher als Nachwortverfasserin und Redakteurin dieses Buches offensichtlich für notwendig erachtete, deren platte Titel jedoch dem Geist eines Qualtinger-Buches höhnen. Qualtingers verbalisierte Wut, Aufsässigkeit und Entlarvungskunst unter Readers-Digest-Stichwörtern („Zeitkritisches", „Familiäres", „Zwischenmenschliches", „Typen", „Allzumenschliches", „Theatralisches") und ergo so gründlich mißverstanden wie fehlgeleitet zu sehen, schmerzt nur in einer Situation nicht: wenn man in der Gemeindebauwohnung gerade den Qualtinger-Band aus Herrn Karls Bücherregal fischt.

„Das Qualtinger-Buch", Langen-Müller-Verlag, München/Wien, 1986, 335 Seiten.

Unermüdlich kreisen die Quartale

„Eine Farce“ von Gregor von Rezzori

Zu Zeiten des alten Orientexpreß war alles anders; da sah ein Millionär noch nicht wie ein Brotfabrikant aus, und die zweifelhafteste Dame betrug sich wie eine Fürstin, nicht umgekehrt. Aber heutzutage, bei der „gegenwärtigen Verpöbelung der Welt“, drückt sich der „mediengefütterte Mob“ dreist in die Polster und will im nachgebauten Salonwagen jene prickelnde Atmosphäre der Klassenunterschiede früherer Tage erleben. Aber selbst in jenen Zeiten hätte wohl kaum ein seriöser Autor die Metropolen „in himmelhohe Zementstalaktiten auswuchernde Menschenmüllhaufen“ genannt.

Angesichts solchen wenig diskreten Ekels ahnt der Leser gewiß, welch peinvolle Entscheidung sich der Held dieses Buches abringt, als er eine Fahrt im restaurierten Luxuszug buchen läßt, obwohl er heftig an „Empfindsamkeit auf kulturhistorischer Ebene“ leidet. Welch eine Chance der Befreiung mit dieser Buchung leichtsinnig vertan wurde, kann man nur daran ermessen, daß die Hauptfigur im ersten Teil des Buches menschenmüde aufs üppige Bett eines venezianischen Luxushotels sinkt und sich langwierig überlegt, ob er seinem sinnlos erfolgreichen Leben nicht sofort ein medikamentöses Ende setzen soll.

Da wären seine und der Leser Leiden auf Seite 56 beendet gewesen, und für beide hätte es eine große Erleichterung bedeutet. Denn schon auf diesen Seiten erfahren wir durchaus genügend vom „Unbehagen des gesteigerten Bewußtseins der Existenzmisere“, die sich nicht nur im waidwunden Stil des Autors, sondern vor allem im Ehebett seines Helden bemerkbar macht. Wohl liebt er seine Linda trotz all ihrer Aktivitäten zur Rettung der Welt vor der atomaren Katastrophe, aber er fühlt sich bei ihr nicht mehr auf der Höhe, was Rezzori mit der Wendung von „seiner ins Herbstlichte spielenden Potenz“ so nachtfröstelnd zu umschreiben weiß, daß man fast Mitleid bekommt. Während Linda immer öfter die Wohnungs- und Wohlfahrtseinrichtungen wechselt, vertraut sich ihr Mann regelmäßig den zärtlichen Händen einer strohdummen Denise an, die sich schon über Kleinigkeiten freuen kann und dafür reichlich entlohnt wird.

Intime Niederlagen verleiten zu sentimentalen Erinnerungen. Daher versucht der Mann von Welt das Abenteuer seiner Jugend, eine Reise im Orientexpreß (Verführung inklusive), zu wiederholen. Aber er besteigt nicht einfach den Zug, sondern er erklärt uns vorher ausführlich, daß für ihn die Sinnlosigkeit seines Managerlebens schon lange „mit den Nüstern zu riechen“ war und daß Manager im übrigen nichts anderes seien als „Troglodyten in anthrazitgrauen Doppelreihern, an deren Futter Menschenfresserherzen pochten“.

Nach dieser kannibalischen Selbstbezichtigung berichtet er, sozusagen mit einem Fuß schon im Salonwagen, mit dem anderen noch auf dem Bahnsteig und dadurch die Abfahrt erheblich verzögernd, dem matt abwinkenden Publikum vom traurigen Zustand des alten Europa: „diese kulturgeschädigte, kulturmüde amerikanische Provinz aus zweiter Hand..., lächerlich in der Tüchtigkeit des Imitierens, tragisch im Mißverständnis des Imitierten“. Erst dann begibt er sich, ganz das literarische Objekt seiner Beschreibung, in die Bar.

Wir wollen ihm dorthin nicht folgen, sondern zur Warnung des Lesers nur anmerken, daß er, dem auf dieser Erinnerungsreise alle Passagiere fremd sind, sich nach langem Bemühen von der einzigen Person verführen läßt, die er kennt. Auch dies wäre nicht weiter erwähnenswert, wenn die handgreifliche Ausschweifung des Helden nicht ihre von alters her befürchteten Folgen im Stil des Autors hinterlassen hätte: von bleicher Auszehrung sind alle Gedanken befallen, und die Sprache leidet unter Rückgratschwäche. Wer von einer Uhr sagen kann, daß „die schlanken Zeiger im unermüdlichen Kreisen der Quartale des zwölfstündigen Tageslaufs dessen ewige Wiederholung anschaulich vor Augen“ führen, zeigt höchst bedenkliche Symptome – denn kreisende Quartale geben, auch literarisch, Anlaß zu berechtigter Sorge. Aber da Gregor von Rezzori ein Autor kultiviertester Niederungen ist, nennt er sein Buch im Untertitel „Eine Farce“. Wer wollte ihm widersprechen. WERNER FULD

Gregor von Rezzori: „Kurze Reise übern langen Weg“. Eine Farce. C. Bertelsmann Verlag, München 1986. 224 S., geb., 29,80 DM.

Chronik einer Verweigerung

Franz Riegers Roman «Internat in L.»

E. H. «Darstellung eines empfindsamen Charakters» – es handelt sich nicht um den Untertitel eines Werkes der Romantik, sondern um jenen des neuen Romans des österreichischen Schriftstellers Franz Rieger. Der «empfindsame Charakter» ist ein liebenswerter Dreizehnjähriger, der etwas zarter besaitet ist als die grosse Mehrheit seiner Altersgenossen. Auf Wunsch seiner Eltern, die ihn gerne im Priesteramt sähen, tritt Albert in das katholische Seminar einer nur mit «L.» bezeichneten Stadt ein. Die Familienentscheidung, gegen die es ihm nicht einfällt sich aufzulehnen, trifft ihn hart: «Es war ihm alles fremd. Und dieser Zustand sollte sich nicht ändern, nur etwas abschwächen in den eineinhalb Jahren, die er, bis zur Auflösung des Internats, dort bleiben musste.» In diesem Romananfang ist der ganze Inhalt vorweggenommen; nichts Besonderes geschieht mit dem Zögling. Es wird von keinen ausserordentlichen Ereignissen, keinen Schülerstreichen, keinen Schicksalsschlägen berichtet, nur vom grauen Alltag des Internats, dessen strengen Regeln Albert sich klaglos unterwirft, der das Leiden unter den sinnlos erscheinenden Zwängen, das unpersönliche Verhalten der Lehrer als etwas Gegebenes und Unabänderliches hinnimmt.

Allein bleibt er auch unter den Mitschülern, die sich meist ohne seelischen Zwiespalt den Regeln unterwerfen oder sie insgeheim brechen. Eine aussergewöhnlich schöne Stimme sichert Albert eine gewisse Stellung und wird, bis zu einem gewissen Grad, auch zu einem Mittel der Selbstbestätigung. Vor den anzüglichen Anspielungen, die ihm diese Sopranstimme einbringt, rettet er sich zu sich selbst und in seine Einkapselung. Zum Überleben in einer Umgebung, von der er spürt, «dass man so nicht leben dürfe», zieht er sich in ein «zweites, eigenes Leben» zurück. Sein Tagebuch, dessen Entdecktwerden er täglich in Kauf nehmen muss, wird ihm zum lebensnotwendigen Refugium.

Mit sparsamen, oft kargen Mitteln zeigt der Erzähler, wie Albert – in dessen Charakterbild wohl manch Selbsterlebtes des 1923 in Oberösterreich geborenen Verfassers eingeflossen ist – die ihn umklammernde Wirklichkeit innerlich immer wieder aufzubrechen vermag, wie er sich durch unauffälliges und vorschriftsmässiges Benehmen «tarnt» und ihn die strengen und streng befolgten Regeln letzten Endes weniger beengen als ihn schützen. Schutz bietet auch die Flucht in die Krankheit, zur Flucht kann auch ein Spaziergang werden, in dessen Verlauf er eine Welt wiedersieht, die er gekannt und fast schon vergessen hat, in die er sich mit einbezogen fühlt. Religiös erzogen, glaubt er an die Beichte – doch wenn er an etwas Schönes denkt, das im Internat zu denken verboten ist, empfindet er es nicht als Sünde, es bei der Beichte nicht zu sagen; knapp und verhalten, ohne ein überflüssiges Wort wird die Differenzierung zwischen gesundem Empfinden und auferlegtem Zwang sichtbar gemacht.

Es gelingt Rieger, allein aus der Sicht des Heranwachsenden heraus genau und schmucklos das Bild der dreissiger Jahre wiedererstehen zu lassen, einer Welt, in der die Jugend nicht in die Lage versetzt wurde, sich mit dem Vorgegebenen innerlich und äusserlich kritisch auseinanderzusetzen. Die Distanz zu dieser Welt schrumpft aber im Augenblick der Bedrohung, da ein grösserers Unglück die innere Unangepasstheit aufhebt – beim Einmarsch Hitlers spürt der Junge plötzlich Solidarität mit jenen, deren Welt nicht zu der seinen werden konnte. Ein stilles Buch, dessen Stille aber hörbar ist.

Franz Rieger: Internat in L. Verlag Styria, Graz 1986.

Heimliche Sünden

Der Roman „Internat in L." des Österreichers Franz Rieger

Welch ein unvergleichliches Werk uns Robert Musil doch mit seinen „Verwirrungen des Zöglings Törleß" hinterlassen hat! Der 1906 erschienene Roman ist in seiner Verwendung psychologischer Erkenntnisse höchst modern, er schwebt auf den Gipfeln des Intellekts und der rationalen Ausdrucksfähigkeit, ohne dabei seinen poetischen, geheimnisvollen Kern zu verlieren, und ist zudem noch außerordentlich spannend zu lesen. Wenn man sich bei der Lektüre von Franz Rieger „Internat in L." an all das erinnert fühlt, so nicht etwa, weil man diese Tugenden bei dem 1923 in Oberösterreich geborenen Autor wiederfindet, sondern weil man sie samt und sonders vermissen muß.

Achtzig Jahre nach Musil geschrieben, hinterläßt der Roman eher den Eindruck, als sei er weit vor der Entstehungszeit dieses modernen Klassikers verfaßt. Schon der Untertitel „Darstellung eines empfindsamen Charakters" klingt altbacken und irreführend zudem, wenn man, der sich unvermeidlich aufdrängenden Assoziation folgend, den Inhalt des Buches der literarischen Strömung „Empfindsamkeit" zurechnet. Nein, mit dem Gefühlsrausch eines Werther, dem bekanntesten Zeugnis der Empfindsamkeit, hat der Protagonist in Franz Riegers Roman nichts gemeinsam. Hier ist doch wohl unter dem „empfindsamen Charakter" eine zarte, verletzliche Seele gemeint, die alles in sich hineinfrißt und entsprechend wenig aus sich herausläßt.

Der dreizehnjährige Albert, zu dem der Autor kaum Distanz spüren läßt, verkörpert das, was man gemeinhin herzlos ein Muttersöhnchen nennt. Nach dem Eintritt in das von Priestern geleitete Internat lebt er in einer ihm fremd bleibenden Welt; zu seinen rohen und angepaßten Mitschülern, die den psychischen Druck an die schwächeren Zöglinge weitergeben, gewinnt er ebensowenig Vertrauen wie zu seinen Lehrern. Nur der Musiklehrer, der Albert wegen dessen hoher Sopranstimme schätzt, und ein renitenter Mitschüler, der später des Internats verwiesen wird, bilden eine Ausnahme. Albert entwickelt sich zu einem einzelgängerischen Außenseiter, dem die tagebuchartigen Eintragungen in das verbotenerweise geführte Quartheft zur letzten Zuflucht vor dem verhaßten Internatsalltag werden.

Daß Franz Rieger mit seinem sechsten Roman sich nicht irgendeinen Stoff gewählt hat, sondern tief in die eigene, offenbar stark verinnerlichte Biographie lotet, merkt man dem Buch nur allzu deutlich an. Sichtlich bemüht darum, seine Erinnerung um ja kein Detail zu betrügen, hat er diesen frühen Lebensabschnitt mit penibelster Genauigkeit rekonstruiert. Fromm und ergeben – wie man weiland sich in Internaten solcher Art verhielt – hat der Autor sein Thema abgehandelt und dabei das Kunststück fertiggebracht, ganz ungewollt den dort herrschenden verdrucksten, prüden und scheinheiligen Tonfall anzunehmen, etwa wenn er dem Leser verrät: „In aller Heimlichkeit setzte sich Albert der Sünde aus, wenn ihn der Gedanke an weibliche Wesen erfaßte, die Erregung war wohltuend und schön."

So nichtssagend und zimperlich, so fade und unsinnlich, wie uns Rieger hier über die erotischen Phantasien seines pubertierenden Knaben unterrichtet, ist Prosa aus Österreich lange nicht mehr zu uns gedrungen. Wobei ihr die altmodisch und verschroben anmutenden Stoffe noch nie geschadet haben, wenn sie in die schillernde Form einer stupenden Sprachlust gegossen wurden. Doch daran fehlt es dem Bibliothekar aus Linz am meisten. „Nichtsdestoweniger" – um eines seiner Lieblingswörter zu gebrauchen – schreibt Rieger in seiner Freizeit emsig Bücher, die zwar gute Absichten erkennen lassen, zugleich aber die Weisheit bestätigen, daß diese allein noch keine gute Literatur hervorbringen.

HANS CHRISTIAN KOSLER

Franz Rieger: „Internat in L.". Darstellung eines empfindsamen Charakters. Roman. Styria Verlag, Graz/Wien/Köln 1986. 176 S., geb., 29,80 DM.

Literatur

Der Dichter und sein Gönner

Rilkes Briefe an Karl und Elisabeth von der Heydt

Dieser Band wurde von den Herausgeberinnen, die zu den besten Kennern von Leben und Werk Rilkes zu rechnen sind, beinahe überreich dokumentiert und kommentiert. Von mehr als 500 Seiten enthalten 211 (neben einigen wenigen an Frau Elisabeth von der Heydt) die Briefe Rilkes an Karl von der Heydt, der auch Rilkes Mäzen war, ihn vier wichtige Jahre hindurch in Paris unterstützt und ihm und seiner Tochter auch später noch finanziell geholfen hat. Der Rest sind Einführung und Nachwort, Bildteil, sehr ins einzelne gehende Erläuterungen zu den Briefen, ein Register der Namen und eines der in den Texten erwähnten Werke Rilkes.

Ein vierteiliger Anhang enthält zwei Briefe an andere Personen, Karl von der Heydts Korrespondenz mit Auguste Rodin, zwei Schriften Karl von der Heydts über Rilke und schließlich Verschiedenes aus dem Umkreis der Vorträge, die Rilke in mehreren europäischen Städten über das Werk Rodins hielt. Das Buch ist also eine Fundgrube biographischer und zeitgeschichtlicher Informationen, die auch Rilke-Kennern Neues bietet.

Was aber läßt sich über die Hauptsache, die von 1905 bis 1921 (dem Todesjahr von der Heydts) reichenden Briefe, sagen? Rhetorisch sind sie, wenigstens in den ersten Zeiten der noch tastenden Bekanntschaft, von einer exquisiten Höflichkeit, ja von einer eleganten Überschwenglichkeit und manierierten Weitschweifigkeit, die den heutigen Leser wie eine fremde Sprache anmuten, aber charakteristisch für den Ton sind, den der Dichter damals gegenüber einem hochgestellten Gönner nicht selten anschlug. Das bedeutet aber nun nicht, daß er sich auch inhaltlich immer an diesen anpaßte. Im Gegenteil, es kommt sogar zu Meinungsverschiedenheiten, die den Ersten Weltkrieg und vor allem die Nachkriegsereignisse betreffen.

Das kann man genau verfolgen, weil in den Anmerkungen die entsprechenden Stellen aus Karl von der Heydts Briefen abgedruckt sind. Rilke, der einigen der ermordeten Persönlichkeiten der Münchner Räterepublik nahegestanden hatte, äußerte Bedenken gegen den blutigen Terror, der zu deren Unterdrückung entfesselt worden war. Die kommunistische Regierung bezeichnet er zwar als „Gift‘, als „einen Gegenstand unabsehbaren Mißbrauchs", aber der „Jubel über das ‚Gegengift‘, wie ihn der Bürger aufbringt, ist für mich doch erst das eigentlich Unmenschliche und Heillose".

Mit dieser Auffassung stimmte Karl von der Heydt nicht überein. Er stößt sich an dem Wort „Bürger". „Sind nur die Proletarier, die z. Z. Gehälter viel höher als der Mittelstand beziehen, Menschen?" Aber auch über die Ermordung der Führer des Aufstands war er anderer Ansicht. „Die Erschießung solcher elenden Memmen wie Leviné ist nur ein Auftakt." Mit dieser Drohung sollte er recht behalten. Für Rilke hingegen waren, mit Ausnahme einer vorübergehenden Begeisterung bei seinem Ausbruch, die Zeit des Ersten Weltkriegs und die der politischen Wirren die liberalste Epoche in seinem gesellschaftlichen Denken.

Aber es gab zwischen den Korrespondenten auch Spannungen, die aus Rilkes privatem Verhalten resultierten. Auf Rilkes Bitte um eine Geldunterstützung, und zwar gleich, wie er sich ausdrückte, eine „größere Hilfe", antwortete der Briefpartner mit scharfem Tadel. Er rügte Rilkes „wochenlanges Wohnen in einem der theuersten Berliner Gasthöfe", milderte aber die Zurückweisung mit dem Versprechen eines Zuschusses von tausend Mark. Sein abschließender Rat lautet: „Schreiben Sie." Kein Wunder also, daß Rilke, bei dem „das Schreiben" nicht so einfach ging, „über meine jetzige Lage außerordentlich verschiedener Meinung" ist und sogar einer Begegnung mit dem Wohltäter ausweicht. Es folgen dann briefliche Versöhnungen und Beteuerungen der gegenseitigen Verbundenheit.

In Vorkriegszeiten ist freilich von ganz anderen Dingen die Rede, zum Beispiel von der Plastik *Frère et sœur*, die Karl von der Heydt durch Rilkes Vermittlung von Rodin erworben, und von „Jehanne", einem Jeanne-d'Arc-Stück, das Karl von der Heydt geschrieben hat, von Familiärem, von Krankheiten und Kuren. Ein wichtiges Thema bildet die Kunst: die Malerei der Paula Modersohn-Becker, die Bildhauerei Rodins und Claras, Rilkes Frau, Kunstreisen sowie Tanz- und Theateraufführungen. Zahlreiche Namen von Künstlern, Schriftstellern und anderen Berühmtheiten tauchen auf, beide Partner erweisen sich als gebildete, über das Neue gut informierte Zeitgenossen. Es entsteht in Rilkes farbigen Schilderungen und mehr noch durch Ton und Anspielung die ganze kulturbeflissene, Landesgrenzen überschreitende Lebensatmosphäre der Vorkriegseliten.

Dazwischen findet man aber auch immer wieder Reflexionen über Eigenstes und Persönlichstes, wie etwa die *lettres fleuves* (neun Druckseiten) vom 28. April und vom 10. Juli 1906 (fünf Druckseiten) mit Rilkes Bekenntnissen über seine Arbeitsweise und sein Verhältnis zum Alltag. Es sind auch Briefe darunter, denen bei aller gewahrten Würde und diplomatischen Geschicklichkeit die Bezeichnung Bettelbriefe kein Unrecht zufügen würde, dafür aber auch andere, welche die Selbständigkeit bekunden, mit der Rilke auf diskreteste Weise ihm ungemäße Hilfsangebote zurückzuweisen wußte.

Ein bedürftiger, entfremdeter Dichter ohne Anhang und festen Wohnsitz schreibt Briefe voll Rücksichten, Dankbarkeiten und, trotz aller gegenseitigen Freundschaft, gelegentlichen Hemmungen an einen großen Herrn, einen reichen und mächtigen Bankier, der tief verwurzelt ist in Beruf und Familie, Gesellschaft und Nation und außerdem noch in Kunstsachen dilettiert. Aber über dem Abgrund der Jahre verschiebt sich die Perspektive, verkehren sich die Verhältnisse. Aus der Tiefe dieser Briefwelt leuchtet dem heutigen Leser die geistige, künstlerische und menschliche Überlegenheit des armen Poeten entgegen.

EGON SCHWARZ

Rainer Maria Rilke: „Die Briefe an Karl und Elisabeth von der Heydt 1905–1922". Hrsg. v. Ingeborg Schnack & Renate Scharffenberg. Insel Verlag, Frankfurt am Main 1986. 460 S., geb., 78,– DM.

Lautlose Katastrophen

Zu Peter Roseis Roman „Die Wolken"

PETER ROSEI: *Die Wolken. Residenz Verlag, Salzburg und Wien 1986. 154 Seiten, 24 Mark.*

Ging es in Peter Roseis vor einem Jahr erschienenen Roman „15 000 Seelen" so explosiv und lärmend zu, wie es zum Titel paßte, in dem Zahl und Seele hart aufeinanderstoßen, kehrt mit den „Wolken" die eigentümliche Stille zurück, die den ersten beiden Büchern eines insgesamt auf sechs Romane angelegten epischen Flügelaltars ihre atmosphärische Spannung gab. In den Wolken, die sich über eine kleinräumige, von Touristen gemiedene Gebirgsgegend senken, wie sie Österreich noch immer für seine Dichter in Reserve hält, verdichtet sich diese Stille zu einem Höchstgrad an beklemmender Bedrohlichkeit.

Wir stehen vor der vierten „Tafel" von Roseis multiperspektivischer Unheilsgeschichte. Noch erheben sich in der gottverlassenen Landschaft die Kirchen mit ihren mittelalterlichen, die christliche Heilswahrheit verkündenden Triptychon-Altären. Die Glocken läuten, die Dorfbewohner versammeln sich nahezu vollzählig zum heiligen Opfer. Das Opfer ist der andere, Draußenbleibende, Vorübergehende.

Eine gläserne Schicht liegt um die Dinge und auch die drei Hauptpersonen der Erzählung: Reinhard hat sich mit seiner Frau Eva und zwei Kindern an den entlegenen Ort zurückgezogen, um seinen Beruf als Richter in möglichst großer Behaglichkeit ausüben zu können; Herbert, der Jugendfreund, Gobbo genannt, als sei er von Bekkett erfunden, kommt eines Tages zu Besuch. Ihre Freundschaft, heißt es, sei immer schon leicht und wenig beschwerlich gewesen, und die Zeit habe sie nicht schwerer gemacht – der Autor läßt keine Gelegenheit aus, den dadurch erst recht alarmierten Leser in Sicherheit zu wiegen.

Die erprobte Kunst des Erzählers besteht darin, winzige, vordergründige Details so zusammenzufügen, daß sich das Bild eines mühsam beherrschten, dem Sturz in eine bodenlose Tiefe preisgegebenen seelischen Gleichgewichts ergibt. „Über jedem von uns", sagt Reinhard unvermittelt, „hängt ein brennender Tropfen, der, fällt er, alles in Flammen steckt."

Er fällt. Gobbo, Besitzer einer Boutiquenkette, die vor der Pleite steht, eine verkorkste, auch physisch abgewirtschaftete Existenz, spannt, wie vorauszusehen war, dem Freund die Frau, den beiden Bilderbuchbuben die Mutter aus. Der krampfhafte Versuch, dem stagnierenden Lebenslauf eine leidenschaftliche Wendung zu geben, den Bann der Unentschiedenheit zu brechen, ist von Anfang an zum Scheitern verurteilt. Die Wolken, diesmal die des Deckengemäldes einer prachtvollen barocken Basilika, werden zum unaufdringlichen Sinnbild der verwehrten Erlösung aus der Mediokrität der harmlos-schäbigen Mittelstandswelt der achtziger Jahre. „Wer da nicht steigen kann, muß stürzen." Eva verschwindet unauffällig aus Gobbos Leben, das damit endgültig ruiniert ist; kehrt, als wäre nichts geschehen, zu Mann und Kindern zurück: „Still und gefaßt schaute sie ohne Sehnsucht, ohne Wunsch in den Abend."

Das Erzählgewebe gleicht einem hellen Teppich, die erstickten Wünsche, die schwelende Brutalität flackern am Rand auf oder drücken sich als vereinzelte schwarze Flecken ins Muster ein. Fortwährend ziehen fahnenschwingende Prozessionen durchs Bild, verbrüdern sich alte Kameraden, knallen die Peitschen der Gamsbartträger, werden Festdekorationen auf- und abgebaut. In den Zwängen der Tracht und des Brauchtums, im unentrinnbaren Zyklus der kirchlichen Feste bringt unterdrückte, nur unzulänglich ritualisierte Gewalt sich zur Geltung. Roseis Fähigkeit, eine friedliche Alltagswelt zu zeichnen, in der unter sorgfältig geglätteter Oberfläche die Zerstörungswut lauert und die lautlosen Katastrophen sich abspielen, erreicht in diesem Buch die Meisterschaft der äußersten Reduktion. ALBERT VON SCHIRNDING

Einfalt, glanzpoliert

Peter Roseis Roman „Die Wolken“

Der österreichische Schriftsteller Peter Rosei, obgleich noch jung an Jahren, hat mittlerweile mehr als zehn Bücher geschrieben und veröffentlicht. Es ist dies allerdings weniger ein Zeichen bemerkenswerter literarischer Produktivität, sondern eher der Beweis für die Wirksamkeit einer zum unerbittlichen Kunstprinzip erhobenen erzählerischen Faulheit, der Roseis Verlag — durch hausgemachte Ausstattung und sorgsam gestreute Informationen — leider noch zusätzliche schlaffördernde Dynamik verleiht.

Rosei hat, von Buch zu Buch mehr, eine Technik bedeutungsüberschweren Beschreibens entwickelt, das — Prinzip der Faulheit dieses Autors — auf den Widerhall einfacher Wörter, das Gewicht alltäglicher Begriffe und die Ansehnlichkeit schmuckloser Sätze vertraut, die den Leser mit müdester Wucht anspringen, so als seien sie zum Schutz aufs Papier gebracht, zum Schutz vor Brüchen der Sprache; ein balkendickes Bollwerk zur Verteidigung einer nicht nachgebenden Schlichtheit des Erzählens, die der Autor unerschütterlich-virtuos zu handhaben weiß.

Der Verlag steht ihm dabei zur Seite: Er stattet Roseis Bücher nicht nur mit einem wahrhaft augenfreundlichen Satzspiegel aus, sondern schlägt seinen Sätzen auch rücksichtslos die Zeilen frei. Das sieht dann z. B. so aus: „Den Mantel nehmen wir mit, sagte Eva./Es war grade so hell im Zimmer, daß Körper und Umriß der Gegenstände strahlten./Der Himmel war grau, festgepacktes Gewölk, wie tätowiert von kleinen Schnitten./Im Rinnstein lag ein Hochzeitsreis, Farn und Jasmin.“

Roseis neuer Roman *Die Wolken* erzählt die mit unendlich vielen Aussparungen durchsetzte Geschichte einer vorübergehenden Liebe, eine Geschichte, wie sie oft genug und immer wieder vorkommen kann. Eva, eine junge Frau, verheiratet und Mutter zweier Söhne, verliebt sich in Gobbo, Studienfreund ihres Mannes Reinhard, der als Richter in einer kleinen Landgemeinde ein eher geruhsames Dasein fristet. Gobbo besucht seinen alten Kumpel Reinhard, und er nutzt die Gelegenheit, der Dame des Hauses entschieden näherzutreten.

Warum sich Eva allerdings in diesen Gobbo verliebt und warum sie dann gegen Ende des Buches, das der Leser inbrünstig herbeisehnen muß, die Beziehung wieder löst und in den Schoß der Familie zurückkehrt, bleibt ganz und gar unerfindlich. Gobbo nämlich hat nichts Besonderes an sich; er redet, wenn er nicht schweigt, so wie sie alle reden in diesem Buch: in kargen, von erdschwerer Bedeutung heruntergezogenen Sätzen, die dem Unsagbaren nachlauschen, aus dem das raunende Klangfundament des sanft Sagbaren erwächst. „Sie horchten./Schau — dort, sagte Gobbo und deutete auf den Eingang einer Wirtschaft. Die Tür war schwarz, unten abgeschlagen; sie stand ein wenig offen./Horch, sagte Gobbo./Ein *Evergreen* ...“

Eva besucht Gobbo, der irgend etwas mit bodenständiger Mode und Textildesign zu tun hat, einige Male in der Stadt. Sie schlafen miteinander, machen Spaziergänge, essen und trinken; ab und zu überkommt sie der bärenstarke Mut, und sie setzen zum großen Gespräch an. Das verläuft dann in etwa so: „Ich habe etwas zu essen vorbereitet, sagte Gobbo./Du bist so lieb, sagte Eva .../Gobbo tippte mit der Hand an den schmalen Zentralheizungskörper:/Es wird schon geheizt, sagte er./Aus dem Kühlschrank holte er eine große Platte, auf der ein Imbiß angerichtet war./Eva machte die Weinflasche auf, die er ihr hingehalten hatte./Jetzt noch das Brot!/Die Platte ist aber schön, sagte Eva. Es war eine ovale Silberplatte mit Handgriffen ...“

Am besten scheinen sich die beiden noch im Bett zu verstehen, denn da, „als wäre eine Posaune erschollen“, werfen „sie sich einander lachend in die Arme“, bis „ein Jauchzen ... aus ihren Leibern“ dringt, „ohne daß sie sich dessen gewahr geworden wären“.

Man muß solche Sätze auf der Zunge zergehen lassen, ganz ohne Zweifel. Hier wird das Alltägliche, wenn es die Faulheit des Autors gestattet, unermüdlich mit der Glanzpolitur schlechter Unendlichkeit gewienert; heraus kommt dabei eine auf feinste Bonsaigröße zurückgestutzte Menschen- und Gegenstandswelt, in der alles an seinem Platz ist, das irdische Verfügungsinventar ebenso wie die ewig ziehenden *Wolken* am Himmel. Nicht nur ein Lied schläft also in allen Dingen, sondern auch ein von vornherein klein beigebendes Maß, dem die Maßstäbe allmählich abhanden gekommen sind.

Peter Rosei hat mit seinem Konzept eines vorbehaltlosen Erzählreduktionismus inzwischen einen Punkt erreicht, der eine längere Besinnungspause nötig erscheinen läßt. Da der Autor aber, wie bekanntgegeben wurde, in gewohnter Weise weiterzuschreiben gedenkt, bleibt mir nur noch, auf eines hinzuweisen: Der Residenz Verlag versieht Roseis Bücher, so auch „Die Wolken“ mit einem Beiblatt, auf dem (u.a.) folgendes zu lesen ist: *Die Wolken* ist das vierte von sechs zusammengehörenden Büchern. Sie sollen nach Art eines Flügelaltars zusammenstehen: zwei Bücher rechts, eines in der Mitte, zwei links und das letzte vorn, wenn die Flügel zugeklappt sind ...“ Dieses ist wohl, da es sich vermutlich weder um einen Scherz noch um Satire oder gar Ironie handeln wird, nur als Zumutung zu begreifen, — als höhere Zumutung mit möglicherweise (noch) tieferer Bedeutung.

OTTO A. BÖHMER

Ausstieg als Rettung vor dem Abgrund?

Zu Gerhard Roths neuem Buch «Am Abgrund»

Das vor zwei Jahren erschienene *opus magnum* «Landläufiger Tod» ist nach mehreren andern Romanen das beste Werk des Grazers Gerhard Roth. Hier scheint dieser Autor sein Thema gefunden zu haben. Der landläufige Tod, das ist die Opferung der ganzen, im Grunde chaotischen Wirklichkeit zugunsten dessen, was als tatsächlich gilt, kurz gesagt: das Ersticken an der Normalität, dieser «süssen Frucht des Alltags», wie es einmal heisst.

Mit der gleichen Eindrücklichkeit wie in seinem grossen Werk bohrt er im neuen Buch mit dem unverhohlen sprechenden Titel «Am Abgrund» diesem Thema nach. Auch einige Figuren hat er aus jenem Roman übernommen: Der stumme Franz Lindner, Erzähler im «Landläufigen Tod», und sein damaliger Freund, der Jusstudent Alois Jenner, sind hier die Hauptfiguren. Erzählt wird das Buch in verschiedenen Abschnitten, in die sich als gleichberechtigte Verfasser ein auktorialer Erzähler und die beiden Hauptfiguren teilen. Die Texte Jenners sind meist analytische Überlegungen über sich selber oder seinen Freund. Lindners Stücke sind phantastische Schilderungen von Erlebtem in der Art des Surrealismus.

Eine Handlung ist auszumachen: Jenner holt Lindner zu Beginn in Graz in der Irrenanstalt ab (am Ende des «Landläufigen Tods» war dieser vorübergehend aus einer Anstalt entflohen), um ihn mitzunehmen zu sich nach Wien, wo er sein Studium weiterführen will. In der Hauptstadt verlässt Lindner apathisch kaum die Wohnung und entflieht schliesslich als Unbekannter wieder in eine Anstalt. Jenner, sonst ein respektabler Student mit wechselnden Freundinnen, begeht in kurzer Zeit völlig motivlos, es sei denn aus purer Tötungslust, drei Morde, ohne sich im geringsten verdächtig zu machen. In einer Gerichtsverhandlung, der Jenner als Zuschauer beiwohnt, wird für einen der Morde ein anderer Verdächtiger, eine Art Clochard mit nicht ganz einwandfreiem Leumund, in kurzem Prozess für schuldig befunden und verurteilt.

Doch dieser Handlungsstrang ist nicht das, was einen durch das Buch zieht. Die einzelnen Teile sind lose verbunden; zum Beispiel des auktorialen Erzählers Schilderung des Prozesses könnte gut allein stehen, als glänzende Darstellung eines erschreckend grotesken Rollenspiels nichtsahnender Akteure. Das Buch ist vielmehr eine Art Panoptikum verschiedener menschlicher Verhaltensweisen, Variationen zum Thema der fiktiven Ordentlichkeit.

Alle diese Figuren stehen «am Abgrund», konfrontiert mit dem Chaos des Wirklichen; sie verhalten sich freilich ganz verschieden. Nicht jeder ist so verkrampft naiv wie der Richter: «Er war davon überzeugt, niemals in eine solche Lage zu kommen wie die Mörder, Diebe, Hehler, Räuber, kurz, das ‹Gesindel›, das das Gerichtsgebäude bevölkerte.» Das wenige, was man noch über diesen Richter erfährt, zeigt ihn als einen angepassten Unterdrücker, zum Teil anderer, aber vor allem seiner selbst.

Jenner dagegen hat eine andere «Lösung», die des gelegentlichen Ventils: er hält sich durch Morde im Gleichgewicht. Wie Jenner sind aber alle Figuren mehr oder minder bewusste Täuscher: sie täuschen mit ihrem normalen Alltagsleben etwas vor, was es in Wirklichkeit nicht gibt: die allumfassende Ordentlichkeit. Freud würde anerkennend zustimmen: das normale, wache Bewusstsein dieser Figuren sitzt tatsächlich auf einem wilden Tier.

Gerhard Roths Lebensbild ist finster; und er stellt es so eindrücklich und überzeugend dar, dass einen dann die «irrsinnigen» Texte des Anstaltsinsassen Lindner bei der Lektüre erleichtern und einem heiter erscheinen. Lindner ist zwar auch ein Täuscher, aber ganz anderer Art. Er ist in Wahrheit gar nicht stumm, und seine Verrücktheit ist auch nicht so hilflos, wie es den andern scheint. Jenner analysiert einmal: «Es lässt sich genaugenommen überhaupt nicht sagen, ob es sich um eine Krankheit handelt oder um eine Art von Verhalten, die es ihm ermöglicht, nicht in das Räderwerk der Tatsachen zu geraten.» Lindners Verrücktheit ist ein Rückzug, dank dem er seine Träume freilassen kann. Er ist auch der einzige sympathische Mensch in diesem Panoptikum: der Irrsinnige als positive Figur.

In seinen frühern Romanen der siebziger Jahre, «Der grosse Horizont», «Ein neuer Morgen», «Winterreise», waren Aussteiger die Hauptfiguren, die mit ihrem bisherigen Leben unzufrieden waren und – allerdings nie ganz überzeugend – ihr Glück in anderer Umgebung suchten. Die Hoffnung auf ein solches Glück in anderer Umgebung hat Roth jetzt aufgegeben. Ein erfolgreicher Ausstieg, wie ihn Lindner vollzieht, ist nur noch als radikaler Austritt möglich, bei dem jedoch die ganze Aussenwelt verlorengeht. Roth bietet das jetzt nicht als einfache neue Lösung an; eher als ein Patt, als einen glücklosen Zwiespalt, dessen Spannung er in seinen Texten einfängt.

Ernst Nef

Gerhard Roth: Am Abgrund. S.-Fischer-Verlag, Frankfurt a. M. 1986.

Der Sprachlose in der Stadt

„Am Abgrund": Gerhard Roth setzt seinen Romanzyklus fort / Von Andreas Kilb

Nein! – So gibt das erste Wort das letzte. Am Schluß von Gerhard Roths großem Roman „Landläufiger Tod" kehrt der stumme Franz Lindner in die Sprache zurück. „Nein!": Mit diesem Ausruf zerreißt der Faden der Erzählung. Nein, sagt Lindner, der zum Zirkus gekommen ist, um sich zu verstecken, Lindner, der eine Welt aus Geschichten erfunden hat, um sich in diesen Wort-Waben zu verbergen, nein, ich bin es nicht, den die Polizei sucht, der Abgebildete, mit seinem Bild Identische, ich bin ein Artist, ein Erzähler. Und doch ist er in die Falle gegangen, hat sich ver-sprochen, sein Stummsein verraten. „Landläufiger Tod", diese achthundert Seiten lange Reise ins Nicht-Ich, in die facettierte „Sehweise der Bienen", endet mit einer Identifizierung. Indem er sich verleugnet, gibt sich der Stumme zu erkennen. Nun erst, da er beredt wird, verstummt der Erzähler Franz Lindner wirklich. Der Vorhang fällt, die Sprache hat ihn wieder. Die ganze Paradoxie der Rothschen Fiktion, die in einem literarischen Gewaltakt das Formlose in die Form, das Sprachlose in die Sprache einholen will, blitzt in diesem Moment auf und erlischt. Welch ein Ende.

Jetzt ist die Fortsetzung erschienen. Das Spiel des Franz Lindner ist aus, aber die Tetralogie, die mit den Romanen „Der Stille Ozean" (1980) und „Landläufiger Tod" (1984) begann, muß weitergehen. So will es der Autor. Gerhard Roth, scheint es, hat sich in ein Projekt verbissen, eine formale Idee, die seine erzählerische Phantasie fast zwanghaft auf Kurs hält. Er ruft seine Figuren zur Räson, auch wenn es noch immer die Anti-Vernunft des Wahnhaften und Abseitigen ist.

Vorhang auf, Szenenwechsel. Wir treffen Lindner, der wieder in der Anstalt Feldhof sitzt, aber ein anderer Bekannter tritt allmählich in den Vordergrund: Jenner, der Freund. In der Erzählung „Circus Saluti" (1981) hat er Lindner begleitet, wir erkennen ihn in der „Schilderung des Freundes" aus „Landläufiger Tod", aus einigen Andeutungen des Buches wissen wir, daß er auf dem Land ein Mädchen umgebracht hat. Alois Jenner, Jurastudent, Mörder. Franz Lindner, einst Erzähler, einstmals stumm. Zwischen ihnen, heißt es, bestehe eine Zuneigung „wie zwischen dem Clown und dem Witz". Aber Lindner ist ein trauriger Clown. Er haßt den witzigen Freund ebenso, wie er ihn fürchtet.

Zwei Zeichnungen von Günter Brus, „Porträt Lindner und Jenner", eröffnen das neue Werk, dann folgt, vorsichtig, beinahe unbeholfen, das erzählerische Gegenstück aus der Feder des Anstaltsgefangenen: „Selbstporträt im Rasierspiegel" und „Porträt Alois Jenners als Hund". „Jenner erhob sich aus seinem Bett, warf den Meteor aus dem Fenster und nahm die gewohnte Gestalt des kleinen Hundes an, 250 Lichtjahre von der Erde entfernt im Sternbild Canis minoris." Der „Landläufige Tod", man sieht es (auch in Brus' Illustrationen), geht weiter, aber so unvermittelt und bruchlos läßt sich ein literarisches Verfahren nicht übernehmen, das Experimentelle, Abwegige wird zur Attitüde, die Fortsetzung zum Abklatsch. „Am 14. November 1983", erfahren wir dann, packt das Sternbild Jenner seine Koffer, holt den Freund aus der Anstalt und fährt mit ihm ins Gebirge, wo er ihn als Mitwisser seiner Tat beseitigen will; er führt Jenner, wohin uns dieses Buch gerne führen möchte: zum Abgrund.

Lindner aber schaut träumerisch in die Ferne, er sieht die Hauptstadt. „Ganz deutlich war sie am Horizont zu erkennen, in goldenes Licht getaucht."

Ein Wendepunkt: die leise, unaufhörliche Bewegung aus dem Zentrum hinaus aufs Land, in die Höhenregion, ins Unwirtliche und Unwirkliche, die mit der Reise des Dr. Ascher in die dörfliche Einöde begann und in den Ekstasen des „Landläufigen Todes" zu einer Bewegung der Sprache selber wurde, bricht ab. Mit Macht zieht es Lindner und Jenner nach Wien, in die Ebene. Dort unten wuchern keine Geschichten mehr, sie liegen wie Stadtviertel nebeneinander. Die Erzählung wird plan.

Was in Wien geschieht, läßt sich klappentextartig referieren. Jenner setzt sein Jurastudium fort, nebenbei streift er durch die Stadt, tötet ohne Grund ein altes Ehepaar und eine Frau, besucht die Schlachterei, rudert, spielt Schach und sitzt als Zuschauer im Gerichtssaal, in dem ein Unschuldiger für seine Untaten verurteilt wird. „Welche Tat", fragt Jenner, „könnte auf die Dauer etwas sichtbar machen?" Und zu seinen wenigen Überzeugungen, grübelt er, gehöre „das Wissen um die falsche Sprache". Das wird so dahin gesagt. Jenner bleibt unsichtbar wie seine Schuld. Ein Raskolnikow ohne Sühne, nur gelegentlich noch von der Angst des Tormanns Bloch wie von einer alten Erinnerung geplagt, eine Schachfigur. Jenner ist der Läufer, der die Schauplätze miteinander verbindet.

Die Freunde lernen zwei Mädchen kennen, farblose Geschöpfe, man treibt Konversation: Lindner und Jenner, Jenner und Eva, Eva und Julia. Roth, der Erzähler, probiert Figuren aus. Einen Verteidiger: „Er hatte am Abend für eine kleine Gesellschaft gekocht und sich dabei mit dem Küchenmesser in den Zeigefinger geschnitten . . . Seine blutrote, nässende Wunde schien ihn an das Leid der Opfer erinnern zu wollen." Den Angeklagten: „Er kam aus armen Verhältnissen . . . Er hatte die Tat nicht begangen. Andererseits aber – und das war das Erschreckende daran – hatte er oft und oft mit ihr gespielt." Oft und zu oft spielt auch Gerhard Roth mit solchen angedeuteten Lebensläufen, bläht sie auf, verwirft sie. Die Sehweisen wechseln, aber der Wechsel wird nicht zur Sehweise.

Nur dem „Nachmittag des Untersuchungsrichters" widmet Roth ein ganzes Kapitel. Sonnenberg besucht Lindner, er soll einen Mord aufklären. Nebenbei blättert er in Reiseberichten des vergangenen Jahrhunderts, zählt seine Lesefrüchte auf. Ein paar Seiten später denkt er wieder an den Mörder: „Diesmal hatte er es, empfand der Untersuchungsrichter, mit einem unberechenbaren Gegner zu tun." Sonnenberg ist unberechenbar. Noch kennen wir ihn nicht. „Der Untersuchungsrichter" soll der nächste Band der Tetralogie heißen. So werden wir dem Versonnenen wohl wieder begegnen.

„Am Abgrund": ein Roman, eine Erzählung, eine Skizze in fünf Kapiteln? Keine der Gattungsbezeichnungen will zu dieser unentschiedenen Prosa passen. „Am Abgrund" ist vieles, eine Kriminalgeschichte, ein Gerichtsreport, ein Tagebuch – und doch kein Ganzes, das mehr wäre als die Summe seiner Teile. Nicht zufällig tauchen im Wiener Gewühl immer wieder Gestalten aus früheren Geschichten auf. Der Circus Saluti gastiert gerade; „Was macht der Stumme?" fragt der Direktor. Und „die erschöpften Seiltänzer, Dompteure und Jongleure" fahren vorbei, sie strömen hinaus aus der Stadt, in der nun Jenner, Sonnenberg und andere Pappkameraden ihre Vorstellung geben.

Die Luft dieses Buches ist schal. Herbstgeruch, Verwesung. Jenner mordet, Lindner dichtet. Die Gerichte tagen. „Ich studiere gerade deshalb Jus, weil ich nicht an die Gerechtigkeit glaube", sagt Jenner. Sätze dieser allgemeinen Art füllen die Seiten, dazwischen Träume, nostalgisch-landläufige Phantasien Lindners. Oder Gespreiztes, Phrasen: „Der Zauber, der von einer Prostituierten ausgeht, ist . . ."; „Ein Verfahren war im Grunde genommen etwas Formales . . ." „Am Abgrund" hätte ein Übergang sein können: vom Land in die Stadt, vom Sprachrausch in die nüchterne Erkundung eines anderen, äußeren Labyrinths. Es ist ein Untergang: das Ende der ländlichen Welt. Ein schleichender, innerstädtischer Tod. In seinem letzten Werk wühlte der Erzähler Roth in Geschichten, mischte, zerbrach sie, fügte sie neu zusammen. Hier stochert er nur noch.

Wohl deshalb kommt im letzten Kapitel des Buches wieder Franz Lindner zu Wort, die älteste Stimme, auf der alle poetische Beweislast des Textes liegt. Lindner, in die Anstalt zurückgekehrt, hat sein Vermächtnis auf Zetteln zusammengetragen. Wer Roth bisher für einen Pathologen hielt, möge diese Papiere studieren. Erst hier wird nämlich Lindners Prosa zum klinischen Fall, in wildem Kneipenjargon bricht es aus ihm hervor: Traumreste, Triebphantasien, Zoten, Gezänk. Der Verlag hätte gut daran getan, dem schmalen Band ein Brevier der österreichischen Umgangssprache beizulegen. Ausdrücke wie „eine Fetten haben" (betrunken sein), „fladern" (klauen), „tschechern" (saufen) oder „gerert" (geweint) sind vielleicht doch nicht jedermann geläufig.

Zuletzt kommt Lindner „im Himmel" an und möchte vor abgründiger Banalität schier verzweifeln. „Da sind mit Tick und Tack die Engeln gekommen und haben den Gott in die Zwangsjacke gesteckt, und ich hab mich auf seinen Platz gesetzt und alles gesehn. Da hab ich gewußt, daß er verrückt ist wie ich. Und ich habe überrissen, daß ich nichts bin als ein unerhörbarer Laut eines endlosen Gelächters." So verleugnet sich der Erzähler Franz Lindner ein zweites Mal. Fortsetzung folgt. Bliebe er doch dort, wo er nun sitzt, mit Tick und Tack und den Engeln und dem lieben Gott.

„Was macht der Stumme?" Er sagt uns nichts mehr.

■ **Gerhard Roth:**

Am Abgrund

S. Fischer Verlag, Frankfurt a. M. 1986; 174 S., Umschlagzeichnung und Illustration von Günter Brus, 28,– DM

Literatur und Kritik, Wien, 1987, Nr.213/214, S.183f.

GEORGE SAIKO: DRAMA UND ESSAYS. Hrsg. von Adolf Haslinger. Residenz Verlag, Salzburg, 1986. (=Sämtliche Werke in 5 Bänden, Bd. IV).

Saiko galt und gilt als die unbekannte Größe der österreichischen Literatur aus der jüngeren Vergangenheit. Diese Größe kommensurabler zu machen, dient die fünfbändige Ausgabe der Werke im Residenz-Verlag, betreut von dem Salzburger Germanisten Adolf Haslinger. Vor einem Jahr erschien *Der Mann im Schilf*, jener Roman, der vor dem Hintergrund des Jahres 34 eine subtile Beziehungsgeschichte im Salzburgischen mit kosmopolitischem Hintergrund darstellt. Nun liegen mit dem Band *Drama und Essays* weitgehend unbekannte Texte vor. Zunächst das Drama mit dem Titel „Hof- und Personalnachrichten“, eine Komödie, die, geschrieben 1931, für eine Aufführung in der Josefstadt 1938 vorgesehen worden sein soll, welche aber nach dem Einmarsch Hitlers nicht zustandekam. Das Stück war bislang unbekannt, und ich gestehe, daß ich bezüglich einer Realisation auf der Bühne doch Bedenken anmelden möchte, die nicht zuletzt in der filigranen Dialogführung liegen, welche eine derbkomische Handlung zudeckt, so daß alles viel verwickelter wird als es lustig ist. Zu retten ist das Stück, indem die trivialliterarische Schablone als solche kenntlich macht: Da gibt es den Parvenü Amesberger, der Gemeinderat und Abgeordneter geworden ist, und seine Frau Pauline, der alles recht ist, um den familiären Aufstieg zu forcieren; da wird ihr sogar die sonst verachtete Nichte Polderl lieb, da sie einem Erzherzog vorgesetzt werden kann, der wiederum auf diese Nichte angesetzt wird, um von seiner Homosexualität abzulenken. Am Ende kommt alles ins Lot, und einem glänzenden Operettenfinale steht nichts im Wege. Aufgeführt ist so ein Stück nur in radikaler Stilisierung denkbar, so etwa, wie Horváth es gefordert hat. Dann könnte in der grotesken Überzeichnung mehr sichtbar werden als die Satire auf die korrupte und vertrottelte Gesellschaft vor 1914; um 1930 mochte so ein Sujet wie ein homosexueller Erzherzog noch attraktiv und brisant sein; der Bedarf an solchen nostalgisch-kritischen Rückblicken scheint mir heute gedeckt, und der Satire bieten sich wahrlich schon andere Objekte.

Das Herzstück des Bandes bilden die Essays, vor allem die zur bildenden Kunst, die bislang nur teilweise auf englisch publiziert wurden und die pädagogische Fähigkeit des Kunsthistorikers Saiko verraten, in die moderne Kunst, etwa in den Kubismus, einzuführen. In den dreißiger Jahren gab es dafür keine Resonanz, und es ist schön und angemessen, daß diese Stimme eines Rufers in der Wüste wenigstens heute zum Gehör kommt.

Ähnlich sind auch Saikos behutsame Bemühungen um die literarische Moderne aus den sechziger Jahren zu sehen. Er weiß — zusammen mit den bewunderten älteren Kollegen Musil und Broch — um die Problematik des Erzählens, zugleich aber auch, daß dieses nicht hintergehbar ist. Seine Essay-Prosa ist frei von Schlagworten wie „Krise des Romans“, und Saiko hält für keine Kunstform „Untergangsgesänge“ für nötig. Die Prosa müßte „einer vor allem auf die psychische Wirklichkeit gerichteten Darstellungsweise gerecht“ werden. Der geschulte Kunsthistoriker konzentriert sich auch auf die formalmethodologischen Probleme der Literatur, und er räumt in dieser Hinsicht James Joyce eine hervorragende Stellung ein. Der Wert der Essays mag im engeren, fachwissenschaftlichen Sinne heute überholt sein, als Wegmarken einer strapaziösen Route zur Anerkennung einer österreichischen Moderne haben sie mehr als nur historischen Wert. — Hervorzuheben ist schließlich die editorische Bemühung Adolf Haslingers, der genau über Druckvorlagen und Entstehungszeit informiert und auch einiges kommentiert; zu danken ist auch der Witwe des Dichters, die das Material zugänglich gemacht hat.

Wendelin Schmidt-Dengler

Frankfurter Allgemeine Zeitung, FA, Frankfurt/M., 19.9.1986 (R. Appell) Die Zeit, Hamburg, 1987, Nr.11, S.73 (Elisabeth Wiesmayr)

Zwischen zwei Welten

Felix Saltens Bericht einer Palästinafahrt

Vor über sechzig Jahren unternahm der Wiener Schriftsteller und Theaterkritiker Felix Salten eine Palästinareise. Sein Reisebericht erschien 1925 im Zsolnayverlag, fiel dann aber dem verordneten Vergessen anheim. Salten selbst ist weitgehend unbekannt, obwohl seine Novellen kürzlich neu aufgelegt wurden und eine seiner Tiergeschichten – „Bambi" – durch Walt Disney zu Weltruhm gelangte. Der jüdische Verlag hat jetzt Saltens Beschreibung der Palästinareise neu herausgebracht.

Salten nähert sich dem Gelobten Land auf alttestamentarische Weise: er kommt auf den Spuren des Exodus aus Ägypten durch die Wüste, und seine Vergegenwärtigung des mosaischen Wegs erweist sein erzählerisches Talent. Er beschreibt die menschenfeindliche Kargheit der Wüste und ist überwältigt von ihrer unermeßlichen Größe. „Gewaltiger als alle Gebirgsgipfel der Welt ist der Sinai, denn auf seinem Rücken hat er Gott getragen, indessen die anderen Bergspitzen auf ihrem Haupt und an ihren Schultern nur Schnee liegen haben."

Mit Ehrfurcht und Neugier versucht er das Land zu erfassen, dem über Jahrtausende die Sehnsucht seines Volkes nachhing. Überall sieht er sich mit Zeugnissen biblischer Berichte konfrontiert, alle Orte haben eine Geschichte, die er überliefert, ohne den Wandel zu übersehen. Tel Aviv erlebt er als Stadt der Jugend, er besucht neugegründete Siedlungen und läßt sich von der Begeisterung für kollektive Lebensversuche anstecken. Die meisten Jugendlichen hatten ihren bürgerlichen Alltag in Europa mit der ungewohnten Arbeit an landwirtschaftlichen Projekten vertauscht, in ihren Zelten fand Salten jedoch die Essays von Montaigne und hörte das Violinkonzert von Mendelssohn! Und nicht ganz ohne Neid läßt er einen jungen Siedler sagen: „Ich wünsche mir nichts mehr, ich bin am Ziel all meiner Wünsche."

Trotz aller Begeisterung ist Salten nicht blind für die Probleme, die in Palästina anstehen. Er erinnert an die Ringparabel und mahnt zu einem friedlichen Nebeneinander der Brüder-Völker. „Diese Politik des Friedens und der Versöhnlichkeit ist die einzig richtige, die von den Juden betrieben werden kann... Hier auf dem Boden ihrer Urheimat dürfen die Juden nicht als eroberungslustige Europäer auftreten... Denn sie werden hier für immer mit den Arabern leben, mit den Arabern in Palästina wie mit denen der ganzen angrenzenden Länder."

Das neue Land ist ihm nicht nur als Land der Väter vertraut, neben diese Geschichte treten Bilder aus Mitteleuropa: Der See Genezareth erinnert an den Wolfgangsee, Stimmungen von Eichendorff und Hafis fließen ineinander, und wenn er durch die deutsche Kolonie in Haifa geht, „ist man plötzlich irgendwo in Thüringen, etwa in Eisenach".

Das macht wahrscheinlich das Eindrücklichste an Saltens Bericht aus: die Gratwanderung zwischen Juden und Arabern, die wechselseitige Durchdringung von jüdischer und deutscher Identität. RAINER APPELL

Felix Salten: „Neue Menschen auf alter Erde". Eine Palästinafahrt. Jüdischer Verlag, Königstein 1986. 189 S., geb., 38,– DM.

Klaus Sandler: „Ein Zelt und nichts weiter"

Das letzte Buch des im Herbst 1984 noch nicht vierzigjährig gestorbenen österreichischen Schriftstellers Klaus Sandler ist Fragment geblieben. „Ein Zelt und nichts weiter" umfaßt vier Kapitel der endgültigen Fassung und eine Auswahl aus den Entwürfen, die Brigitte Kronauer zusammengestellt hat; wahlverwandt in der Leidenschaft für die Genauigkeit der Wörter hat sie sich seines Nachlasses angenommen. Das Unvollständige des Textes wird nicht als Mangel spürbar. In dem an äußeren Ereignissen armen Roman schieben sich Bilder, Beobachtungen, Reflexionen zu verschiedenen Lebensphasen, Kindheitserinnerungen übereinander. Mesch, ein Held, wie er aus der Tradition der österreichischen Literatur kein Unbekannter ist, schätzt die übersichtliche Enge der heimatlichen Kleinstadt, richtet sich ein im Vertrauten und Belanglosen, wählt seine Berufe danach, ob sie Platz lassen für seine nomadisierenden Gedanken und Träume. Hellhörig für die Zeichen innen und außen, in einer Art gleichschwebender, fast heiterer Aufmerksamkeit, lotet Mesch seine Möglichkeiten aus; nachdem sein Leben lange Zeit „konjunktivisch" gewesen ist, „ein Leben auf der Lauer", „wartend auf das Eigentliche", hat er sich für die Erweiterungen im Mikrobereich entschieden, für die Abenteuer in der Beschränkung, eine Schärfung der Wahrnehmung (Edition Maioli, Wien 1986; 240 S., 33,– DM).

Elisabeth Wiesmayr

Ein Vorkriegsmensch

Wenn im Akademietheater das Publikum Gert Voss als genialisch-exaltiert-verrücktem Philosophen Worringer in Thomas Bernhards „Ritter, Dene, Voss" applaudiert, gilt die Faszination nicht nur der Schauspielkunst. Die Bühnenrolle als solche zieht Staunen und sogar Mitleid nach sich. Von einem allem Anschein nach bedeutenden Mann wird erzählt, daß er wiederholt ins Irrenhaus flieht, dort nachgerade Hof hält und sich freier fühlt als innerhalb der eigenen vier großbürgerlichen Wänden – gemäß einem liebgewordenen Topos, daß die Identität hinter Anstaltmauern besser gewahrt bleibt als draußen im Durcheinander des Alltags, das Genie der Sequestrierung bedarf, um leben zu können. Wenigstens drei Menschen, drei Existenzentscheidungen sind in dieser Bühnenfigur synkretisiert: der Autor selbst, der Philosoph Ludwig Wittgenstein und „Wittgensteins Neffe", schon im gleichnamigen Bernhard-Prosabuch komisch und ehrfurchtsvoll stilisiert.

Camillo Schaefer

Wittgensteins Größenwahn

Begegnungen mit Paul Wittgenstein

96 S., kart., S 198,-

Verlag Jugend & Volk

Eine Legende wird noch einmal zur Legende gemacht. Über den wahren Neffen, den 1907 geborenen und 1979 in einer Linzer Anstalt verstorbenen Paul Wittgenstein, gibt Camillo Schaefer, Jahrgang 1943, in seinem Gedenkbuch „Wittgensteins Größenwahn" aus dem Blickwinkel des Verehrers, Helfers, Zeugen Auskunft. Dieses papierene Denkmal für das „Schwarze Schaf" der großen Familie ergänzt Bernhards Idolisierung, bringt zwar zum Teil andere Fakten, kann aber nur auf dieser für die literarische Sehweise unbedeutenden Ebene widersprechen, korrigieren. Nein, Schaefers Memorabilien sind „Schlüssel" zum besseren Verstehen von Bernhards Stück nur für tüftelnde Germanisten (die sich besser an Wilhelm Worringers berühmte stilpsychologische Arbeit „Abstraktion und Einfühlung" hielten).

„Wittgensteins Größenwahn" liest sich als Versuch eines Nachgeborenen, sich in die untergegangene, vernichtete Welt überreizter Wiener Großbürgerlichkeit einzufühlen. Der sie verkörperte, verneinte emphatisch den Wandel der Zeit, blieb ein Vorkriegsmensch, kam deshalb mit der Realität immer weniger zurecht und wurde zur traurigen Gestalt – deren Zornesausbrüche am Opernstehplatz gefürchtet und deren Attitüden belächelt wurden. Aber: „Der Paul war einfach insgesamt ein höherer Mensch, er war die letzte Spitze einer Kultur, zu der es heute keinen Zugang mehr gibt . . ."

Die Geschichtchen sind Legion und werden in den Wiener Innenstadtcafés und -bars noch immer gerne weitererzählt. Camillo Schaefer, der bereits eine Peter-Altenberg-Biographie veröffentlicht hat, ist sozusagen Treuhänder der Originalversionen. Er hat sich zusammen mit Paul Wittgenstein im Archiv einer Versicherung verdingt und die Diskrepanz zwischen dem Aktenstaub an den Fingern und den herbeiphantasierten Glanz von Kunst und Dandytum mitgelebt: „Erst als der Paul gestorben und für immer aus meinem Gesichtskreis verschwunden war, vermochte ich diesen Größenwahn vollkommen zu durchschauen." Schaefer bekennt Seelenverwandtschaft ein. Mit aller Vorsicht: „Wäre er aber nicht pathologisch gewesen, hätte er wahrscheinlich nicht außergewöhnlich sein können . . ."

Im Ruhelosen, Manischen, Hektischen und Hasardierenden Paul Wittgensteins werfen die Katastrophen der Epoche ihre tanzenden Schatten. Das ganz Große, sein Roman, konnte wohl nie gelingen – mangels Organisationstalent und wohl auch mangels ironischer Distanz zu sich selbst. Daß heute die Manuskripttrümmer verschollen sind, paßt in den chaotischen Lebenszusammenhang.

Hans Haider

List der Kunst

Essays des Österreichers Michael Scharang · Von Ulrich Weinzierl

Der Schmock aus Gustav Freytags „Journalisten" wird bekanntlich mit den geflügelten Worten definiert: „Er kann schreiben rechts, er kann schreiben links." Michael Scharang können das aber nicht einmal seine ärgsten Feinde nachsagen, denn er war schon Marxist, als es noch nicht als schick galt, und er ist's geblieben, nachdem es wieder längst aus der Mode gekommen war.

Allen anderslautenden Gerüchten zum Trotz, kennt die als unpolitisch verrufene österreichische Literatur bemerkenswerte Ausnahmen von der Regel: Autoren mit fundierten gesellschaftstheoretischen Kenntnissen ohne ideologische Berührungsangst, die sich auch nicht scheuen, diese Kenntnisse in ihrer Arbeit anzuwenden, und Scharang ist unter ihnen einer der profiliertesten. Er beschränkt sich dabei keineswegs auf kritisches Erzählen, bewährt sich vielmehr auch als Kommentator der Gegenwart, als engagierter Essayist und Polemiker. Obendrein zögert er nie, Begriffe zu verwenden, die – mit Verlaub gesagt – den Anschein des orthodox Antiquierten erwecken, beispielsweise den „Überlebenskampf des Kapitals", indes und merkwürdigerweise stören solche stehenden, ja erstarrten Wendungen bei ihm kaum.

In den meisten Fällen ist da nämlich ein versierter Stilist am Werk, mit klarer, präziser Sprache, der klischierten Formeln von Herzen und dank seines luziden Verstandes mißtraut. Sogar die anscheinend so harmlose Wortfolge „Appell zum Frieden" geht ihm wider den pazifistischen Strich, und genauer betrachtet, hat er so unrecht nicht: „Ich sehe da einen Frieden, Tausende Male niedergeschossen und noch immer nicht tot, der blutend am Boden kauert und nun angeschnauzt wird, doch strammzustehen." Mit ähnlich feinem Gehör auskultiert er auch verfänglichere Vokabeln wie „rüsten", „aufrüsten", „nachrüsten".

Kein Zweifel, von linker Melancholie ist dieser Autor nicht angekränkelt; selbst das Schreckenswort „Depression" weiß er stets auch in seiner ökonomischen Bedeutung zu verstehen. Gegen Einwände von liberaler oder konservativer Seite könnte sich der Publizist Michael Scharang leicht schützen, indem er – im Sinne des Gleichgewichts – zwanglos ein wenig Kritik, etwa am real existierenden Sozialismus, in seine Texte einstreute. Doch auf diese „List der Kunst" verzichtet er, wohl weil's ihm mit ihr zu ernst ist, setzt sich lieber der Gefahr aus, der Einäugigkeit geziehen zu werden.

Die meisten Aufsätze zu den Themen Literatur- und Kunstpolitik, zur sozialen Lage des Schriftstellers heute stammen aus der Zeitschrift „konkret", ein Beitrag freilich wurde eigens für diesen Band geschrieben. Er behandelt, in durchaus virtuoser Weise, die moralische Befindlichkeit der Zweiten Republik im 41. Jahr ihres Bestandes: „In Österreich hat die Umwertung aller Werte damit begonnen, daß die Journalisten nicht mehr Skandalen nachjagen, sondern, umgekehrt, eine Unzahl von Skandalen sich ergebenst um die begrenzte Anzahl von Journalisten bemüht. Jeder Skandal will rasch noch in die Zeitung, ehe er vom nächsten verdrängt wird. Die Wirklichkeit praktiziert zur Zeit, was man bislang der Literatur vorwarf: sie übertreibt maßlos."

Prägnanter läßt sich die Malaise dieses Staates schwerlich auf den Begriff bringen.

Michael Scharang: „Die List der Kunst". Essays. Hermann Luchterhand Verlag, Darmstadt und Neuwied 1986. 103 S., br., 10,80 DM.

Wiener Tagebuch, Wien, 1987, Nr.4, S.24f.

Konstantin Kaiser

Ohneland

Über den Lyriker Robert Schindel

Der „Falter" meldet: Der „Oberösterreicher" Robert Schindel, welcher irgendwo zwischen Berlin und Wien lebe, lese im „Forum Stadtpark", Graz. Es klingt wie ein Schulterschluß von Eingeborenen.

„Ich bin physisch nie gefoltert worden, ... sie haben mir nur das Kind weggenommen. ... In Linz hat es so eine Art Kinderspital gegeben, und dort ist die Gestapo mit mir hingegangen und hat gesagt: ‚Jetzt lassen Sie das Kind da.' ... Er sah aus wie ein kleiner Franzose, er war so braunhäutig und hatte braune Haare. Und ich habe gesagt: ‚Nein, ich gebe es nicht her.' Das hat mir nichts genützt. Dann ist eine Schwester gekommen und hat gesagt: ‚Moment.' Habe ich gesagt: ‚Nein, nein, nein.' Aber sie war stärker, und weg war er."

Das ereignete sich Ende 1944 in Linz. Die Elsässerin Susanne Soel, in Wahrheit die österreichische Kommunistin Gerti Schindel, 1943 aus Frankreich nach Linz gekommen, um als französische Fremdarbeiterin getarnt in den bevorstehenden Zusammenbruch des NS-Regimes einzugreifen, wurde von der Gestapo entdeckt. Ihr weiterer Weg führte nach Auschwitz und Ravensbrück, sie sollte im KZ getötet werden und überlebte (wie auch Antonie Lehr und Edith Wexberg) aufgrund einer ebenso kühnen wie genialen Solidaritätsaktion im Lager Ravensbrück. Der Vater, René, wurde 1945 in Dachau hingerichtet.

Robert Schindel, dessen rein jüdische Abstammung zu diesem Zeitpunkt wohl noch nicht feststand, kam in ein NSK-Kinderheim in Bad Hall, Oberösterreich. Was die Kinder dort an Fürsorge erlitten haben, läßt sich ahnen. Jedenfalls gelang es der Mutter durch eine Reihe von glücklichen Zufällen, ihr Kind 1945 wiederzufinden. Es wuchs in Wien auf, und der „Mittelpunkt seiner Lebensbeziehungen", wie das Meldegesetz nicht unpoetisch formuliert, ist nach wie vor Wien.

Aus der Vergangenheit heraus-
gewandert
Zurückgelassen die Vorfahren
In den südpolnischen Landschaften:
Eine vertilgte Mischpoche im
Rucksack

Trete ich ins Licht.
Blinzle, wedle mit den Armen
Und rede zwei Jahrzehnte
unüberhörbar zu
Meinen zurückweichenden Freunden

Von den Kindern der Verfolgten ist Schindel in der Tat der einzige, der in Österreich zu einer Sprache gefunden hat. Psychologisch hört sich das so an: Die Mütter dieser Kinder leiden unter „paroxysmaler Hypermnesie", worunter eine schockhafte Vergegenwärtigung des Vergangenen zu verstehen ist im Gegensatz zu jenen anfallartigen Gedächtnisverlusten, unter denen viele der übrigen Österreicher zu leiden scheinen. An den Kindern bestätigt sich die Annahme, „daß sich das Mißtrauen, das im Familienverband der Umwelt gegenüber besteht, auf die Kinder überträgt und so zu einem gestörten Vertrauensverhältnis des Kindes zu seiner Umwelt führt". Mit anderen Worten: Diese Kinder sind sich des gestörten Verhältnisses zwischen ihrem Innenleben und der Außenwelt eher bewußt als andere, sie haben die Angst schon erfahren. „Nie komm ich gesund nach Haus" — das wissen sie wie Heinrich Heine. Daneben sind die Anderen, denen die Schienen, auf denen sie fahren, noch als Kraftlinien gelten, entlang derer sie sich entwickeln. Sie, die Unbefangenen, an ihre Gesundheit glaubenden, sind Maßstab für die psychologische Beurteilung der Kinder der Verfolgten, welche „bestimmte soziale Phänomene" eben nicht nach den Aussagen von Staatsvertragsfeiern sondern „vor dem Erfahrungshintergrund der Eltern" interpretieren und daher natürlich „Störungen der aktuellen Realitätsbewältigung" aufweisen.

Ich zitiere hier aus einer psychologischen Untersuchung „an" (wörtlich) „in Ravensbrück inhaftiert gewesenen Frauen und deren Kindern". Der implizite Konformismus der psychologischen Tatbestandsaufnahme macht dennoch oder gerade deshalb die Position Schindels als Sprechender deutlich: Nie geht er aus von einem vorgeblich Allgemeinen, von dem er sich absondert; die ganze öffentliche Symbolik und die Riten der Heimat sind ihm kein Milieu, von dem er sich absetzen kann. In der österreichischen Nachkriegsliteratur der sechziger und siebziger Jahre war die ironische Rücknahme der Identifikation mit dem Gemeinwesen wesentliches, letztlich in Plattitüden verlaufendes Thema. Schindel dagegen mußte von vornherein aus der Position einer Minderheit, einer vorgegebenen Besonderung sprechen; seine Rede konnte nur auf Verständigung abzielen, auf die Bildung einer neuen Gemeinschaft. Das ist die Seite des „noch nicht" in dem poetologischen Vokabel „Ohneland", das als Titel des ersten Gedichtbandes des Vierzigjährigen figuriert, eines Gedichtbandes, der, nebenbei bemerkt, durch sein bloßes Existieren den Unsinn eines Literaturbetriebes vor Augen führt, in dem diese bedeutende Lyrik all die Jahre einfach nicht vorkam.

An der Bewegung, die man heute muffig mit „1968" oder gar als „68er Generation" bezeichnet, war Schindel als einer der ersten und eifrigsten beteiligt. Nach dem Scheitern des Versuchs, in Österreich einen sozialistischen Studentenbund nach deutschem Vorbild aufzuziehen, gründete er mit anderen 1969 die „Gruppe Hundsblume", die als eine um sich greifende Einheit von Leben, Studium und (künstlerischer) Produktion gedacht war. Das Konzept reflektierte eigentlich schon den Rückschlag des gescheiterten Ansturms auf die österreichische Misere der sechziger Jahre. In der „Edition Hundsblume" erschien 1970 Schindels Roman „Kassandra“, Versuch, den abstrakt gewordenen Anspruch auf Veränderung der Gesellschaft in die eigene Individualität zurückzunehmen und ihm so den Gehalt wiederzugeben, dessen Erinnerungsspur in der offiziellen Politik linker Parteien längst ausgetilgt war. Das individuelle Verhalten wurde so mit einer kaum erträglichen Spannung aufgeladen; nicht die Reduktion des Politischen aufs Kleinmenschliche, die Verkürzung des Theoretischen aufs spontan Verständliche galt es, sondern die exemplarische Individualität, die sich nicht einschüchtern läßt von der alltäglichen Gedrücktheit ihrer weiteren Umgebung. Marx' Thesen „ad Feuerbach“ paraphrasierend, schließt das Buch mit den Worten:

10.) Die Geschichte ist am Ende

11.) Es kömmt darauf an, sie zu beginnen.

Schindel ist, wie schon angedeutet, ausgestattet mit einer souveränen Verachtung der Mächte, die das alltägliche Leben der Mehrheit der Menschen niederdrücken, die das Leben zu einem Gehäuse machen, in dem ein jeder mit sich allein und mit allen anderen gleich ist. Diese Verachtung ist einerseits ein wichtiges Erbe des antifaschistischen Widerstandes, in dem wahrlich mehr auf dem Spiel gestanden ist als „Apfelbrei“ und Kinderpopo. Sie ist andererseits eine Schwäche seiner ganzen Weltauffassung, die ihn daran hindert, in der Entfremdung das Nicht-Entfremdete, in der Unterdrückung die verborgene Auflehnung zu entdecken. Künstlerisch wirkt sich diese Schwäche dadurch aus, daß er oft von plakativen Befunden ausgeht (z. B. die „bleierne Zeit“), aber auch dadurch, daß sie den scharfen Witz beflügelt, mit dem er sich gegen die wendet, die die Fortführung der Verständigung verweigern und sich in allerlei „Ungleichzeitigkeiten“ flüchten.

Aber der jetzige Gang aufs Land
Von Leuten, deren Herzen mit Asche gefüllt sind
Beginnt zu unterhalten die Regenwürmer
Die neuerdings unter Naturschutz stehn
Wegen ihrer selten gewordenen Nützlichkeit
Für alle, die aussteigen im Talgrund.

Leute, deren „Herzen mit Asche gefüllt“ sind, sind unter anderen die früheren Mitstreiter des Kommunistischen Bundes Österreichs, der 1981 unrühmlich zusammengerasselten „maoistischen“ Kaderorganisation, der Schindel bis zum unguten Ende die Treue bewahrt hat. Dieses — dem individualistischen Habitus zuwiderlaufende — Festhalten an einer Gemeinsamkeit, die nur mehr mit schlechtem Gewissen ertragen wird, war auf die Hoffnung angelegt, die immer berechtigt ist, wenn sich Leute rückhaltlos zusammengetan haben, um gemeinsam eine Änderung zu bewirken. Der Verlust solcher Gemeinsamkeit, ein nicht auf die „Maoisten“ beschränktes Phänomen, macht die Seite des „nicht mehr“ in „Ohneland“ aus.

Meine Freunde gehen jetzt zum Künstlerfest, ich kann nicht
Hervorkommen vom Tisch hier, vor mir liegt nämlich
Der Schienenstrang, der mir Waggons bringt, angefüllt
Mit Gelächter. Lachen auf Lachen wird ausgeladen
Interpunktiert mir mein Nachkriegsleben, skandiert
Die großen roten Träume, Waggon um Waggon
Kommt voll vors Gesicht, leer hinunter ins Jahrhundert.

Im „Ohneland“ des „nicht mehr“ und „noch nicht“ beginnt die Historie: weniger als das in die Tat gesetzte Beginnen der „Kassandra“, mehr als die Rekapitulation eines zwar nicht Vergessenen, aber in das Jenseits einer bloßen Vorgeschichte der Gegenwart Abgedrängten und damit Unverbindlichen. Die Historie erweist ihre übergreifende Kontinuität, diktiert auch dem Abgerissenen seine Bedingungen:

Deine Texte werden immer jüdischer
Sagen mir die Leute und lächeln.
Wißt ihr, einst
Schrieb ich so gern abstrakt, ich liebe
Das Abstrakte, es ist so Sprache.

Eine Lyrik, die einst gestisch ins Jetzt ruderte, wird nachdenklich, wird autobiographisch, skulpturiert am eigenen Erfahren den geschichtlichen Ort.

Ich weiß, daß diese summarischen Bemerkungen nur das Exemplarische in der Entwicklung des Lyrikers Robert Schindel zu fassen suchen und darum, ungeachtet des für mich wie den Leser müheseligen sprachlichen Ausdrucks, vor Banalität nicht gefeit sind. Zwei Gesichtspunkte möchte ich, zum vorläufigen Ende, andeuten: die Verwandtschaft der Lyrik Schindels mit der der „Dritten Welt“ (Neruda, Hikmet, Cardenal) und die Präzision seiner Liebesgedichte.

Robert Schindel: Ohneland. Gedichte. Suhrkamp Verlag, Frankfurt/Main 1986, 105 Seiten

Die Wolke und die Uhr

Zur Lyrik von Ferdinand Schmatz

Von Helmut Eisendle

Zusammen mit seinem Freund Franz Josef Czernin hat der Wiener Dichter Ferdinand Schmatz – er ist auch der Nachlaßverwalter nach Reinhard Priessnitz – eine Diskussion über Qualität von Lyrik vom Zaun gebrochen; nicht ohne Tücke, denn voll Vertrauen in hohe Kunst druckte der staatseigene Residenz-Verlag Gedichte („Die Reisen – In achtzig Tagen um die ganze Welt"), die Czernin und Schmatz bloß zwecks Denunziation mittleren Lektoren- und Kritikergeschmacks geschaffen haben wollen. Unter dem Titel „Die Reise – In achtzig flachen Hunden in die ganze tiefe Grube" erschien in der Linzer „edition neue texte" ein Protokoll ihres literarischen „Staatsbetrugs". Wie aber tönt Ferdinand Schmatz lyrisch original? Wozu bekennt er sich dichtend reinen Herzens? „die wolke und die uhr – gedicht" heißt ein Bändchen, das ebenfalls in der „edition neue texte" herausgekommen ist. Helmut Eisendle versuchte, noch ehe die Grubenhunde losgelassen waren, eine Schmatz-Interpretation.

Es scheint, daß er sich geirrt hat.

Die Wege, die Ferdinand Schmatz eingeschlagen hat – aufs Geratewohl, wie man glauben mag –, getrieben von einer unerbittlichen Neugierde, führen gerade deswegen zu einer Wahrheit von vielen über die Sprache.

Kaum jemand setzt so verwegen wie Schmatz auf einige einfache Dinge: Die Wolke, die Uhr, das Reh, der Tod. Seine Arbeit – er nennt es Gedichte – führt er vor unseren Augen zu einem sicheren Ende und Ziel.

Aber wenn er die Grenzen des Verstandes, der Vernunft auch zum Schein überschritten hat, so trifft er doch mit Leidenschaft – und das ist das Paradoxon, das mich innehalten läßt – den Komplizen Intellekt, der imponiert und mich in Staunen versetzt.

Die Wege zu diesem Ziel – das ist sicher – sind die vielfältigen der Sprache an sich.

Nicht die Sprache, die wir mißbräuchlich täglich verwenden, sondern die Sprache, die gegen das alltägliche Eigeninteresse manipuliert und ein verwegenes Verlangen nach Freiheit des Denkens und Fühlens fordert.

Das Buch „die wolke und die uhr, gedicht" ist in dieser Hinsicht ein unverfrorenes Zeugnis des Mutes gegenüber der Sprache. Es macht aus seinem Verfasser einen von jenen, die am menschlichsten und unbarmherzigsten zugleich von ihr sprechen und schreiben.

dann die fahrt. die aufregung der phoneme löst leidenschaftslose ignoranz der gebräunten morpheme aus. das es ist im begriff feindschaft zu bekunden. selbst freunde des synonymen beginnen zu kreischen ohne die bewegung der stille in fahrt zu stören. das aufladen der wortwaagen geschieht ebenso lautlos. alles späht. ist. nichts scheint den fluchtburgen der sätze von einst adäquat. die blätter die die zungenzüge verdeckten flattern an den gaumenenden wundfrei hoch.

Er sieht – und beweist es in den Texten –, welchen Umweg die Sprache nimmt und genommen hat und vorderhand zu nehmen gedenkt.

Soweit es Schmatz in diesem Gedicht möglich ist, versucht er dies zu legitimieren.

Die Wolke, die Uhr, das Reh; alles stirbt den Tod der Sprache. Ist er dabei auf der Seite der Henker?

Die Sprache verkörpert das Leiden der Menschen auch in ihr. Diese Antwort, die er sicher und unbarmherzig begründet, ist insofern gefährlich, als sie die meisten Leser von vornherein daran hindert, tiefer zu blicken, vor allem, wenn eine Alltäglichkeit zum Thema erhoben wird.

Sein Recht und die Fertigkeit verschleiern einen grundlegenden Vorgang. Was Schmatz spürbar anzieht, ist der Taumel durch die Sprache, eine gespielte, lustbetonte Art von Verwirrung.

die hört
eins ist die uhr auf zwei
drei springt sie dann auf vier
fünf rollt sie ein in die sechs
sieben reckt sie scheu schon die acht
neun schwirrt sie ein in die zehn
elf sucht sie seufzend die zwölf

Der Abgrund der Sprache verlockt, unabhängig vom Gewinn, der mit ihrer Trivialität verbunden ist, zu einer Pose der Konkretisierung des Mittels, die nichts Neues schafft, sondern das Verbrauchte und den Gebrauch diffamiert.

Die Konsequenz des Autors – und die legt es offen dar – entspricht zweifellos einer elementaren Notwendigkeit innerhalb der Literatur, deren Bedeutung sich einleuchtend aufdrängt.

Wir können uns – was die Sprache betrifft – auf nichts verlassen. Selbst wenn man nur dem nachhängt, worauf sie oberflächlich abzielt – auf Verständigung –, ist es notwendig, ihr zuwiderzuhandeln.

Das tut Ferdinand Schmatz mit seinem Text:

ich stieg aus
der lade
und
sah mich im kasten um
da
ging die türe auf
und
schnee fiel
herein

anhang:
so lispeln wolke uhr und reh –
aus lade die stiege ich
um sehe den kasten und
auf gehe die türe da
herein falle der schnee und

Auch wenn ich die Chance nutze, eben das, was Schmatz in seinem Text macht, weiterzutreiben, ändert es nichts an der Qualität seines Vorhabens; ich befolge nur einen Imperativ, den die Sprache gibt: Stiege ich aus der Lade und sehe den Kasten. Da gehe die Türe auf und Schnee falle herein. Um.

Keine Führer, keine Götter

Pepi Schneeweiß, wie ihn seine Freunde nennen, schloß 1981, wenige Jahre, nachdem er in Pension ging, die Niederschrift seiner Lebenserinnerungen ab. Sie sind jetzt unter dem oben angeführten Titel — ein alter Slogan spanischer Anarchisten — als »Erinnerungen eines Arztes und Spanienkämpfers« erschienen. Der Autor war unter den ersten Österreichern, die 1936 nach Spanien gingen, um gegen den Faschismus zu kämpfen, ein Kampf, der für ihn erst im Frühjahr 1945 endete, als er in Dachau befreit wurde. Aber das Buch enthält nicht nur die Erinnerungen eines Spanienkämpfers, sondern die Darstellung eines ganzen Lebens, das außergewöhnlich und doch typisch war. Außergewöhnlich war auch die Familie, der er entstammte: der seltene Fall, wo eine christlichsoziale Bürgerfamilie noch in der Luegerzeit zur Sozialdemokratie übertrat. Pepi wuchs also in einer sozialistischen Atmosphäre auf und das prägte ihn für sein ganzes Leben. Eine Zeitlang war er Obmann der legendären »Achtzehner«, der Währinger Bezirksgruppe der Sozialistischen Mittelschüler.

In der Selbstdarstellung geht Pepi Schneeweiß keinem politischen und persönlichen Ereignis, ob wichtig oder aber nebensächlich, aus dem Wege. Er reagierte auf persönliche und politische Schwierigkeiten sehr empfindlich. Ein Ausdruck dieser Empfindlichkeit war, daß er in Spanien das Gleichgewicht suchte und fand, das der Vormarsch des Faschismus in Deutschland und Österreich bei ihm erschüttert hatte.

In der französischen Internierung nach Ende des Krieges in Spanien verließ Pepi Schneeweiß die KPÖ, der er, wie viele aus seinem Kreis, nach dem Februar 1934 beigetreten war. In Dachau zählte er sich zur Gruppe der Sozialisten. Die schweren Jahre überlebte er durch Mobilisierung aller seiner Kräfte und durch die Solidarität seiner Mithäftlinge. Gegen Kriegsende besuchte ihn sein Bruder in Dachau. »Das war eine mutige Tat für einen Offizier der deutschen Wehrmacht ... Auf dem Weg zur Front im Westen — er fuhr über München — bog er nach Dachau ab ... Dem Leutnant der Wehrmacht kam die SS entgegen. Er war natürlich Antifaschist wie ich ... Er ging an die Front, ich blieb im KZ, aber wir waren uns beide einig: Hitler hatte den Krieg verloren ...«

Diese Episode macht die komplizierte Problematik deutlich, mit der sich damals ein junger Österreicher auseinandersetzen mußte. Der Uniform konnte man kaum entgehen — ausschlaggebend war das persönliche Verhalten.

Pepi Schneeweiß setzte nach dem Krieg das Medizinstudium fort, war aber gleichzeitig bei den Sozialistischen Studenten und anderen sozialistischen Jugendorganisationen ein beliebter Organisator und Referent, der die Gesinnung und Erfahrung des Spanienkämpfers und KZlers weitergab. Als Funktionär der Sozialistischen Ärzte kam er dann bald in Konflikt mit seiner Partei, die über ihn ein mehrjähriges Redeverbot verhängte. Es war gar nicht so einfach, die in der Jugend erworbene und gefestigte Gesinnung in einer Partei aufrechtzuerhalten und zu vertreten, in der man den Pragmatismus groß schreibt. Dem Veteranen Pepi Schneeweiß allerdings erweist man alle Ehren.

L. Sp.

Josef Schneeweiß: Keine Führer, keine Götter — Erinnerungen eines Arztes und Spanienkämpfers. Junius, Wien 1986, 208 Seiten

Stern, Hamburg, 1986, Nr.43, S. 298f.

»Ich bin ein Don Juan«

Mit seinem Buch »Abschied vom Karpfen« will der Kabarettist Werner Schneyder beweisen, daß in dem ironischen Bürstenkopf auch ein feinnerviger Literat steckt

Von Österreichs Gastarbeitern hat Werner Schneyder die größte Gosche: Den Boulevard-Doktor Köhnlechner schmäht er als »Heil-Hitler«. Deutsche Ärzte zieht er in den Schmutz, bloß weil sie »die Absaugmethode vorwiegend finanziell verstehen«. Und den Bayernkönig Strauß verunglimpft er gar als »Politreaktor, der manchmal auch nicht ganz dicht ist«. Nur zur Mull-Oper »Schwarzwaldklinik« ist dem blonden Bürstenkopf noch nichts eingefallen. Der Grund: »Hat doch der geistige Vater der Fernsehserie, der bekannte Sehbeteiligungsvorausahner R., sinngemäß erklärt, wenn ihn die Kritiker anpinkelten, fühle er sich am wohlsten. Warum also das Wohlbefinden eines Mannes noch steigern, der ohnehin im Urin planscht?«

Auf pralle Pointen und gallige Sottisen versteht sich der Austro-Schwejk. Daß in ihm auch ein feinnerviger Literat steckt, will Schneyder jetzt mit seinem »Abschied vom Karpfen«* beweisen. »Dieses Buch«, begründet der 49jährige sein Debüt als Erzähler, »ist pure Triebbefriedigung für mich. Ich bin ein Don Juan, der ständig nach neuen Ausdrucksformen linst.«

Ausgedrückt hat sich der 1,96 lange Österreicher nicht nur als Sportreporter, Drehbuchschreiber und Talkmaster, sondern auch als boxender Werbetexter, singender Dramaturg und promovierter Fußballtorwart beim Klagenfurter AC. Trotzdem: Ein dilettierender Generalist war Schneyder nie. Und so verkneift er sich auch in den 17 autobiographischen Kurzgeschichten den üblichen Eindrucksmüll des weltläufigen Prominenten.

Die Szenen, die der Autor in einer Mixtur aus Lehrstück und Reportage beschreibt, reichen vom Erschrecken des Kindes über Notlazarette, Flüchtlingskarawanen und Heimkehrerhunger bis zum Klassentreffen mit einem katholischen Nazi. In der Doppelrolle als Patient und Analytiker schildert Schneyder Schlüsselerlebnisse. Der siebenjährige Junge in ihm wird wieder lebendig, der tagelang die Schreie eines Soldaten hört, den die Sanitäter aufgegeben haben: »Er hörte den Mann mit dem Bauchschuß ›Saaaniii . . .‹ schreien. Er stellte sich den aufgerissenen Bauch vor, die Kugel im Gedärme. Er stellte sich den Augenblick vor, als der Feind zielte, abdrückte, als die Kugel einschlug im Menschen.«

Das miterlebte Kriegsende habe alle Fragen in ihm formuliert, sagt Schneyder. »Danach entdeckte ich Sprache als Bewaffnung meiner Waffenlosigkeit, denn ich will nicht, daß ein Kontinent ›Saaniii!‹ schreit.«

Intimes enthüllt Schneyder, wenn er sich als Kranken portraitiert, der »monatelang, zeitweise reglos, zeitweise mit dem Schweiß der Schmerzen« im Spital liegt.

»Wenn ich wehrlos bin, sterbe ich«, klagt der Patient, der sich durch seine Phantasien gedemütigt fühlt. »Ich war doch einer, der in diesem Sommer im Sand liegen wollte. Der sich die große Flasche Rotwein unter den Sonnenschirm nehmen wollte. Der den unerreichbaren Ball noch im Hechtsprung festhalten wollte. Ich war doch einer, der sich nur aus diesen Bildern zusammensetzte.«

Die Expedition durchs Ego rechtfertigt der Autor so: »Ich lese ständig die widersprüchlichsten Urteile über mich. Einigen belle ich zu laut. Andere finden, ich sei bei meinen Angriffen nicht scharf genug. In dieser Situation wird Schreiben zur Menschensuche.«

Die Selbstportraits zeigen den Kabarettisten als cholerischen Kämpfer und wehleidigen Gockel: in haßköpfigen Tiraden zieht er über Kuscher und Kriecher her, wettert gegen Seelenkrüppel, die an der Krücke ihres Zynismus durchs Leben hinken, und prangert eine Gegenwart an, in der die Lächerlichkeit nicht mehr tötet, sondern populär macht.

Eitel und larmoyant ist Schneyder dagegen, wenn er übers Altwerden stöhnt oder entdeckt, daß die begehrlichen Blicke der Frauen mittlerweile dem 18jährigen Sohn gelten. Bei derart angegriffener Gemütslage kann ein unschuldiges Fischstäbchen schon mal zur Provokation werden: »Ein vorgebackenes Stück Fertigfisch«, so die lexikonreife Definition, »in dem Bindemittel zu gepreßten Fischtrümmern ungeklärter Abkunft im demnach schmeckenden Mißverhältnis stehen.«

Probleme hat der Profi-Spötter auch mit Kritikerschelte. »Der Verriß« heißt die Geschichte, in der Schneyder seine Verletztheit schildert, nachdem ihn Harald Wieser im »Spiegel« in Gülle gebadet hatte. Er sei, so das Magazin, »der Studienrat der deutsch klingenden Satire« und zelebriere durch sein »ausgewogenes Proporzkabarett« bloß noch »Geisterstunden der Heiterkeit«. Sein Publikum sei in die »Hinrichtung« (Schneyder) miteinbezogen worden. Beim nächsten Auftritt schlug der Satiriker zurück: »Der ›Spiegel‹ schreibt, mein Publikum bestünde aus Büropersonal mit Schickeria-Ambitionen. Was ist ein ›Spiegel‹-Redakteur anderes?«

Dem »Spiegel« wirft der promovierte Zeitungswissenschaftler Schneyder vor, die Leserbriefe zum Schmäh-Artikel teils verfälscht, teils unterschlagen zu haben: »Der Brief von Dieter Hildebrandt ist gar nicht erschienen, bei Hanns Dieter Hüsch hat man die entscheidende Passage gestrichen, und bei der Zuschrift von Hans Riehl, dem Chefredakteur der Münchner ›tz‹, wurde der Ausdruck ›Beckmesser Wieser‹ in ›Dr. Wieser‹ geändert.«

Als läppische Privatrache eines gekränkten Künstlers will Schneyder die »Spiegel«-Schelte nicht verstanden wissen. Eines habe er allerdings aus der Geschichte gelernt: Wie lächerlich es doch ist, »mit der gleichen Intensität gegen die Aufrüstung und gegen einen Herrn aus dem Feuilleton zu sein«.

SVEN MICHAELSEN

* Werner Schneyder, Abschied vom Karpfen, Kindler, 192 Seiten, 26,80 Mark

Sprachdenkmal für einen Hund

Jutta Schuttings neuer Roman «Hundegeschichte»

E. H. «Meine Erzählung ist die Geschichte der Entwicklung eines ängstlichen und nicht mehr jungen Hundes zu einem angstfreien und unternehmungslustigen, aber auch die meiner Entwicklung zu einem endlich erwachsenen und fürsorglichen Menschen, der im Wohltun und Von-sich-absehen-Lernen einen neuen Sinn in seinem Leben entdeckt, von einem Hund zu Einfühlsamkeit und aus Rücksicht auf dessen Empfindlichkeit zu innerer Ruhe und Friedfertigkeit erzogen wird.»

Dies das Geleitwort der in Wien lebenden Autorin zu ihrem neuen Buch, in dem sie der ihr für ein Jahr in Pflege gegebenen arabischen Schäferhündin ein wahres Denkmal und dazu fast etwas wie ein Sprachdenkmal des Hundseins setzt. Es ist gewiss zu einem ihrer ansprechendsten geworden. Alle Lebensäusserungen der Hündin Paula (oder Polly-Molly, Apollonia, Pauline, aber auch Oberhund, Engelstier, Striegelkatze, Tierperson plus noch mehr als fünfzig Varianten, die eine hübscher als die andere – wer würde dies nicht verstehen, der je mit einem Hund oder einer Katze gelebt hat), ihre Essens- und Nasenfreuden, die Kräutersuche, die Spaziergänge, Hundebekanntschaften, kleine und grosse Geschäfte, ihre zwiespältige Beziehung zum Wasser, ihre Unarten, ihr Verhalten im Auto, alles, was zu einem heutigen Hundeleben gehört, wird mit dem Blick eines nicht nur Beobachtenden, sondern auch Liebenden mit Verstand und Herz durchdrungen. Somit handelt es sich im besten Sinne des Wortes um einen «Liebesroman», wäre dieser Titel nicht bereits für einen früheren Roman Jutta Schuttings in Anspruch genommen worden.

Neben Ernstem und oft an Grundfragen von Sein und Fühlen Rührendem ist stets das innige und stimmige, oft lächelnde Betrachten da: Ähnliches wie das den rhythmischen Vorgang unterstreichende «Striegellied» dürften wohl die meisten Tierliebhaber so oder anders gesummt haben. Nichts Hündisches ist der «Sängerin» dieses und anderer Hundelieder fremd; als besonders stichhaltig empfindet man die Aufzeichnungen zu den Möglichkeiten und Grenzen des «Hundedeutsch»: kein Katalog von Befehlen und Anweisungen, viel eher eine Abhandlung über Notwendiges und Affektives.

Das scheue Tier, das sich am neuen Ort zunächst eingewöhnen muss, löst ungeahntes Engagement aus: «Welch neues Lebensgefühl, zumindest auf Zeit keine andere Liebe zu brauchen als die für ein Tier.» Die Präposition «für» ist richtungweisend. Aus der genauesten Beobachtung der kleinen Schutzempfohlenen – und jede Regung wird Anlass zu einem neuen Text – sowie aus der sorgfältig abwägenden, sich in das Hundsein biegsam vorwärtstastenden Sprache entsteht schliesslich nicht nur das Porträt *eines,* sondern *dieses* Hundes. Dazu kommt nolens volens ein Selbstbildnis der Schriftstellerin, die vielleicht noch nie so viel von sich in ein Werk eingebracht hat; vom Lebensrhythmus des Hundes diktiert, fällt auch ein Blick auf den Alltag und die menschlichen Bindungen der Erzählerin. Unmittelbarer hat man sie und ihre Welt kaum noch erlebt, und dies ist das besonders Erfrischende an diesem liebenswerten weder Tier- noch Sachbuch, in dem auch der Schmerz der Trennung, spärlicher werdende Freuden gelegentlichen Wiedersehens anklingen. Ein anderer Hund, um nicht allein zu bleiben? Doch der müsste «dein Wesen, dein Äusseres, alles müsste er von dir haben und könnte daher nur du sein» – ausgesprochen wird hier das Ausschliesslichste, was an Zuwendung einem anderen Geschöpf entgegengebracht werden kann – damit wird diese «Hundegeschichte» zum beredten Doppelporträt von Herr und Hund.

Jutta Schutting: Hundegeschichte. Residenz-Verlag, Salzburg 1986.

Begabung zu leidenschaftsloser Liebe

Jutta Schuttings Entdeckungen aus einem Hundejahr

JUTTA SCHUTTING: *Hundegeschichte. Residenz Verlag, Salzburg 1986. 190 Seiten, 32 Mark.*

Die Hundegeschichte entpuppt sich als ein Liebesmonolog in Du-Ansprache, eine im Abschiednehmen begonnene, zettelkastenartige Recherche, die das Mosaik eines befristeten Beisammenseins zusammenträgt. Daß dies klärende und zugleich wehmütige Unternehmen einem Pflegehund gilt, könnte einem auf übliche Herzensindiskretionen eingestimmten Leser zunächst etwas „shocking" vorkommen.

Aber – erstens – beginnt Jutta Schuttings Erzählung von ihrem Hundejahr nicht mit dem Abschied von ihrem „Mündel", der ihr anvertrauten und, so erfährt man, an anderen Orten als schreckhaft bis neurotisch geltenden Mischlingshündin, sonden, medias res, sehr drastisch mit dem Heimtransport einer frisch am Unterleib operierten Hündin. Allen ausgeplauderten Liebesadressen an die neue Wohngenossin geht die der österreichischen Autorin eigene langsame Blickeinstellung auf ein zunächst befremdliches Gegenüber voraus (darin durchaus der verfremdenden Betrachtung alltäglicher Gegenstände in ihrem letzten Essayband „Das Herz eines Löwen" verwandt).

Denn zweitens: Ein Handbuch als emotionsgeladene Erinnerungsarbeit ist wohl auch eine Frage des Stils, ein Stil, der die Grenze dessen, was in das stumme Gegenüber an eigener Seelenunruhe hineingemalt werden kann, genauestens auslotet. Dem Leser früherer Bücher der Autorin wird vielleicht dieser in einer langen Erzählung ausdauernd vorgeführte Blickaustausch als ihr schönstes Deskriptionskunstwerk vorkommen. In der Geschichte von der Appollonia, Polly, Paula oder Pauline genannten Hündin holt sie weiter aus als in früheren Erzählungen, in denen sich auch überraschende Tierbegegnungen befinden. Schließlich handelt es sich um ein doppeltes Stück Biographie.

Zu berichten ist von Pollys „Hundwerdung", die erst durch die ihr zukommende Fürsorglichkeit, ein wahres Liebestraining von der Seite ihrer Beschützerin aus, zutage tritt. Alles zusammen: Pollys Entwicklung zu einem Hundeoriginal, das seine vielen kleinen Allüren nun ausleben kann, Jutta Schuttings an ihr geschulte Liebesbegabung, der stilistische Balanceakt zwischen nuancierter Momentaufnahme der vielen Gesichter des Haustiers im verzaubernden Zerfließen ins Märchenhafte, ins Fuchs-, Engels- und Rehgesichtige macht dies Hundejahr lebendig. Ihr „Wiedertaufen" erprobt die Erzählerin in den Portätsplittern dessen, was ihr am Schreibtisch und auf Spaziergängen ständig präsent ist. So scheint erst der enträtselnde Blick, unterstützt von pädagogischen Manövern, die Vielseitigkeit dieser Hundeexistenz und auch deren ästhetischen Reiz hervorzulocken. Registriert werden die Stichworte einer (speziellen) Mensch-Hundgemeinschaft: Verhalten auf (zu hohen) Betten, beim Telephongeklingel, beim Sich-manchmal-doch-photographieren-lassen, im Wasser (an das sie pädagogisch herangeführt wird), beim „Botanisieren". Berichtet wird also auch manch kleine Verhaltensstudie des ehemaligen Wüstensprosses.

Vor allem aber sind eine Reihe von vorsichtigen Beobachtungen über die „Ferne in unserer Nähe" eingebaut, auf die man um so mehr achtet, als die Hundegeschichte auch voll von mit unverkennbarer Zärtlichkeit beschriebenen kleinen Intimszenen ist. Beobachtungen etwa der „Schlafenden" in ihren Pfotenhaltungen: „liegt diese geknickt über ihren Augen und reibt sich ihr die verklebten Lider, so gemahnt sie an ein Friedhofsengelkind, das heimlich weint."

Hier ist ein „Drittens" einzuschieben, was die Jutta Schuttings Erzählkunst so entgegenkommende gelungene Vielschichtigkeit ihres Hundeporträts, aber auch die distanzlose Vereinnahmung des Gegenstands ihrer Geschichte angeht. Eine ästhetische „stumme" Hingabe, geübt sonst in anderen Prosastücken, wird hier durchbrochen. Wohl mag, so heißt es einmal, die Hingabe der Tiere an den Menschen in ihrer Stummheit „unserer Hingabe an die Kunst" ähneln. Sie selbst gibt sich in der unmißverständlichen Konfession, ihrer Liebeserklärung an das durch keinen anderen Hund zu ersetzende Pflegetier keinesfalls ästhetisch distanziert. Die Rückblende am Ende betrifft nicht nur das Polly-Jahr, sondern einen darüber hinausgehenden Liebeslernprozeß. „Was zwei Weltzerstörungen und der nicht mitverbrannte Schmerz nicht bewirkt haben an Einsicht, ist mir zuteil geworden durch das, was ganz von selber zwischen uns herangewachsen ist an Zuneigung, und so könnte mir die wahre Liebe nicht mehr die sein, welche, hungernd nach Gegenliebe, in vielen Liebeswundern sich vermehrt, bis der andere sie endlich haben will, sondern nur mehr eine, welche, gezeugt von der Liebenswürdigkeit des anderen, eine gleichstimmige Vorahnung wäre der liebevollen Entwicklung, die beiden, liebend und geliebt, beschieden ist."

Ein Zuviel an Literarisierung des „Hundetiers"? Das wäre der Fall, wenn der subjektive und – dies mag nun allerdings auch wieder eine subjektive Bewertung sein – nachvollziehbare Grübelprozeß über die Mängel in menschlicher Liebesbegabung nicht für die Vermischung von Liebeskonfession und Tierporträt sorgen würde. Über die Schubladenaufteilung solcher Themen, nach der man das Auftauchen von Tieren als Empfänger von Freundschafts- und Liebesbotschaften eher in der Jugendliteratur erwartet oder in der verwandten Sparte, wo sie als echte „Wildtiere" für Anteilnahme und Spannung sorgen, hat sich Jutta Schutting erfreulicherweise nicht den mindesten Gedanken gemacht. Auch, um eine weitere Fährte, die der Hund in der Literatur hinterlassen hat, kurz zu erwähnen, die Thomas-Mannsche Ausgewogenheit von „Herr und Hund", die Komplettierung durchs Menschlich-Tierische eines Schriftstellerlebens, ist hier nur zweitrangig im Spiel. Allenfalls derjenige Zug des autobiographischen Genres, in dem das Tier einen Platz durch die hohe Kunst seines Herrn erhält.

Ein Buch also nicht nur für Hundefreunde! Und doch: Ein wenig Voreingenommenheit, sogar ein paar Vorkenntnisse in der von Jutta Schutting mit viel Nachdenklichkeit angegangenen speziellen „Beziehungskiste" wird wohl wie bei jedem unverhüllt subjektivem Erzählimpuls genauer lesen lassen. Diese Voreingenommenheit, aber auch die Neugier, wie wohl die feinfühlige Deskriptionskünstlerin dies Thema angehen möge, sei als kleine Zusatzindiskretion gestanden.

SUSANNE LEDANFF

Erhellende Schattenspiele

György Sebestyéns „Werke der Einsamkeit" / Von Werner Ross

Der Roman „Werke der Einsamkeit" des in Wien lebenden, deutsch schreibenden Ungarn György Sebestyén ist ein ehrgeiziger Versuch, wieder das Hochplateau des Ideenromans zu erreichen, Zeitgeist, Kulturdiskussion, allgemeine Zustände in Einzelfiguren und Einzelszenen zu kristallisieren und so auf dem Grenzgebiet zwischen Erzählung und Essay anzusiedeln.

Führer bei dieser alpinen Wanderung ist der Ich-Erzähler, ein junger Archäologe, der die österreichische Menschenfauna genau beobachtet und analysiert, aber auch gelegentliche Liebesbeziehungen nicht scheut. Diese verbinden ihn mit der reifen Flora und der jungen Verena, von denen die eine die Mutter, die andere die künftige Frau des jungen Anselm ist, den man noch mit dem altertümlichen Titel eines Helden der Erzählung ausstatten darf. Unser Erzähler versorgt den jugendlichen Helden mit Ideen, und zwar, in aparter Mischung, mit Marx und mit Verlaines Mythos von der *femme inconnue*, und unternimmt mit ihm umfangreiche Über-Land-Spaziergänge, in denen Erdgeschichte und Naturkunde, Versteinerungen und ausgegrabene Götterdenkmäler ihre Rolle spielen.

Der Schüler Anselm macht sich am Ende selbständig, wird Lehrer und bildet seine Schüler praktisch, wie weiland Rousseau, Pestalozzi und Adalbert Stifter. Er ist ein Querkopf, fängt in der Verderbnis der Zeit mit dem Neuaufbau an, sozusagen auf dem rechten Fleck, und findet im österreichischen Parteienstaat, bei den „Gangsterbanden", wie Sebestyén ohne zuviel Menschenfurcht schreibt, wenig Anklang. Daß in seinem Lehrgarten auch Mohn angebaut wird, wird ihm zum Verhängnis. Die Schulbehörde erledigt ihn; sein quälender Tod, nach unheilbarer Krankheit, schließt den Roman ab.

Dieser Anselm freilich bleibt im ganzen ein etwas blasser Knabe. Wenn der Autor irgendwo den hohen Anspruch einlöst, den er an sein Werk stellt, dann in den nur sanft satirischen, aber höchst präzisen Party-, Audienz- und Kumpaneiszenen, in denen die jeweils Arrivierten auftreten.

Statt „Werke der Einsamkeit" könnte der Roman, die andere Seite einbeziehend, auch „Der große Klüngel" heißen. Es treten dabei die politischen Richtungen zurück, wenn auch die herrschende Partei das meiste abbekommt. Die alles fressende und zerfressende Gefälligkeit schwebt als mythische Figur über dem Ganzen.

Das alte Unheil, die Nazizeit, taucht nur schattenhaft auf. Immerhin hat der Vater eines der Karrieremacher den Vater Anselms, einen harmlosen Musiklehrer, auf dem Gewissen. Breit ausgemalt hingegen wird der Zusammenstoß des alten Sozialisten Mittler mit den glatten und glänzenden Herren von heute. Um die Mißstände der Zeit auf einen Nenner zu bringen, führt Sebestyén einen amerikanischen Geschichtsphilosophen namens Halley ein, der unsere Epoche als ein Zwischenzeitalter beschreibt, in dem – unter verschiedenen Vorzeichen und in gegensätzlichen Systemen – Gangsterbanden herrschen, ebenjene augenzwinkernden Komplizen, die auch den menschenfreundlichen Anselm zu Fall bringen. Ebenso großräumig bezieht Sebestyén auch die ferne, am liebsten die mythische Vergangenheit mit ein. Nicht umsonst ist der Erzähler Archäologe und Anselm ein Fachmann für Geologie und Heimatkunde. Hier geht es manchmal ein bißchen Holterdipolter zu, mit zu kühnen Brückenschlägen, aber die Absicht ist deutlich: der heutigen Buntscheckigkeit – „auf ein Symposion philosophischen Inhalts folgte die Operette, auf die Dichterlesung das Popkonzert, auf ein Seminar über Astrophysik ein Trachtenfest mit Freibier" – die Ganzheit der Zusammenhänge, das Übergreifende entgegenzustellen. Die älteren Kräfte, Antike wie Christentum, sind bei Sebestyén immer gegenwärtig, ohne daß daraus Prophezeiungen oder gar Rezepte entwickelt würden. Daß die Geschichtsdeutung im Vagen bleibt, einsame Ahnung oder Konversationsstoff im kleinen Kreis der Anselm-Freunde, der „Eingeweihten", macht sie für den Roman erträglich und verträglich. Der beruft sich auf Ahnenfiguren wie Musil und auf Stilvorbilder wie Stifter.

In der Tat, kein schlechtes Vorbild. Wie Handke ist Sebestyén, der als Kind bei „Tanten" und Gouvernanten in Budapest Deutsch und Ungarisch gelernt hat, in die Schule des „Nachsommers" gegangen. Der Stil, der sich so bildet, ist streng, manchmal spröd, weniger farbig als fest im Kontur. Er weicht nicht vor dem sperrigen Detail zurück, muß es aber der klassischen Linie, dem stilbestimmten Duktus unterordnen. Die Figuren werden nicht immer ausgefüllt. Auch eine Party kann statuarisch, wie aus Marmor gehauen, wirken.

Es fehlt nicht an Sentenzen, an Aphorismen, an trocken-treffenden Verkürzungen, wenn es etwa von einem modernen Geistlichen heißt: „Die Sätze flossen diesem Mann von Welt derart glatt von den Lippen, daß er immer wieder innehalten mußte, um wirklich das zu sagen, was er im Sinne hatte". Was Sebestyén schreibt, ist reflektiert, komponiert, konzentriert – manchmal vielleicht zu sehr.

In einer 1984 veröffentlichten „Skizze zu einem Selbstporträt" hat er sich selbst als nur in der Sprache zu Hause charakterisiert. Er erinnert sich an die kindliche Freude, die Schattenspiele in ihm erregten, und bemerkt: „Vielleicht gibt es Menschen, die in der Welt der Sprache wie in einer Welt der Schatten zu Hause sind, für die Wirklichkeit nur mittelbar erreichbar und selbst auch nicht in der Lage, die Grenze zwischen sich selbst und der Wirklichkeit aufzuheben."

Damit ist eine Begrenzung, ein Handikap dieses groß angelegten Romanunternehmens angezeigt. Es ist – wie Anselms pädagogische Provinz – ein Werk der Einsamkeit, ein geistreiches, erhellendes, aber kaum erwärmendes Schattenspiel.

György Sebestyén: „Die Werke der Einsamkeit". Roman. Styria, Graz 1986. 481 S., geb., 59,– DM.

Wochenpresse, Wien, 1986, Nr.40, S.40f.

ROMAN

DIE GANGSTER DES HERRN HALLEY

György Sebestyen hat ein Sittenbild der österreichischen Gegenwart gezeichnet: polemisch, ironisch, packend. Politiker, Schriftsteller, Journalisten – sie alle sind Teilnehmer an einem Totentanz zwischen Macht und Eros.

VON HANS MAGENSCHAB

Was ist das, Archäologie? Nur das Wühlen zwischen alten Steinen – oder mehr?

Archäologie: das heißt Rekonstruktion des Lebens, einer Gesellschaft; Umrißzeichnungen persönlichen Schicksals, der Lebensart einer Menschengruppe. Und was bleibt übrig von uns allen, vom heutigen Österreich der 80er Jahre?

György Sebestyen hat wieder einen Roman vorgelegt. Wie sein „Thennberg" und sein „Albino" ist er eine scharfe Analyse der Zeit – freilich, mit manchen mystischen Ausflügen – eine an Einzelschicksalen deutbare Sicht der „Zustände".

„Die Werke der Einsamkeit" sind Sebestyens bislang größter Roman – groß in jeder Beziehung. Hält doch der in Ungarn geborene und nun schon seit 30 Jahren in Wien lebende Autor in diesen chiffrierten Figuren seines Buches der Zweiten Österreichischen Republik im Stadium ihrer Auflösung einen entzerrenden Spiegel vor. Und wer zwischen den Zeilen liest, weiß auch bald, was und wer gemeint ist in den Masken dieses Satyrspiels: lebende politische Figuren, auch Künstler und Adabeis dieser ganz konkreten Gesellschaft von 1986.

Hauptfigur von Sebestyens Roman ist der Archäologe Heinrich Stahl, ein Rechercheur im Kittel des Wissenschaftlers. Dieser findet bestätigt, was der amerikanische Philosoph und Politologe Theodore William Halley prinzipiell über die Degeneration von Gesellschaften theoretisch ergründet haben will: Überall sind „Gangsterbanden" am Werk – im Kommunismus ebenso wie im Parlamentarismus. Halleys verblüffende These: Jede Gruppe, die in einem Staat die Macht erkämpft, besteht zu Beginn aus Moralisten; diese bilden sich vorerst ein, keine Vorrechte zu besitzen. Erst nach und nach spalten sich die Mächtigen in Schwärmer und Realisten; nach Halley entwickelt die Gruppe der ersteren Skrupel, während sich die andere unausweichlich in eine Gangsterbande verwandelt. Auf allen Seiten spricht man dann von Verrat, weshalb „die Revolution zuerst ihre Väter frißt".

Halley freilich, der Sebestyens Archäologen zur Beweisführung dient, steht paradoxerweise in keinem Lexikon. Die verehrten Leser werden im Brockhaus nur einen Kometen-Entdecker aus dem 18. Jahrhundert gleichen Namens finden. Vielleicht ein Vorfahre? Und doch ist Halleys (Sebestyens) Theorie in der Tat plausibel. Seit der Autor nämlich seine „Bonzen von Wien" im Rundfunk aufführte, wissen seine Freunde darüber Bescheid, daß das Erlebte (und Erlittene) wirklich hinter Sebestyens Beschreibungen steht. Nichts ist wirklich „erfunden", was sich in diesem Land Österreich, der Hauptstadt und dem Umland vollzieht.

Ein makabres Fest, das ein österreichischer Diplomat gibt, gerät in den „Wehen der Einsamkeit" zur archäologischen Seance. Österreichische Masken sind, zu Mumien erstarrt, alle da:

- Der Diplomat Franz Mittler, Spanienkämpfer, Sozialdemokrat im Dienst der Republik, ein polternder Säufer mit brillantem Wissen und hohem Niveau – ist es der verstorbene Botschafter Karl Hartl? Sebestyen: „Einige Male war er selbst der Dumme oder von den anderen für dumm verkaufte Held."
- Oder Bundesminister Heinrich Dahm: „Er kam kurz vor Mitternacht, drückte Mittler die Hand, trank zerstreut ein Glas Wein ... und fuhr wieder ab." Etwa Fred S., ein Langzeit-Unterrichtsminister?
- Da ist der Schriftsteller Johannes Kaltz, Autor von Stücken und Romanen: „Er schrieb ausschließlich über menschliche Bestien, berichtete über sie allerdings derartig anmutig und wortgewandt, daß man sich während der Lektüre nicht betroffen fühlte." Und dann, Kaltz mit Kafka vergleichend, die treffliche Charakteristik: „Eine Beziehung zwischen Bach und Mühlrad: Das lautlose Strömen des Wassers läßt das Rad klappern." Es ist schwierig, bei Kaltz nicht an einen gewissen Thomas B. – fast schon einen austriakischen Nationaldichter – zu denken ...
- Aber da ist auch der Politiker Josef Hawlitschek, ursprünglich Druckereiarbeiter, jetzt großer Gewerkschafter. Ist es Anton B., ein Präsident?
- Oder Gerd Wyss, ein „progressiver" Landesrat, Kulturpolitiker gar: „Ich verstehe nichts von Malerei", sagt er einmal, „und ich begreife nicht einmal, was diese neuen Maler wollen, aber gerade darin liegt der Beweis für ihre Bedeutung ..." Und dann: „Ich werde ausschließlich Künstler fördern, die ich nicht verstehen kann." Ist der Landesrat etwa jener mittlerweile zurückgetretene Kulturchef im östlichen Bundesland, Gerald M.?

Überhaupt ist dieser Wyss eine ganz zentrale Figur Sebestyens, und die liebevolle Schilderung des Herrn Landesrates zu einem der besten politischen Sittenbilder in Österreichs Parteiherrschaftsgenre geworden: Lauwarmer, ungläubiger aber kirchenbesuchender Katholik, aus einem Milieu, das „sanft antisemitisch" und „sanft gegen den Adel" ist, voll Angst vor dem Fremden – das überlegen sein könnte –, dabei grundsätzlich schicksalsergeben. In Wyss' Reden kommt die „Sprache der Stammtische" wieder, freilich in einer gehobenen Form. Und überhaupt: „Die Weisheit des Lebens besteht darin, alles zu überdauern – und zwar mit Gewinn." Eine politische Kaste – theoretisch überhöht als Halleys Machthaber – ist da auf dem Weg zur „Gangsterbande". Und es ist gleichgültig, ob deren Armstuhl mit schwarzem oder rotem Plüsch bezogen ist: „Für den, der lediglich bequem sitzen will, ist die Farbe unerheblich."

Wer aber tiefer gräbt wie der Archäologe Stahl oder hinterfragt wie die Romanfigur Anselm – (ein schreibender Lehrer und „guter Mensch") –, der wird in der Gesellschaft aus Karrieristen und Opportunisten vernichtet.

Der Schluß des Buches ist dem Sterben dieses Anselms gewidmet. Ein Mensch, den man politisch fertiggemacht und beruflich ausgebootet hat, stirbt an einem Kopfleiden. Ist da einer der interessantesten Schriftsteller der österreichischen Literatur, der erst kürzlich an einem Gehirntumor verstorbene Herbert Eisenreich, verschlüsselt? Freunde des Autors wissen um die enge Beziehung des Doderer-Schülers Eisenreich zum Proust-Epigonen-Sebestyen.

Irgendwo in der Mitte dieses wahrhaft großen österreichischen Gegenwartsromans stehen dann auch die Sätze, die dem ganzen Buch ein Motto geben könnten, freilich im zynischen Kontext: „Der Alkohol ermöglicht den Europäern, den Zustand ihres Kontinents zu ertragen. Möglich, daß Menschen, die den Rausch nicht kennen, im Sinn einer heilsamen Autosuggestion vorgehen: Wo kein Mittel zur Tröstung, besteht auch kein Grund zur Verzweiflung." ■

György Sebestyen, „Die Werke der Einsamkeit", Verlag Styria, 485 Seiten, S 420,–.

Waltraud Seidlhofer: „Geometrie einer Landschaft", Prosa, 41 Seiten, edition neue texte

„gegeben ist: eine ebene, die nach allen seiten hin unbegrenzt ist (erscheint) . . ." „aus diesen elementen soll eine landschaft geschaffen werden."

Mit diesen Worten beginnt „geometrie einer landschaft", das Mittelstück der gleichnamigen neuen Prosa-Sammlung der in Wels lebenden Autorin Waltraud Seidlhofer, die heuer in der „edition neue texte" (die vor über 10 Jahren ihr Programm mit Seidlhofers „fassadentexte" eröffnete) erschienen ist, einer Sammlung, die kleinere Arbeiten der letzten Jahre vereint.

Nicht der Mensch — als „N. N.", „der sich bewegende" oder auch nicht näher bestimmbares „man" benannt — steht im Mittelpunkt dieser Prosa, sondern das jeweils entworfene Bild; der Entwurf selbst wird gleichsam zum Protagonisten jener fiktiven Räume, Landschaften, Geschehnisse, die von einem scheinbar daran unbeteiligten Subjekt fixiert worden sind. Bezeichnenderweise fehlen die Dialoge („einöde" spielt in einem schalldichten Raum; in „querschnitt durch einen augenblick" ist ein Schrei Ausgangspunkt für die Ortung seiner Umgebung, bleibt selbst jedoch undefiniert). Jegliches überflüssiges Schmuckwerk vermeidend, wird nur das für die Beschreibungen Notwendig(st)e gesetzt, werden diese sozusagen auf ihr Gerüst reduziert.

Und das mit einer einerseits karg und umständlich anmutenden, andererseits stets sehr präzisen Sprache, einer Sprache, die sich — wie die Autorin selbst — keinerzeit aufdrängt, gerade dadurch aber auch zu beunruhigen vermag. So heißt das letzte Stück der Sammlung nicht umsonst „grund zur beunruhigung", verlaufen Seidlhofers Beschreibungen ja nicht linear, sondern werden immer wieder durchbrochen, — durch Einbezug je weiterer möglicher Varianten, durch Vermutungen über die so angenommenen „tatbestände", durch deren fortlaufende Einschränkung und Einengung. Solches Schreiben wirkt wie ganz auf Vorsicht bedacht, erscheint als Zögerndes, das in Verbindung mit seiner gleichzeitigen Exaktheit den besonderen Reiz dieser Bilder ausmacht, die „weder schön noch häßlich" sind, aber mit einer „gewissen geometrie". (Und „geometrisch" verläuft schließlich auch die Gliederung der Texte: Gegenläufigkeiten, Dreizahl, sprachliche Komplementärkontraste.)

Ein Buch imaginärer Beschreibungen also, die der Leser Schritt für Schritt nachvollzieht, die auf nichts Hintergründiges weisen, „nur" vordergründig wortwörtlich zu lesen sind; ein Buch, das — so gelesen — zu einer sehr wichtigen Lektüre wird, nicht zuletzt deshalb, weil es von Waltraud Seidlhofer stammt, die hier — entgegen aller Ausschlachtung eines am Buchmarkt nur zu sehr aktuellen Frauen/Autorinnen-Klischees — eine hochabstrakte, ganz eigenständige Literatur entwickelt hat.

Christian Steinbacher

Literatur und Kritik, Wien, 1987, Nr.213/214, S.184f.

MANÈS SPERBER: DER SCHWARZE ZAUN. Roman.
Wien, München, Europaverlag, Zürich, 1986.

Der berühmte 48jährige Psychologe Albert Gerlan hat Probleme; zunächst bereiten ihm seine Frau Anna und seine Freundin Elisabeth Sorgen, dann die Töchter Hella und Maria. Doch das ist nicht mehr als der geradezu notwendige familiäre Krisenhintergrund, zu dem viel brisantere Schwierigkeiten treten. Gerlan forscht nach seinem spurlos verschwundenen und von ihm geförderten Freund, dem Maler Walter Dorten, bereitet eine Ausstellung seiner Werke vor, doch dieser Erfolg zieht ihm nur den Haß Dortens und die Beobachtung durch einen seltsamen Rechtsanwalt zu. Besonders beunruhigend ist aber der Fall eines Patienten namens Thomas Liebmann, der, wie sich im Laufe der Begebenheiten herausstellt, als Halbjude und SS-Mann einem Vernichtungskader in Treblinka angehörte und von einem einarmigen Israeli namens Edi Rubin alias Benjamin Giladi ausgeforscht und verfolgt wird. Schließlich findet Albert Gerlan den Maler im Winter hoch auf einer Almhütte, wird von ihm attackiert und läßt ihn allein mit dem Israeli, der an dem Künstler nun an seiner Stelle die Rolle des Psychotherapeuten wahrnimmt. Albert kehrt zurück zu den Menschen, und der Autor entläßt seinen Helden mit den Worten: „Ihn erfüllte ein freudiges Vertrauen zu allem, was ist."

Ist der Leser da angelangt, meint er, ein Chor sänge „Freut euch des Lebens". Anzuzeigen ist noch, daß diese Inhaltsangabe aus Zeitgründen viele andere explosive Detailhandlungen unterschlagen muß; wer auch diese kennen will, muß das Buch lesen, und wer es liest, würde, kennte er den Namen des Verfassers nicht, schwer zur Annahme verleitet werden, daß es sich um Manès Sperber handelt, den Verfasser zahlreicher kulturkritischer Studien und einer Autobiographie von hohem Rang, einer interssanten Romantrilogie mit dem Titel *Wie eine Träne im Ozean*, um Manès Sperber, den umstrittenen Träger des Friedenspreises des Deutschen Buchhandels von 1983. Nein, bei der Lektüre des Romans *Der schwarze Zaun* drängten sich mir innerlich Titel auf wie „Niemand ist eine Insel" oder „Der Stoff aus dem die Träume sind" oder „Wir heißen euch hoffen". Diese Werke haben an die 600 Seiten, Sperbers Werk kommt mit nicht ganz 200 aus. Das Gespenst des Arztromans, eine jählings ins Intellektuelle gestülpte Schwarzwaldklinik huschten an meinem inneren Auge vorbei, und vergeblich suchte ich, solche Assoziationen niederzukämpfen. Der Titel *Der schwarze Zaun* soll auch beziehungsvoll sein; Albert Gerlan träumt davon, weiß aber nicht, vorerst, worum es sich handelt. Schließlich legt er aber doch mühelos seine Assoziationen frei: er hatte sich als Kind beim Versteckspiel hinter einem solchen schwarzen Zaun verborgen und gewartet, daß sein Vater ihn dort holen würde. Der kommt aber — aus einem unbekannten Grunde — nicht. Das muß also irgendwie der Angelpunkt des Ganzen sein, doch wird der Leser dazu nur mit folgendem weisen Spruch versorgt: „Alles hängt zusammen, natürlich; man muß nur die Fäden richtig zusammenspinnen." So wie der Roman ein wahrer Tandelmarkt an Motiven aus der Trivialliteratur auf der Inhaltsebene ist, so gleichen die Äußerungen und Reflexionen der Figuren einer psychoanalytisch übermalten Erbauungspredigt. Das Buch sei, heißt es im Klappentext, 1959, „einem Krisenjahr des Verfassers", entstanden und abgeschlossen worden, um es später einmal zu „vollenden". Dazu ist es, bedauerlicherweise, nicht mehr gekommen, bedauerlicherweise aber ist es zu dieser Ausgabe gekommen, die so gut wie keine Informationen über die Entstehung des Werks und seine Stellung im Gesamtoeuvre gibt. So hätte dieser Roman, der ja auf Grund einer Vor- und Selbstzensur des Verfassers nicht publiziert wurde, einen anderen Rahmen bekommen. Für Werke, die solchen Problemzonen der Kreativität entstammen, ist eine bessere verlegerische Obsorge erforderlich als die Schlüpfrigkeit der Klappentextmentalität, die von einem „tiefgründigen Roman der Einsamkeit" spricht. Das unorganisiert Erzählte kann als Material zu einem Roman gelten, das, als solches präsentiert, ein aufschlußreiches Krisendokument wäre. Große literarische Werke verdanken sich meistens Krisen, doch muß dem Autor auch Zeit und Kraft zugestanden werden, diese zu überwinden. Sperber wußte um die Fragwürdigkeit dieses Textes und hat ihn beiseitegeschoben, und so ändert sich für mich auch nichts an der hohen Achtung, die ich für den Autor Manès Sperber habe.

Wendelin Schmidt-Dengler

Ein Fund im Nachlaß

Wahn und Rache

Manès Sperbers „Der schwarze Zaun" /Von Karl-Markus Gauß

Der 1984 verstorbene Erzähler und Essayist Manès Sperber war ein rastloser Leser von Romanen und zugleich ein theorienkundiger, universal gebildeter Intellektueller. Diese Gelehrtheit des Verfassers merkt man seinen Essays und Romanen auch an – wobei es den Studien zu Fragen der Literatur oder Problemen der Sozialpsychologie, zu Krisen der Wirtschaft oder dem Zusammenbruch politischer Ideale in unserem Jahrhundert wohl mehr als den erzählerischen Werken zugute kam, daß Gelehrtheit und reiche Bildung immer wieder unvermittelt und direkt in sie eingeflossen sind. Die belletristischen Werke Sperbers hingegen litten nicht selten an einem Allzuviel von gleichsam ungezügeltem, ungestaltetem Wissen, mit dem sich der Intellektuelle Sperber, so als mißtraue er der Kunst, kommentierend und korrigierend in seine eigenen Fiktionen drängte.

In besonderem Maße gilt das für den jetzt erstmals veröffentlichten Roman „Der schwarze Zaun", den Sperber 1959 entworfen, bis an ein behelfsmäßig-abruptes Ende fortgeschrieben, aber in diesem Krisenjahr seiner Entwicklung so wenig wie später wirklich vollendet hat. „Ganz egal", heißt es einmal in diesem Roman, „zahllos sind die Fragmente, die man hinter sich zurückläßt." Lehrreich meist auch dort, wo er irrte, hat Manès Sperber mit dem „Schwarzen Zaun" einen Roman verfaßt, der selbst in seinem Scheitern noch eine anregende, über manche Passagen hin auch aufregende Lektüre ist.

Wenigstens drei Geschichten sind es, die Sperber mit seinem seltsam blassen Helden, dem erfolgreichen Psychologen Gerlan zu verknüpfen sucht. Da ist der Maler Dorten, den Gerlan wie seinen geist-eigenen „Titular-Armen" hält und finanziell unterstützt, weil Dorten sich den Künstlerernst leistet, ein und dasselbe Bild auch zwanzigmal zu versuchen, um es schließlich doch noch zu vernichten. Eines Tages ist dieser so geniale wie gefährdete Maler verschwunden – und Gerlan bleibt in der quälenden Unsicherheit zurück, ob dies Verschwinden auch ihm, dem Freund, Bewunderer und Mäzen gegolten hat.

Auf einer zweiten Ebene spielt die Geschichte eines untergetauchten KZ-Schlächters und seines Jägers, die jeder für sich die Hilfe des Psychologen beanspruchen. Eine paradoxe Entwicklung, ist aus dem „gefühlstauben". Mörder ein gehetztes, ein von Angstneurosen geschütteltes „Opfer" geworden, dem nun das Opfer von früher hinterherjagt. Diesem gilt die menschliche Zuneigung Gerlans, jenem sein ärztliches Pflichtgefühl und sein Interesse am Pathologischen. Nicht ohne Erfolg sucht Gerlan das Opfer von früher davor zu schützen, sich durch private Rache selber zu zerstören: „Er sieht nicht aus wie ein Mann der Tat, er spricht nicht so – warum läuft er hinter dem Verbrechen her, was drängt ihn, Rächer zu sein, Vergeltung zu üben? Welches eigene Versäumnis will er büßen? Warum verurteilt er sich selbst, ein Mörder zu werden? Und wie wird er leben im Schatten dieser Tat, für die sein Wesen nicht vorbereitet ist?"

Völlig aussichtslos hingegen zeigt sich die Behandlung des Kriegsverbrechers, der weder zur wahren Einsicht seines Wesens, noch zur Überwindung seiner psychologischen Lebenshemmnisse kommt. Ihn, einen Halbjuden, hatte der panische Versuch, dem „Makel" seiner Herkunft zu entlaufen, in eine Karriere bei der SS getrieben – Spezialgebiet: Ausrottung von Juden.

Des dramatischen Geschehens um wahres Künstlertum und Menschenflucht, um Verbrechen, Wahn und Rache noch nicht genug, überschichtet Sperber seinen Roman mit einer dritten Handlungsebene: mit der Geschichte einer lebenslangen, rätselhaften Feindschaft zwischen zwei Schulkameraden.

Geradezu verstörend blitzt in jeder der drei Geschichten immer wieder Sperbers hellsichtige Menschenkenntnis auf, und auch erzählerische Höhepunkte gibt es in diesem Roman genug. Die verschiedenen Erzählstränge aber kreuzen und verknoten sich nicht, sie laufen lange nebeneinander her und verlieren sich schließlich im Irgendwo. Es ist indes nicht nur die innere Unfertigkeit dieses abgeschlossenen, aber unvollendeten Romans, es ist auch der gelehrsame Eifer Sperbers, die Dinge nicht zu gestalten, sondern zu bereden, sie nicht zu entwickeln, sondern zu verhandeln, der den „Schwarzen Zaun" ästhetisch unbefriedigend erscheinen läßt. Gleichviel: Gestalten wie den abstoßenden und doch bejammernswerten Psychopathen, der sich den Vertreibern seines Vaters als Mordknecht andient, wird man ebensowenig wieder vergessen können, wie jenen greisen Rechtsanwalt, der ein Leben der Menschenliebe hinter sich gebracht hat und doch nie von dem einen großen und fremden Haß gegen den Gefährten der Kindheitstage losgekommen ist.

■ **Manès Sperber:**
„Der schwarze Zaun"
Roman; Europaverlag, Wien 1986; 190 S., 36,– DM

Frühe Erfahrungen

Drei Romane von Hilde Spiel aus den dreißiger Jahren

HILDE SPIEL: *Frühe Tage. Kati auf der Brükke. Verwirrung am Wolfgangsee. Flöte und Trommeln. Drei Romane. Mit einem Nachwort von Geno Hartlaub. Albrecht Knaus Verlag, München 1986. 386 Seiten, 39,80 Mark.*

Die Österreicherin Hilde Spiel kennt man bei uns vor allem als einfühlende Essayistin, als scharfsinnige Kritikerin. Ihre Romane und Erzählungen treten hinter dieser deutlicheren Präsenz zurück – das ist vielleicht verständlich aber sicherlich unverdient. Denn ihr belletristisches Werk, das kürzlich mit dem Ernst-Robert-Curtius-Preis und einer Ehrengabe des „Kulturkreises" im BDI ausgezeichnet wurde, enthält eine Reihe Romane und Erzählungen. Und mit einem Roman – „Kati auf der Brücke" – hat sie als Zweiundzwanzigjährige debütiert.

Es ist die Geschichte einer ersten und enttäuschten Liebe, eine Geschichte ohne Happy-End also, auf das auch die beiden nächsten Romane – „Verwirrung am Wolfgangsee" und „Flöte und Trommeln" – verzichten. Der Albrecht-Knaus-Verlag hat jetzt zum 75. Geburtstag der Autorin alle drei in einem Band neu herausgebracht. Für die jüngeren Leser mögen vor allem die ersten beiden dieser erstaunlich leichthändig und „erfahren" geschriebenen Romane tatsächlich, wie der Klappentext anmerkt, Kunde aus „einer versunkenen Welt" bringen. Daß Welten versinken, geschieht ja immer rascher: schon die fünfziger Jahre sind heute Legende, erst recht die Zeit „zwischen den Kriegen". Für die der Autorin näheren Zeitgenossen enthalten sie ein mehr oder minder deutlich wiederkennbares Stück der eigenen Realität, zumindest die „Stimmung" der Epoche, einen gewissen Ton des leichthin Gesagten, der ernster Gemeintes, auch schlimme Ahnungen und Ängste überdeckt. Wir kennen ihn aus den frühen Äußerungen von Klaus und Erika Mann und – in der Berliner Variante zur Perfektion gebracht – bei Kurt Tucholsky.

Schon im frühesten Roman gelingt es der jungen Autorin bei aller spürbaren Berührtheit Distanz zu den Erfahrungen ihrer Heldin zu halten, indem sie immer wieder den Standpunkt des Mannes einnimmt, des gleichfalls blutjungen aber schon etwas welterfahreneren Pressephotographen Piet, der zu reifen Frauen neigt und die ungebremst aufrichtige Leidenschaft Katis auf die Dauer nicht erträgt. In der Sommerepisode „Verwirrung am Wolfgangsee" verbirgt sich die Schreiberin ganz hinter dem Ich-Erzähler, einem der beiden globetrottenden jungen Belgier, die sich und ihre wechselnden Gefühle für ihre Zufallspartnerinnen in der Balance der Ferienfreiheit zu halten versuchen. Den beiden Mädchen, denen sie begegnen, haftet bei durchaus eigenwilligen, „modernen" Zügen ein feinsinniger Hauch von sanft jugendbewegten höheren Töchtern an. In beiden Romanen aber wird – das eine Mal gegen den Hintergrund des Wiener Künstler- und Intellektuellenmilieus, das andere Mal gegen die inzwischen so abgetragene Natur-Kulisse – eine gewisse weibliche Unruhe spürbar, die sich mit den Frivolitäten des einen, dem heiteren Behagen des anderen nicht ganz abfinden mag.

Deutlicher, ja, zum eigentlichen Motiv der Geschichte wird diese im ausgereiftesten und auch „modernsten" der drei Romane „Flöte und Trommeln", der nach 1936 – bereits in der englischen Emigration – entstand. Es ist die – wieder in Ich-Form berichtete – Vagabondage einer jungen Frau durch das Italien kurz vor dem Abessinien-Krieg: Sandra, ein unabhängiges, abenteuerfreudiges Wesen mit roten Haaren, halb Irin, halb Russin und nirgends recht zugehörig, verläßt auf der Autofahrt nach Venedig ihren pedantisch-rechtschaffenen Schweizer Verlobten: Sie steigt – im genauen Wortsinne – aus. In Venedig begegnet sie einem vom Ersten Weltkrieg seelisch und körperlich schwer lädierten Mann, der ihr zum Schicksal wird. Immer wieder taucht er – als Mahner zum „Wesentlichen" – an ihren zufälligen Aufenthaltsorten auf, bis sie sich zuletzt kurz zusammenfinden, er stirbt und sie als Krankenschwester in ein Lazarett nach Afrika geht. Weit weniger spielerisch, „inszeniert" gibt sich hier die Wirklichkeit zu erkennen. Die junge Landstreicherin gewinnt auf ihrer Wanderschaft sehr präzise Einblicke in das italienische Alltagsleben der kleinen Leute, in die Öde und Tristesse bürgerlichen Daseins in der Provinz, in den verblasenen und mißbrauchten Heroismus junger Adeliger, in die wachsenden Aggressionen während dieser Jahre eines immer militanter werdenden Faschismus. Sandra ist auf eine sehr persönliche Weise „emanzipiert". Sie tut, was sie will, sie liebt, wen sie will, sie bewegt sich ungehemmt in allen Gesellschaftsschichten. Sie begibt sich in veritable Gefahr und kommt fast darin um. Es gibt Situationen von einer Radikalität und harten Realistik, die an Bilder aus Filmen wie *Thermidor* oder *Sans toit ni loi* (von Agnes Varda) erinnern, wie auch die Erzählweise filmischem Sehen nahekommt. Je mehr sich Sandra auf ihren wirren Wegen Rom nähert, wo sie dann kurz als Geliebte eines faschistischen Architekten lebt, desto unverhohlener ist vom Krieg die Rede. Am Ende des Buches behält er das letzte Wort.

In allen diesen drei Romanen ist die versunkene „Welt von gestern" in den authentischen Erfahrungen einer begabten jungen Schriftstellerin und Zeitgenossin reflektiert. Das unterscheidet sie von allen Erinnerungen und Rückblicken auf eine Vergangenheit und macht sie unschätzbar.

KYRA STROMBERG

Das Geheimnis der Morgenröte

„Leonardos Dilemma" — ein Roman von Michael Springer

Wenn einem Aphorismus von Karl Kraus zufolge die Literatur, die vom Stoff lebt, auch am Stoff stirbt, so dürfte dem Roman „Leonardos Dilemma" des in Salzburg geborenen Autors Michael Springer vorerst ein langes Leben beschieden sein. Die komplizierte Materie jedenfalls, die Biotechnik heißt und um die dieser Roman kreist, scheint derzeit noch so sehr in den Kinderschuhen zu stecken, daß Springer das Geschehen seines Romans in die nahe Zukunft verlagert und ihm auf diese Weise offenbar eine ebenso wirkliche wie utopische Dimension zu verleihen sucht.

Um nicht in Verdacht zu geraten, sich allzusehr an gängigen Science-fiction-Mustern orientiert zu haben, serviert uns der Autor ein merkwürdiges Gebräu aus Anachronismen und Zukunftsträchtigem: Im Heidelberg des Jahres 1993 klappern die Pferdehufe auf dem Straßenpflaster, und über den nächtlichen Himmel ziehen die Nachrichtensatelliten als künstliche Abendsterne. Fieberhaft arbeitet man in einem Biolabor — die Apparaturen aus Schläuchen und Pipetten sind längst durch Bildschirme ersetzt worden — an der Stabilisierung eines Makromoleküls, das der Biotechnik zu einem entscheidenden Durchbruch verhelfen würde und es möglich werden ließe, einem lebenden Organismus an jedem beliebigen Punkt seiner Entwicklung neue Organe wachsen zu lassen.

Derjenige aber, der das Forscherteam auf das vielversprechende Projekt ansetzte, hat das Heidelberger Institut vor drei Jahren verlassen und gilt seitdem als unauffindbar. Nur er, ein Einstein seines Faches, könnte den festgefahrenen Biolaboranten mit seinem Wissen auf die Sprünge helfen. Eine junge Mitarbeiterin ist von der Idee besessen, den verschollenen Professor ausfindig machen zu können. Die Spur führt nach Wales; aus unerfindlichen Gründen versetzt Springer England kurzerhand in den Kriegszustand: London ist in Schutt und Asche versunken, auf den Trümmerhalden tickt elektronischer Abfall, und in den menschenleeren Straßen verlieren sich ein paar Fuhrwerke als einzige übriggebliebene Transportmittel.

Die Heidelberger Assistentin spürt schließlich eine langjährige Kollegin des Professors auf, die ihren beruflichen Werdegang und als engste Vertraute des Professors damit auch dessen Biographie niedergeschrieben hat. Was ihr Bericht, der zweite Teil des Buches, noch offenläßt, ergänzen die Aufzeichnungen des Wissenschaftlers im dritten Teil, der eine Art Vermächtnis an die Nachwelt enthält. Wie Leonardo — so liest man — stehe er „in der Morgenröte einer neuen Ära", wäre da nicht das Dilemma, als Wissenschaftler einem „Weltzustand" ausgeliefert zu sein, der alle neuen Techniken in die Tresore des Militärs sperrt. Die Manipulation der Materie durch die Biotechnik eröffne ungeahnte Möglichkeiten zur Bewältigung aller bisherigen Menschheitsprobleme, berge aber bei Mißbrauch um so größere Gefahren der Entstellung und Selbstvernichtung in sich.

Weshalb uns Springer unter dem beträchtlichen Aufwand von 363 Seiten an die magere Quintessenz seines Buches heranführen muß, bleibt sein Geheimnis, wie es das Geheimnis des fiktiven Professors bleiben soll, auf welche Weise er sich dem Konflikt zwischen Wissenschaft und Macht entzieht. Springers Dilemma aber bleibt, als promovierter Physiker mit viel Sachverstand einen streckenweise spannenden und unterhaltsamen, im ganzen aber aufgebläht wirkenden Roman geschrieben zu haben, dem es zum Verhängnis wird, sich um eine Binsenweisheit nicht gekümmert zu haben: daß Literatur nun einmal nicht vom Stoff, sondern aus der Sprache lebt.

HANS CHRISTIAN KOSLER

Michael Springer: „Leonardos Dilemma". Roman. Verlag Hoffmann und Campe, Hamburg 1986. 364 S., geb., 38,— DM.

Dichtung und Dokument von Wilhelm Szabo:

Kostkind im Waldviertler Dorf

Vor wenigen Wochen haben wir den Lyriker Wilhelm Szabo zu Grabe getragen. Er hat sein erstes Prosabuch*), die Autobiographie seiner Kindheit als Kostkind bei Waldviertler Kleinhäuslern, nicht mehr erlebt.

Das Buch ist zuerst einmal ein Dokument, das nur ein bedeutender Schriftsteller schreiben konnte. Eine Dorfkindheit in den Jahren vor dem Ersten Weltkrieg ohne einen Hauch von Idylle, aber auch ohne rhetorische Anklage. Unvorstellbar die Armut und der aus Not und Unbildung resultierende Aberglaube. Armut macht vielleicht bescheiden, solidarisch, aber sie macht auch hart und ungerecht. Auch das Dorf hat eine strenge soziale Hierarchie. Ein Pflegekind aus dem Findlingshaus steht hier an letzter Stelle. Schulerfolge und Wissensdurst stehen ihm nicht zu. Da braucht es schon die Begabung und die zähe Ausdauer des kleinen Szabo, damit wenigstens der Lehrer und der Pfarrer die Talente erkennen und bescheiden fördern. Die Zieheltern sehen solchen Lerneifer nicht gerne. Will der vielleicht was Besseres sein? Die vom Ministrantengeld abgesparten Lehrbriefe, die sich der Bub heimlich besorgt, um lernen zu können, werden unbarmherzig verbrannt. Was für ein Wissensdurst, der heimlich gestillt werden muß! Unsere Kinder verstecken sich, um nicht lernen zu müssen, der kleine Szabo verkriecht sich für ein paar Minuten Mathematik- und Vokabellernen.

Selbst diese bescheidene Zuflucht soll ihm genommen werden. Als er zehn Jahre alt ist, findet der Ziehvater, daß der Fresser nicht länger geduldet werden soll. Und das Kostkind muß um dieses armselige Zuhause bangen. Dann eröffnet sich ihm die große Chance. Aufgeweckte Dorfbuben haben damals eine einzige Bildungschance: Das Priesterseminar. Und da zeigt sich die Ehrlichkeit und der Stolz des gedemütigten Kindes. Er widerruft seine Zusage. Der eifrige Ministrant fühlt sich nicht berufen zum Priesteramt, das er im kindlichen Spiel vor dem selbst gebastelten Altar nachgeahmt hatte. Er gerät in die Lehre eines Flickschusters, der gleich bei der Vorstellung seine päderastischen Gelüste an ihm befriedigen will. Dem Buben bleibt nur die Flucht.

Natürlich gibt es auch Wärme und Zuflucht im Dorf. Aber noch mehr Kälte, Verlassenheit, Verlorenheit, Einsamkeit. Szabo hat dieses Gefühl ein Leben lang nicht verloren, auch nicht, als er, wovon er als Bub nur träumen konnte, selbst hier als Lehrer Respektsperson geworden war. Das Dorf bleibt ihm lebenslang unheimlich, fremd, gefährlich. Er fühlt sich im Dorf ausgesetzt, von der Welt abgeschnitten, verbrannt. Dieses Buch einer Kindheit liefert den Kommentar zu seinen Gedichten.

Szabo erzählt mit poetischer Nüchternheit. Altersobjektivität, von grollender Empörung grundiert. Plastische Schilderungen bekommen von archaischen Wendungen ihre Würze.

Dichtung und Dokument. Schade, daß es Szabo nicht mehr vergönnt war, auch das Buch seiner Jugend zu schreiben.

Hans Heinz Hahnl

*) Wilhelm Szabo: „Zwielicht der Kindheit" NP, St. Polten. 140 Seiten, 285 Schilling.

Weltuntergang im Kaffeehaus

Nachgelassene Prosa von Emil Szittya

Im Nachlass des 1964 verstorbenen Schriftstellers, Kunstkenners und Bohémiens Emil Szittya fand sich das Manuskript eines aussergewöhnlichen Romans. Gegen Ende der zwanziger Jahre verfasst, entwirft Szittya darin die bizarre Utopie einer Welt nach Hitler. Die Erde ist aufgeteilt in Ost und West: finstere Funktionäre einerseits, exaltierte High Society anderseits, menschenverachtende Politik auf beiden Seiten. Europa spielt keine Rolle mehr. Die Sowjetunion, ein von skrupellosen Parteimännern geführter Staat, dessen Kritiker in Irrenhäusern verschwinden, ist die letzte nennenswerte Gegenkraft zu den Vereinigten Staaten. Diese bestimmen Wirtschaft und Weltpolitik. Ölmagnaten und intrigante Familienclans ringen hier mit religiösen Predigern um die Macht.

Emil Szittya fand mit seiner bewusst kolportagehaft angelegten Schreckensvision vom Totalitarismus, mit seinem schrillen Abgesang auf das alte Europa zu Zeiten der Neuen Sachlichkeit keinen Verleger. Mehr als zwei Jahrzehnte nach Szittyas Tod entschloss sich der Wiener Löcker-Verlag nun zur Veröffentlichung des Romans *«Der Mann, der immer dabei war»*.

Dieser Mann heisst Smith. Er ist der aus Langeweile zu weltweiten Abenteuern getriebene Neffe eines Multimillionärs. Als künftiger Alleinerbe des reichsten Amerikaners sucht Smith in fremden Ländern Zerstreuung.

Vom Leben gelangweilt, flieht er, gleich Büchners Leonce, die Verantwortung, insbesondere die Ehe mit einer militanten Sektenführerin. Der drohenden Hochzeit entzieht sich Smith durch die Entführung seines reichen Onkels Bockreller nach Europa. Ohne Geld und Papiere findet sich der gekidnappte Multimillionär auf dem Pariser Montparnasse wieder. Boheme und Halbwelt amüsieren sich über den vermeintlich Verrückten, der überall behauptet, der weltweit gesuchte Bockreller zu sein. Durch sowjetische Agenten neuerlich verschleppt, wird der Ölmillionär schliesslich von seinem reuigen Neffen befreit. Er kehrt zurück zu Ölkonzern und Weltpolitik. Nur selten erinnert sich Bockreller seiner Erlebnisse als Ärmster der Armen vom Montparnasse.

Im Hinblick auf ein möglichst breites Publikum bediente sich Emil Szittya in seinem bisher unveröffentlichten Roman «Der Mann, der immer dabei war» verschiedener Motive des Kolportageromans, der Kriminalgeschichte im Stil seines Freundes Walter Serner, der Satire und der Parodie. Szittyas Roman ist die in grellen Farben gemalte Apokalypse europäischer Denkweise, Kultur und Lebensform. Aus der Perspektive des Kaffeehauses sah ihr bohèmehaft lebender Autor individuelle Lebensformen durch Kommunismus und Kapitalismus gleichermassen gefährdet – fürchtete er doch nicht zuletzt um seinen eigenen Lebensstil. Er, der in Literatencafés und Künstlerkneipen selbst «immer dabei war», hasste die Massensportbewegung der zwanziger Jahre als paramilitärische Schulung ebenso wie Parteidoktrin oder religiös kaschiertes Weltmachtdenken. Möglicherweise noch vor Aldous Huxley, ganz sicher jedoch Jahre vor George Orwell oder Walter Jens («Nein, die Welt der Angeklagten») schrieb Emil Szittya seine Horrorvision einer totalitär gelenkten Menschheit.

«Der Mann, der immer dabei war» ist auch ein interessanter Schlüsselroman zur Bohème des frühen zwanzigsten Jahrhunderts. Wie bereits in Szittyas bekanntestem Buch, dem 1923 erschienenen «Kuriositäten-Kabinett», werden Zeitgenossen dabei häufig polemisch porträtiert. Szittyas Geschichte von Mr. Smith, der aus Langeweile auszog, das Fürchten zu lernen, ist mit ihren teils karikierenden, teils visionären Zeitbildern ein eigenwilliges, ein lesenswertes Buch und darüber hinaus ein weiterer Beweis verdienstvoller Pionierarbeit des Wiener Löcker-Verlages.

Emil Szittya selbst, der vor hundert Jahren als Adolf Schenk in Budapest geboren wurde und der den Ersten Weltkrieg im Zürcher Exil überlebte, wird dem Leser in einem krampfhaft um sprachliche Originalität ringenden Nachwort vorgestellt. Ärgerlicher noch als die schlechte Druckqualität des Buches sowie sein knapp kommentierender und zum Teil fehlerhafter Anmerkungsteil sind allerdings die von den Herausgebern nicht näher erläuterten Eingriffe in Szittyas Text.

Trotz editorischen Mängeln – gäbe es ein Kuriositäten-Kabinett der Literatur, Emil Szittyas Roman verdiente eine verschnörkelte Schmuckvitrine, ausgeschlagen mit violettem Samt.

Michael Bauer

Emil Szittya: Der Mann, der immer dabei war. Roman. Löcker-Verlag, Wien 1986.

Turrinis „gutes Land“

GUTE ZEITEN FÜR DEN WIDERSTAND

Nicht erst seit der politisch-literarischen Doppelconférence von Peter Turrini und Michael Scharang vor einigen Wochen im Wiener Künstlerhaustheater ist die Notwendigkeit kritischer Stimmen in diesem Land wieder eindrucksvoll belegt worden. Sie hat eines mit Nachdruck bewiesen: In Zeiten wie diesen, in dem die Sozialdemokratie nach dem Gekuschel mit dem rechten Spektrum in Österreich sich nun mit gespreizten Beinen den (Kapitalismus-)Machern hingibt und beim neokonservativen Gestöhne lauthals mitkeucht, ist Widerstand gegen die Vereinnahmung auch des Denkens wichtiger denn je.

Und so ist es auch kein Zufall und gehört zu den erfreulichen Tatsachen in dieser unerfreulichen Zeit, daß sich ein Gutteil der heimischen kritischen Intelligenz — und im besonderen die Autoren — nicht in das verordnete esoterische Wolkenkukkucksheim haben abschieben lassen, sondern sehr fest in dieser Wirklichkeit verwurzelt sind, um sich an ihr zu reiben. Und so ist es auch kein Zufall, daß einer der herausragendsten und wichtigsten Vertreter kritischer Intellektueller Österreichs nun ein Buch mit „Texten zu Anlässen“ herausgibt.

Peter Turrini ist ein Autor, der sich nie hat korrumpieren lassen. Weder vom Erfolg — der ja immer Turrini hat immer eine klare Position in seiner Auseinandersetzung eingenommen: die der Arbeiterbewegung, als deren Teil sich Turrini versteht.

„Es ist ein gutes Land“ vereint „Texte zu Anlässen“ von 1971, als Turrini mit „Rozznjogd“ sein fulminantes literarisches Debüt feierte, bis 1986, dem Jahr der Waldheim-Wahl und der voraussichtlichen großen Koalition. Das Buch enthält Reden, Briefe, Polemiken, Interviews, Pamphlete, die auch die Entwicklung dieses Autors dokumentieren, die sich auch am Formalen festmachen läßt: von den — notwendigen! — Polemiken hin zu Reden und eher essayistischen Texten, die mit dem feinen politischen Sensorium des Autors der Wirklichkeitsverschleierung das entgegenhält, was dahintersteckt. Meist ist es die Lüge.

Sicher ist dies eine Sammlung sogenannter Gebrauchstexte, wie sich auch mit gemeinsten Haßtiraden von seiten der Reaktion verbunden war — noch von stromlinienförmigen rosaroten Kapitalismusgesundbetern mit Relikten der Arbeiterbewegung im Stammhirn.

„Es ist ein gutes Land“ (so der Titel des Buches) ist genauso wenig ironisch gemeint wie Turrinis Berufsbezeichnung „Heimatdichter“: Es sind Bezeichnungen, die die Polemik in sich tragen, die auf Auseinandersetzung hinweisen. Und Peter die überreizte Germanistik ja so gerne von den „unliterarischen Nebenprodukten“ ihrer Forschungsgegenstände so gerne distanziert. Es sind Gebrauchstexte: Texte, die auf Grund ihrer Analyse, Wirklichkeitsaufarbeitung und ihrer Wirkung wegen gebraucht werden.

„Seinen Stellungnahmen und Reden der jüngsten Vergangenheit ist anzumerken, daß nicht die Bereitschaft zu Kritik, Provokationen und ‚Einmischung‘ abgenommen hat, daß es aber ungemein schwierig geworden ist, eine Gesellschaft, der alles gleich gültig, also gleichgültig, geworden ist, aus ihrer Lethargie zu reißen und, was erste Aufgabe des Schriftstellers zu allen Zeiten war und ist, zu verursachen: Bewegung, Erschütterung, Betroffenheit und Mut zur Veränderung. Daß ihm die Lust dazu nicht vergeht, wünsche ich Peter Turrini und uns“, schreibt Herausgeberin Christa Binder im Vorwort.

Dem kann man sich nur anschließen: Denn, wie Peter Turrini in der Rede über Zensur sagt: „Schlechte Zeiten für die Kunst, aber gute Zeiten für den Widerstand.“

Erwin Kisser

Peter Turrini: „Es ist ein gutes Land. Texte zu Anlässen.“ Europa-Verlag, Wien 1986. 192 Seiten. Preis: 188 Schilling.

Wendelin Schmidt-Dengler

Die freundliche Kunst des Grüßens und Spazierens

Das lateinische Wort „passim" heißt „ringsumher", und so wandern auch diese Gedichte ringsumher, durch die Sprache; „passim" — das stellt auch eine — dem Autor durchaus willkommene — Assoziation zum Hebräischen her, durch die ein archaischer, erhabener Ton in das Werk kommt, zugleich aber ist diese Sprache fern von aller historisierenden Manier. Nein, dieser 1956 in Berlin geborene Autor, der in der BRD aufwuchs, in Wien und Los Angeles studierte und mit einer Dissertation über Paul Celan promovierte, ist zwar ein „poeta doctus", aber seine Gedichte schleppen diese Gelehrsamkeit nicht mit sich herum. Es sind ganz alltägliche Sätze, scheint es, und doch verblüffen sie; der Optik des Autors gelingt es, unsre Wirklichkeit in eine Serie von Umspringbildern zu zerlegen, unsren Blick dadurch unsicher und locker in einem zu machen. Es sind einfache, banale Feststellungen, die bei wiederholtem Hinschauen gar nicht mehr banal sind. Etwa: „Die Nase lebt in Ehe mit dem Taschentuch." Oder: „Ein Stiefel ist mehr Schuh als ich." Definitionen, die den Sinnen neue Reize abzugewinnen vermögen: „Die Ohren sind Freunde mit Loch." Oder: „Ein Baum ist ein Mäusebein des Himmels." Oder: „Unter der weißen Nase lebt sehr quer der Mund."

Man täte diesen Gebilden indes gewaltig unrecht, wollte man sie reduzieren auf solche Sätze, die gewiß für den Leser, so er für sublimen Witz empfänglich ist, ihren Reiz haben. Diese Gebilde haben auch unter den feinen Linien der Textoberfläche Substanz, die sich aus dem Titel „passim" herleiten läßt: ein Gang durch die Sprache, eine Sprach-Biographie gewissermaßen, aber kein Marsch durch das Leben, sondern ein gefälliger Spaziergang, nicht auf ein bestimmtes Ziel zu, doch ganz gewiß auf ein unvermeidbares Ende hin. „Der Bleistift ist ein Gedanke vom Kürzerwerden", so lautet gegen Ende eine Zeile von einprägsamer und schöner Schwermut. Die Lyrik von Peter Waterhouse steht beispielhaft dafür, daß es immer noch zulässig ist, den Dingen über ihren Gebrauchswert hinaus Funktion zuzusprechen und so eine sinnbildliche Kraft zu verleihen. Die Qualität dieser Poesie liegt nicht zuletzt darin, daß sie sprachphilosophische und erkenntnistheoretische Fragen anpeilt, diese aber nie lehrhaft oder schulmeisterlich anpackt. Wieviel Resignation und wieviel Gedankengeschichte steckt nicht in dem Satz: „In der besten möglichen Welt ist man ein aufrechter Körper." Doch trotz aller Trauer praktiziert Waterhouse die Kunst des Grüßens, des Spazierens und des freundlichen Blickes, mit dem er die Dinge untereinander und mit sich selbst aussöhnt: „Die Hand ist fünfmal befreundet."

Peter Waterhouse: passim. Gedichte. Reinbek bei Hamburg: Rowohlt 1986, 115 Seiten. öS 195,—

Nichts hält zusammen

„passim" – Gedankengedichte von Peter Waterhouse

Im Oktober 1984 erschien in der Literaturzeitschrift „manuskripte" der Gedichtzyklus „Ich: Kirsche". Sein Autor, der damals noch ganz unbekannte Peter Waterhouse, hatte einige Erläuterungen hinzugefügt. An ihnen ist bedeutsam, wie Definitionen aus Wittgensteins „Tractatus" mit einem Zitat aus Büchners „Lenz" verbunden werden. Es entsteht dadurch eine wohl kaum lösbare Spannung, die für Lyrik und Prosa von Waterhouse bis heute gilt: zwischen der Erkenntnis, daß alles Regel ist, und der Erfahrung, daß da ebenso ein nie aufgehender Rest ist, der nur scheinbar in eine Ordnung gebracht werden kann. Büchners Lenz meint, er müsse die Welt „ich sich ziehen". Er steht keuchend; seine innere Natur läßt sich nicht bändigen. Wäre es da nicht schön, fragt Waterhouse ironisch, „etwas theoretischer zu leben"? Zum Beispiel nach der einseitigen Diät, die Sprachlogik als Spiegelbild der Welt aufzufassen. Das, was in der Welt vor sich geht, ist dann nach denselben logischen Beziehungen geregelt wie die Sätze, durch die sie formuliert werden. Damit wird ja zugleich eine Grenze gezogen, auf deren anderer Seite sich das Unaussprechliche zeigt, für Wittgenstein „das Mystische". Und da ich wohl jedem Gegenstand gegenüberstehen kann, nicht aber dem Ich, wird es verschleiert in dem tief Geheimnisvollen sein.

In dem 1984 erschienenen Lyrikband „Menz" (zusammengezogen aus Mensch und Lenz) und in „passim", seinen neuen Gedichten, bewegt sich Peter Waterhouse entlang dieser Grenze, sie mal berührend, mal überschreitend. Er fixiert, was sprachlich dingfest zu machen sei; doch seine Zweifel lassen ihn immer wieder anders ansetzen. Setzungen und Zurücknahmen werden geradezu zum Formprinzip. Waterhouse will die Dinge sagen, ohne sie zu überhöhen. Aber er kommt nicht an ihre Substanz heran. Ihr Schweigen ist ihre Antwort. Und andererseits lassen sich auch das Subjektive und Persönliche nicht zu "Dingen" machen, die man benennen könnte. In seiner Prosa „Besitzlosigkeit Verzögerung Schweigen Anarchie" (1985) formuliert er einmal durch einen Stellvertreter sein Dilemma: „Bemerken Sie nicht auch, wie klein der Raum für Sprache ist? Das Große, das draußen ist, macht sich immer tatsächlicher. Sollen wir uns auch zu Tatsachen verwandeln? Wenn ich eine Tatsache wäre, ließe sich's leichter leben."

Ist das Ich in Waterhouse' Gedichten mehr als eine bloße Vokabel? Es splittert sich auf. Das Zentrum ist verlassen, das etwa zusammenhalten könnte. Der „Ort" des Subjekts ist ungenau, „passim", hier und da, allenthalben, verstreut. Es gibt keinen Archimedischen Punkt. Aber es gibt Haltungen. Sie äußern sich – „ich spreche viele Sprachen in meiner" – in rhetorischen Gesten, immer wieder in Anruf und Widerruf, in Frage, Verneinung, Gegensatz, Korrektur, Verwerfung. Dieses fortwährende Anders-Sprechen, dieses Auflösen des Stillstands in suchende Bewegung, lädt die Gedichte auf mit Erregung. Es zeugt auch von Passion und nicht nur davon, daß hier bloß ein Medium agiert. „Sprache 8/Kreuzgang" heißt ein Gedicht. Es besteht aus dieser einen Zeile: „Kreisgang zum Narren. Komm her du Narr."

Offensichtlich geht es Peter Waterhouse in „passim" um mehr als die Rückführung der Sprache auf sich selbst, die Voraussetzung dafür, Wirklichkeit als Text aufzunehmen. Da die Sprache auch das Ich narrt, erarbeitet sich Waterhouse einen Gegentext. Dieser übersetzt nicht mehr. Er kündigt den handelsüblichen Sinn auf. Er verschiebt, verwandelt das Überkommene oder ordnet es um. Er wird „haltlos": „Was haltlos ist / macht eine besondere Fahrt." THOMAS ZENKE

Peter Waterhouse: „passim". Gedichte. Rowohlt Verlag, Reinbek 1986. 120 S., geb., 25,– DM.

Wochenpresse, Wien, 1986, Nr.49, S.59

POLEN IST DOCH VERLOREN

Simon Wiesenthal schrieb einen „Tatsachenroman" über die Tragödie des polnischen Widerstands im Zweiten Weltkrieg, dessen Sieg in einer Niederlage endete.

Von Lucian O. Meysels

Kaum ein Tag vergeht, ohne daß der Name Simon Wiesenthal in diesem oder jenem Zusammenhang in den Medien genannt wird. Der „Eichmann-Jäger" – eine Bezeichnung, die er selbst nicht gerne hört, die aber an ihm hängengeblieben ist – ist zweifellos ein vielbeschäftigter Mann. Dennoch bringt er es fertig, alle paar Jahre ein Buch zu schreiben.

Wie ihm das gelingt? Er selbst bezeichnet seine literarische Tätigkeit als Ablenkung, die es ihm ermöglicht, Gedanken abseits vom Tagesgeschehen zu Papier zu bringen.

Natürlich hängen Wiesenthals Bücher – sieht man von seiner spannenden aber umstrittenen Columbus-Biographie ab – in dieser oder jener Form mit seiner Arbeit als Leiter des Wiener Jüdischen Dokumentationszentrums zusammen. So auch sein jüngstes Opus, „Krystina", das sich aber nicht mit einem spezifisch jüdischen Thema, sondern vielmehr mit der „parallelen" Tragödie des polnischen Widerstands befaßt. Jene Kämpfer, die, praktisch auf sich selbst gestellt, den Krieg gegen die deutsche Besatzung weiterführten und dann – als die Niederlage des Hitler-Regimes praktisch schon feststand – von den siegreichen Russen doch noch an die Deutschen verkauft wurden.

Krystina, die Heldin des Buches, ist eine polnische Widerstandskämpferin der ersten Stunde. Das Buch ist aber auch die Geschichte des SS-Mannes Paul, dem Sohn eines Erznazis und einer Polin, der sich aus innerer Überzeugung der Résistance zuwendet. „Krystina" hat – der Verlag nennt es einen „Tatsachenroman" – kein Happy-End, nicht einmal einen versöhnlichen Ausklang. Die Heldin wird von den Deutschen hingerichtet; die Spuren Pauls verschwinden im Sand der Ereignisse.

Krystinas Leidensweg wird, in der Darstellung Wiesenthals, von ihrer Mitkämpferin Anja geschildert. Unmittelbar vor dem Nachkriegs-Prozeß gegen einen der Nazi-Schergen. Anja möchte den SS-Mann vor der Verhandlung – sie treffen in einem Aufzug im Gerichtsgebäude zusammen – ermorden, bringt es aber nicht fertig. Der Angeklagte kommt mit einer geringfügigen Strafe davon.

Krystina und Paul tragen fiktive Züge. Ihr Umfeld besteht jedoch aus historischen Personen – den Guten wie den Bösen.

Wiesenthal beschreibt sie sehr plastisch: die Widerstandskämpfer der polnischen „Heimatarmee" und die Besatzer: General Stefan Rowecki, unter dem Namen „Gort" Chef der polnischen Widerstandsbewegung, Hauptmann Tadeusz Zencykowski, Leiter der Operationsabteilung (er ist übrigens einer der wenigen Überlebenden) auf der einen, Generalgouverneur Hans Frank (in Nürnberg zum Tod verurteilt) und Odilo Globocnik (Tod durch Selbstmord), den Massenmörder aus Kärnten, der sich so gerne „Globus" nennen ließ, auf der anderen Seite, um nur die wichtigsten Protagonisten zu nennen.

Naturgemäß fiel es Wiesenthal schwer, den historischen Hintergrund in die Romanhandlung verständlich einzubauen – für eine Generation, welche die Ereignisse, wenn überhaupt, nur aus zweiter oder dritter Hand kennt. Er tat dies, indem er zwischen den einzelnen Kapiteln des Romans zeitgeschichtliche Darstellungen einfügte. Ein literarisch riskantes Unterfangen, das dem Autor jedoch im Ganzen recht gut gelungen ist.

Wie nicht anders zu erwarten, bleibt nach der Lektüre beim Leser ein bitterer Geschmack zurück: Der Westen zog in den Krieg, um Polen von den Deutschen zu retten, und es dann doch den Russen zu überlassen. ■

Simon Wiesenthal: „Krystina", Nymphenburger Verlag, 337 Seiten, 296,40 Schilling

Frankfurter Allgemeine Zeitung, FA', Frankfurt/M., 15.4.1986;
Wiener Tagebuch, Wien, 1986, Nr.11, S.30

Bauernleben

Das Protokoll der Lida Winiewicz

Eine einfache Geschichte einfach erzählen, das ist schwer, so schwer, daß sich mit den mißlungenen oder halb geglückten Versuchen ganze Bibliotheken füllen ließen. Daher gilt auch das sogenannte Leben, wiewohl von Kennern ob seiner Kompliziertheit und Kapriolen gefürchtet, in literarischen Dingen gemeinhin als unübertrefflicher Lehrmeister. Die Metaphorik indes verhält sich hier durchaus zwiespältig: so rühmt man besonders vertrackten Existenzen gerne romanhafte Züge nach und Romanen, will man ihnen schmeicheln, sie kämen dem Leben nah, ja seien so gut wie aus diesem gegriffen.

Verständlich, wenn Schriftsteller gleich Porträtisten alter Schule ebenfalls nach der Natur arbeiten, sich zu Protokollanten des Tatsächlichen machen und fremdem, oft sprachlosem Schicksal die Feder leihen. In Österreich jedenfalls scheint sich die Devise „Ich habe gemalt, was du nur tatest" (schon weiland Karl Kraus stellte Schiller auf den Kopf) bemerkenswerter Beliebtheit zu erfreuen: Josef Winkler ist nach dieser Methode vorgegangen („Die Verschleppung"), Brigitte Schwaiger mit ihrer „Galizianerin" und nun auch die gleichermaßen bühnen- und fernseherprobte Wiener Autorin Lida Winiewicz.

Was sie aufzeichnete, liegt fern allem Sensationellen — die Biographie einer Mühlviertler Bäuerin in unserem Jahrhundert: aus ärmlichsten, quasi leibeigenen Verhältnissen durch Arbeit und Ehe zu bescheidenem Haus- und Grundbesitz. Dem Unauffälligen, Durchschnittlichen zum Trotz wirkt dieses erzählte Leben für uns Heutige seltsam fremd, exotischer beinahe als Abenteuergeschichten aus anderen Kontinenten. Unvorstellbar die Entbehrungen, die Härte dieser Jugend, unvorstellbar und — durch den Bericht — höchst anschaulich in einem. Dank der Kunstfertigkeit von Lida Winiewicz, die den Strom der monologischen Erinnerungen unaufdringlich und behutsam lenkt, wird man von der Lektüre wenn schon nicht mitgerissen, so doch auf angenehmste Weise getragen.

Gewiß, mit großer Literatur hat „Späte Gegend" nicht allzuviel zu tun, aber das gibt dieses Buch auch gar nicht vor. Es ist weniger und mehr zugleich — wie der Klappentext sagt: ein „document humaine". Auch Französisch ist eben schwer.

ULRICH WEINZIERL

Lida Winiewicz: „Späte Gegend". Protokoll eines Lebens. Paul Zsolnay Verlag, Wien — Hamburg 1986. 160 S., geb., 24,— DM.

Späte Gegend

Dieses »Protokoll eines Lebens« ist mir nahe gegangen: es könnte auch die Geschichte meiner Mutter sein, die in der späten Gegend, wo »alles später reift, manches gar nicht«, aufgewachsen ist. Im unteren Mühlviertel, hart an der tschechischen Grenze. Zu vernehmen sind die Erinnerungen einer siebenundsiebzigjährigen Kleinhäuslerin, in deren Sprache sich die Kargheit der Landschaft, die materielle Bedürftigkeit und die Verlorenheit der Menschen wiederfindet: »Vater unser, der du bist im Himmel, geheiliget werde dein Name, zu uns komme dein Reich (darunter hab ich mir nichts vorstellen können), dein Wille geschehe, wie im Himmel also auch auf Erden (›Wille‹ hab ich auch nicht verstanden), gib uns heute unser tägliches Brot und vergib uns unsere Schuld, wie auch wir vergeben unseren Schuldigern, führe uns nicht in Versuchung (›Versuchung‹ hab ich gedacht, hat was mit Suchen zu tun, man betet drum, nichts zu verlieren, weil alles so teuer ist), sondern erlöse uns von dem Übel. (Übel war meinem Bruder geworden beim Heuen, ein Sonnenstich, und da hatte es geheißen: ›Rudl, nimm dich zusammen und flenn nicht!‹).«

Lida Winiewicz ist bei der Niederschrift dieser Erinnerungen behutsam vorgegangen und zugleich radikal; wahrscheinlich ist vom Rohmaterial — Tonbandabschriften oder Gedächtnisprotokolle — kein Stein auf dem alten geblieben, hat wohl kein einziger gesprochener Satz unverändert in das Buch Aufnahme gefunden. Deshalb ist »Späte Gegend« auch nichts für Volkskundler, Historiker, Soziologen mit Hang zum Puritanismus, sondern für Leser, die mitleiden, weil sie sich selbst oder eine Möglichkeit ihrer selbst auf diesen 150 Seiten entdekken. Die Authentizität der Erzählung beruht auf ihrer literarischen Qualität.

Als störend erweist sich bloß der häufige Verweis auf den ökonomischen, sozialen, moralischen Wandel: Damals habe es keinen Kunstdünger gegeben, keine Mähdrescher, man habe nicht aus Liebe geheiratet, Kinder nicht aus freiem Willen ausgetragen. Muß das denn extra klargestellt werden? Unterschätzt Winiewicz mit solchen Hinweisen nicht ihre eigene literarische Kraft? Und: an diesem Lebenszeugnis berührt uns ja nicht das, was unwiederbringlich vorbei ist — auch wir leben in einer »späten Gegend«.

Erich Hackl

Lida Winiewicz: Späte Gegend. Protokoll eines Lebens. Paul Zsolnay Verlag, Wien-Hamburg 1986, 156 Seiten, DM 24,—

Farbige Darstellung der Langeweile

Andrea Wolfmayrs Roman «Die Farben der Jahreszeiten»

E. H. Mit grosser Eindrücklichkeit und viel Phantasie veranschaulichte die junge österreichische Schriftstellerin Andrea Wolfmayr in ihrem Romanerstling die Nöte, als die eine junge Frau die physischen und seelischen Beschränkungen der «condition féminine» empfindet. Der Ich-Erzählerin bot sich immerhin ein Freiraum an; vor der inneren Abhängigkeit von Männern, vor den Unannehmlichkeiten der Schwangerschaft konnte sie sich in das Schreiben flüchten, das ihr Befreiung und eine grosse Beruhigung gewährte. «Spielräume», das Buch, in dem unverkennbar Autobiographisches eingefangen ist, brachte der 1953 in der Steiermark geborenen Autorin einen Literaturpreis ein.

Und nun «Die Farbe der Jahreszeiten», ihr zweiter Roman, in dem ein Jahr im Leben einer jungen Mutter geschildert wird. Es ist, als schriebe Andrea Wolfmayr mit noch mehr Intensität an demselben Buch weiter, nur wird der hübschen Annerose des Romans, von der manchmal in der dritten, manchmal in der ersten Person berichtet wird, der Spielraum des Schreibens nur mehr in ihren Briefen an Ludwig zugestanden. Die junge Frau hat alles, was man üblicherweise vom Leben verlangt, einen netten Mann, ein reizendes Töchterchen, ein schönes Heim. Geldsorgen bedrücken sie nicht, und auch mit der restlichen Familie ist alles in Ordnung. Das Wort des Dichters scheint sich aber zu bewahrheiten, dass nichts schwerer zu ertragen ist als eine Reihe von schönen Tagen. Denn Annerose ist nicht glücklich. Während der vertrauten alltäglichen Verrichtungen, der Beschäftigung mit dem Kind, stellt sich erst schleichend, allmählich immer ätzender, schliesslich fast bis zur Selbstaufgabe die Langeweile ein, eine fast unerträgliche Frustration, das Gefühl, die Gefangene ihrer Familie und ihrer Lebensweise zu sein, und damit unweigerlich auch die Sehnsucht nach neuen Ufern. Deshalb die ungeheuer spontanen, aus den Launen des Augenblicks geborenen Briefe an Ludwig, den Maler, dessen Person wohl nicht von ungefähr gewählt worden ist als Anstoss zur farbigen Darstellung der Langeweile.

Andrea Wolfmayr hat eine bemerkenswerte Gabe für sinnliches, detailgetreues Schreiben; ihre Sensibilität und präzise Feder verwandelt den Ennui einer Wohlstandsgeneration in ein Fest der Sinne. Man spürt den Duft des Weihnachtsgebäckes, die Erschöpfung nach einem Einkaufsbummel in allen Gliedern, man sieht die Farben des Sonnenuntergangs, des herbstlichen Schlossparks, der abendlichen Stadt in aller Schönheit. Aus dieser fast pointillistischen Abbildung des Lebensumfeldes könnte eine zukünftige Generation in Erfahrung bringen, wie die gegenwärtige in einer österreichischen Kleinstadt lebte, was sie kochte, wie sie ihre Zeit verbrachte, was sie bewegte. Ein Kleinod in seiner Art, ein hintergründiges Genrebild, das Familienessen mit den Schwiegereltern, in dessen Verlauf sich alles scheinbar Harmonische in sein Gegenteil verwandelt.

In die Tat umgesetzte Ausbruchsphantasien, der Auszug auf die Alm, die Reise nach Florenz, erweisen sich als Fiasko. Frustration und Aggression richten sich gleichwohl nie gegen das Kind; aber von Liebe zu Helfried, ihrem Mann, die das Ganze annehmbar machen und ihm einen Sinn verleihen würde, ist auffallenderweise auch nie die Rede. Träume nehmen im Text einen grossen – verhältnismässig zu grossen – Platz ein, kaum zufällig ist es jedoch der Traum von einem Kriegszustand, welcher der Hauptperson zu erkennen gibt, dass ihr Platz neben ihrem Mann ist. «Aber alle sagten, das Wichtigste wäre, Helfried und sie blieben zusammen in dieser Kriegssituation.» Doch steht auch dies, der letzte Satz des Romans, im Konjunktiv: dieser Platz ist ohne Gewähr.

Andrea Wolfmayr: Die Farben der Jahreszeiten. Roman. Verlag Styria, Graz 1986.

Schlußetappe in Sizilien

F. Ch. Zauners Erzählung um einen Profiradsportler

Sportbeobachtung, Sportbegeisterung und Sportkritik inspirieren Journalisten öfter als Literaten. Trotzdem haben, wenn es um den tieferen Sinn des Muskel- und Nervenkitzels geht, die Dichter das letzte und gültige Wort.

Voraussetzung ist dafür eine Kenntnis des Milieus, die über die Kolportage weit hinausgeht, die intuitiv und psychologisch mehr als der tägliche Sportkommentar erfaßt – und die das Ereignis daher zum Gleichnis macht. Die fast selbstverständliche Mitgift der Spannung, die Sport-Literatur bietet, dient einer anderen Dimension.

Die neue Erzählung „Bulle" des oberösterreichischen Autors Friedrich Christian Zauner ist ein Exempel für die Gattung. „Bulle" ist der treffende Spitz- und Starname des Radrennfahrers Hein Herzog, der als nicht ganz unbestrittener Champion in die letzte Etappe der Sizilien-Rundfahrt geht. Die Begeisterung des Autors für den Helden seiner Erzählung ist eher kühl. Die Selbstreflexion, die „Bulle" auf der Strecke überfällt, ist zweifellos Zauners Ansicht:

Friedrich Ch. Zauner:
Bulle
C. Bertelsmann Verlag, München. 180 S., 22 Mark.

„Der Spitzensport ruiniert den Menschen, seinen Körper und seine Seele. Man kann nicht ständig bis ans Limit seiner physischen und psychischen Leistungsfähigkeit gehen, ohne Schaden zu nehmen. Keine Maschine würde das aushalten. Sie streikt einfach, wenn sie überfordert ist. Der Mensch hilft sich mit Doping und Drogen weiter.

Um an die Spitze zu gelangen, muß man bereit sein, sich über alle natürlichen Grenzen hinwegzusetzen – und am Ende steigt keiner, absolut keiner, man weiß das, völlig unbeschädigt aus dem Ring. Der Sport ist kein Getto, warum sollte er nach anderen Prinzipien funktionieren als die Gesellschaft, die ihn hervorgebracht hat?" Später wird diese Lektion noch einmal aufgegriffen und intensiviert, wird zum Verdikt des öffentlichen Ehrgeizlings überhaupt.

Wenn der Autor hier ziemlich unverhüllt seine Meinung unterbringt, so stellt sich freilich die Frage: Warum hat er dann diese Erzählung geschrieben? Will er abschrekken, warnen, denunzieren?

Zauner ist ein realistischer Erzähler, dem es vermutlich daran gelegen ist, den Starkult im Sport zu bekämpfen. Er hat aber leider dabei auf ein sehr wirksames Mittel verzichtet, auf Ironie. Die absolute Humorlosigkeit von Spitzensportlern gewinnt dadurch eine Art finsterer Größe.

Die Schilderungen des Rennsportbetriebs, die Gespräche im Fahrerlager, der ganze Zirkus von Trainern, Sponsoren und Reportern wirkt ernüchternd. Wer sich den Profisport anders vorstellt, ist selbst schuld.

Warum aber bleibt der Autor selbst im Lokalkolorit Siziliens so zurückhaltend? Die glühende Sonne brennt nicht auf des Lesers Haut. Die Landschaft ist Kulisse. Man bewundert die Prosatechnik des Bildschnitts, der die Lebensgeschichte des Helden einblendet, doch man ist nicht vom Fatum hingerissen.

Diese eigenartige Distanz scheint einesteils Absicht des Autors, andererseits eine Eigenschaft seiner Sprache zu sein, die manchmal mit „sowieso" oder „so oder so" und „alles in allem" blaß bleibt, weil sie lediglich pauschaliert.

Übrigens, „Bulle" hätte die letzte Etappe der Sizilien-Rundfahrt gewonnen, wenn er nicht unbeabsichtigt und unbemerkt „ausgestiegen" wäre. Der Star wird ein Opfer seiner Einsamkeit. Dieses Gleichnis überzeugt schließlich. EDUARD C. HEINISCH

Hansjörg Zauner: „Das Falten der Zahlen, Worte, Abstände", Gedichte, Fotos, Zeichnungen, 68 Seiten, Verlag Ururscz

Der in Wien lebende gebürtige Obertrauner Hansjörg Zauner, Herausgeber der Zeitschrift „ahnungen" (die unter anderem Namen demnächst wiedererscheinen soll), veröffentlichte heuer einen Gedichtband, in dem ein während seines vorjährigen Rom-Aufenthaltes geschriebener Zyklus sowie verstreute Arbeiten der letzten Jahre zu finden sind. Vor allem die hiermit aufgezeichnete Entwicklung erweist sich als interessant, verändern sich doch die Worte im Fortgang der hier aneinandergereihten Gedichte. Werden diese anfangs noch eher „bildhaft" gesetzt, so befreien sie sich mit der Zeit von jeder Metaphorik, bis sie sich ganz auf ein in sich selbst verharrendes, nur noch geringfügig abgewandeltes Inventar zurückziehen („verweilen der / worte in den worten worten sich / zu einem verweilen" „nur die worte / nur die lage im mund / in munden mund / die worte").

Ein ständig voranschreitender Zerschnipselungsprozeß findet hier statt, ein Vorgang, gekennzeichnet durch „das Falten der Zahlen, Worte, Abstände", die sich so immer mehr durchdringen oder auch auseinanderklaffen. Es scheint sich hier ein Autor gleichsam von den Worten „davonmachen" zu wollen, um doch wieder nur an ihnen Halt finden zu müssen. Die somit entstehende Diskrepanz wird bestimmend, und sie läßt ein Subjekt erahnen, das sich in ähnlichem Zustand wie seine Sprache befindet, dem, wie ihm das Wort zum Hindernis an den Worten, er selbst zu seinem eigenen geworden ist. Und so wird einerseits durch diese amorphe Sprache mit der eigenen Verfassung auch gleich alles andere zum Zerrinnen zu bringen und „wegzuworten" versucht, verbleibt andererseits dennoch das sprachliche Gebilde („zurückgesickert mein zeilenabstand").

Den Gedichten sind von Zauner, der ja auch in anderen künstlerischen Bereichen tätig ist, einige Abbildungen graphischer Kritzel und Fotografien (u. a. Beispiele seiner „Aktselbstporträts") angefügt worden, die sowohl einen kleinen Einblick in Zauners diesbezügliches Schaffen geben als auch den vorangegangenen Textteil adäquat ergänzen.

Christian Steinbacher

Keine Lust auf Alterswürde

Die liebestolle Greisin — ein von Dorothea Zeemann souverän gemeistertes Thema / VON HELGA SCHULTHEISS

Karoline ist über siebzig. Noch immer ist sie so wie es sich die Normalfrau höchstens in ihren stürmischen Jugendjahren oder ausnahmsweise und alle Jahre wieder zur Faschingszeit für ein paar Stunden gönnt. Karoline ist frech und respektlos, außen knallbunt behängt und grell geschminkt, innen liebes- und abenteuerlustig, sie ist unberechenbar, herrschsüchtig und zuweilen schutzbedürftig wie ein Kind. Zuweilen ist sie auch boshaft und lästig wie eine Ratte. Kurz gesagt: Karoline ist ihr eigener Souverän.

Was ihr durch das Herz zuckt oder in den Kopf schießt, wird von ihr in die Tat umgesetzt, ganz gleich zu welchem Preis. Zudem ist Karoline reich, immens reich, und weil sie auch alt ist, warten ihre „lieben" Freunde, die sie sich wie einen Hofstaat hält, natürlich auf ihr Ende und Erbe. Aber Karoline sagt: „Methusalem starb alt und lebenssatt, steht im Alten Testament. Ich möchte das auch so halten. Noch bin ich nicht satt."

Spektakulärer Abgang

Karoline ist die exzentrische Heldin in Dorothea Zeemanns Roman „Das heimliche Fest". Daß es ein Fest mit lebensgefährlichem Ausgang sein wird, ahnt der Leser von Anbeginn. Karoline hat ein dreiviertel Jahrhundert gelebt, sie wird sterben, auch wenn sie keinen Grund sieht, es zu tun. Und so beendet ihr letzter spektakulärer Abgang diesen Roman wie eine Zugabe-Pirouette von Eistänzern die Show:

Karoline besucht Lilly, ihre alte Freundin, in der baufälligen Turmkammer. Lilly ist liiert mit dem Kirchenmann Unterhopfer, dem Sprengelpfarrer. Karoline sagt: „Gut, daß sie eine Soutane tragen, Pater. So sind wir unter uns Frauen" — Und weiter im Text:

„Laß das, Karoline. Verzeiht mir, wir könnten uns alle drei nackt auf den Tisch setzen. Könnten wir, aber wozu? Gesten! Ich verstehe das nicht, schreit Karoline, ich will hüpfen und tanzen, ich will mich drehen und gedreht werden. Sie stolpert über den Balken und fällt die Stiege hinunter. Es bleibt alles still ... Ich gehe nicht nachschauen, sagt Lilly."

Im Schlußakkord des Buches sind die tragenden Bausteine des Romans noch einmal aneinander gefügt: Komik und Tragik, Gelächter und Qual, Parodie, Irrwitz und Phantasie, Blasphemie und Glückssuche, Vitalität und Zerfall, Leben und Tod.

Am 25. Oktober 1983 sendete der Deutschlandfunk das Portrait einer erstaunlichen Frau: Dorothea Zeemann. Bei dieser Gelegenheit sprach die 74jährige alte Dame von einem Projekt, an das sie derzeit, also 1983, denke. Das sei ein Roman, der nun über das Autobiographische hinausführen und die Schriftstellerin sich beweisen lassen soll. Dieser Roman, der damals noch in ihrem Kopf wohnte, liegt jetzt der Leseröffentlichkeit vor und er beweist, daß Dorothea Zeemann ihr Vorhaben voll einlöste.

Wilde Prater-Fürstin

„Das heimliche Fest" ist das erste Buch der Wiener Autorin, in dem die Autobiographie nur mehr einen Nebenrang einnimmt. In ihm lebt die Geschichte der wilden Prater-Fürstin Karoline völlig ohne die Hilfestellung einer behaupteten Tatsächlichkeit. Er ist ein literarisches Ereignis ganz ohne den Nachdruck eines dokumentarischen Ja-ich-sage-euch-so-ist-es-gewesen. Das Roman-Debüt einer fast Achtzigjährigen, die sehr spät und, wie sie selbst behauptet, nur durch ihre „literarischen" Männer zum Schreiben fand.

Ihre Männer. Das waren vor allem ihr letzter Geliebter Heimito von Doderer. Zuvor der Publizist Egon Friedell, mit dem sie eine enge Freundschaft verband. Das waren Walter Schneider, ihr zweiter Mann, und Robert Künstler, ihr erster. Künstler war zwölf Jahre älter als die damals 15jährige, und als eine Art Vater formte er das unerfahrene Mädchen. Durch ihre männlichen Musen, denen wiederum sie Muse war, fand Dorothea Zeemann hinein in die literarischen Zirkel und gebildeten Salons Wiens.

Bereits vor dem Krieg veröffentlichte Dorothea Zeemann ihr erstes Buch „Ottilie — ein Leben um Goethe", und sie begann, von Artikeln, Rezensionen, und Kurzgeschichten zu leben. Ihre ersten beiden „richtigen" Bücher erschienen 1979 („Einübung in Katastrophen — Leben von 1913—1945") und 1982 („Jungfrau und Reptil — Leben zwischen 1943 und 1972"). Beide sind Autobiographien, wobei das zweite Buch Heimito von Doderer, den sie in den 50er Jahren kennenlernte, zugedacht ist.

1970 bis 1972 war Dorothea Zeemann Generalsekretärin des PEN und wechselte, als sich ein Streit um die Aufnahme jüngerer Autoren entwickelte, zur Grazer Autorenversammlung über. Sie konnte mit den „Jungen" stets mehr anfangen als mit einem „Altherrenclub", in den sich der PEN verwandelte. Schon in den 50er Jahren war Dorothea Zeemann in die Rolle einer „mütterlichen Mentorin" hineingewachsen. Ihre „Unmittelbarkeit" und „positive Neugierde" machte, wie es Friedrich Achleitner ausdrückte, den Kontakt der Älteren zu den Jungen leicht.

Mit den „Alten" nicht viel im Sinn hat auch Karoline, die muntere Greisin in „Das heimliche Fest". Gleich zu Beginn des Buches entflieht sie einem noblen Schweizer Altersheim und kehrt zurück in ihre verfallene Villa am Wiener Prater-Rand. Dort bringt sie mit ihren Schrullen und Einfällen Verwandte und dienstbare Geister auf Trab.

Wonach die Sinne stehen

Ja. Karoline „leistet" sich noch immer, wonach ihr die Sinne stehen, und das nicht nur im pekuniären Sinn. „Gott gab, Karoline gibt", kommentiert Unterhopfer Karolines Verhältnis zu ihren Mitmenschen, was heißen soll, daß sich Karoline das für sie nötige (Un?)Maß an Liebe auch zu kaufen gewillt ist. Karoline tropft dabei ihr Herzmittel auf den Zucker und sagt: „Ich schwöre dir, ich sterbe nicht." Grenzen akzeptiert sie nicht. Sie will alles, was sie will, nur nicht sein, wie die anderen sie wollen. Und „sie ist liebeskrank, zum erstenmal in ihrem Leben". Theodor, dem jungen Objekt ihrer Begierde, gesteht sie unumwunden: „Ich bin auf die angenehmste Weise geil, Theodor", doch der „hält sich die Alte vom Leibe". „Bei Tag will er sie nicht sehen, er glaubt, daß jeder mit dem Finger auf ihn zeigt, er hat das Gefühl, am Pranger zu stehen, nachts sehnt er sich nach der Kraft, mit der sie ihrer selbst spottet."

Man ist versucht, Zitat an Zitat zu reihen, und das wäre gewiß die allerbeste Werbung für dieses Buch. Doch wird es an dieser Stelle unumgänglich, die rotzfreche und subtile sowie ebenso eigen- wie einzigartige Schönheit dieses Stükkes Literatur zu preisen. Immer wieder versetzt es in Bewunderung und Staunen, wie es diese weise Erzählerin versteht, womögliche Peinlichkeiten und Schlüpfrigkeiten mit aller unfrisierten Drastik, die es braucht, zugleich aber so zart und empfindsam zu erzählen, als handele es sich um die Ballade von den zwei verliebten Königskindern. Ein Abgleiten in Kitsch und allzu traniges Sentiment verhindern Parodie und clever eingesetzter Witz.

Eine liebestolle Greisin! Welch unerhörter Stoff! In einem selbstsicheren

---

Dorothea Zeemann: Das heimliche Fest. Roman. Suhrkamp Taschenbuch 1986, 134 S., DM 10,—

Bravourakt zeigt uns Dorothea Zeemann, wie man aus solch waghalsiger Gratwanderung große Literatur macht.

Welch ein Glück. Mit diesem großartigen Werk hat Dorothea Zeemann unwiderruflich bewiesen, daß sie sich um kleingeistige Mäkeleien sogenannter Großkritiker nicht zu scheren braucht.

„Kammerdienerliteratur" bemerkte Marcel Reich-Ranicki boshaft über Dorothea Zeemanns Autobiographie „Jungfrau und Reptil". Die Doderer-Darstellung darin schien den Anhängern allzu despektierlich und libertär geraten. Doch eine Zeemann hat stets ihren Preis, nicht anders als ihre Heldin Karoline: Brav Ordentliches und harmonisch Einlullendes gibt es bei dieser Autorin um keinen Preis. Hier beginnt bei ihr, die, was anderes betrifft, durchaus freizügig ist, eine ehrenrührige Grenze. Was Männchengetue ist, wird von ihr auch so genannt, und was Frauenpflicht sein soll, ist für sie noch lange nicht bindend. Diese unbestechliche, feminismus-geneigte Offenheit, das Mann-Frau-Spiel so zu beschreiben, wie es unbemäntelt auch ist, zeichnet Dorothea Zeemann als Schriftstellerin aus. Freund hin, Feind her.

Zellinger und der Zoll

Auf den ersten Blick: Pornographie. Und zwar der üblen Sorte: Es häufen sich Folter- und Mordszenen, Kindesmißhandlungen, sadistische und masochistische Rituale, voyeuristische Phantasien, sodomitische und nekrophile Neigungen. Der bayerische Zoll hat dieses Buch eines Wiener Performance-Künstlers (und promovierten Juristen) nicht nach Deutschland hereingelassen.

Auf den zweiten Blick: Im Hauptteil hat Alfred Zellinger, Jahrgang 1945, Zeitungsnachrichten und Phantasien zu „1000 Liebesgeschichten" montiert: kurze Mosaike, Skizzen, Meldungen aus der Welt alltäglicher sexueller Perversionen. Davor kann man ja nicht die Augen verschließen: Daß Morde und Selbstmorde gelegentlich aus Liebe geschehen, daß Vergewaltigungen, daß Quälereien an Kindern eine erschreckende Dunkelziffer haben, daß aus allen Ecken der Welt immer wieder staatlich mehr oder weniger geduldete Exzesse und Folterungen bekannt werden. Die Nachtseite der Zivilisation – sie könnte in einem Anti-Liebesroman, einer literarischen Bestandsaufnahme durch Häufung unausweichlich vorgeführt werden. Könnte.

Auf den dritten Blick: Das Buch mit dem pompösen Titel „Liebe als fatale Strategie gegen das ironische Spiel der Verführung" ist ein spekulatives Machwerk, in dem mit pubertärem Eifer Schlagzeilen und Informationen aus der Boulevardpresse in Ton und Inhalt übernommen werden („Aus Eifersucht Geliebten den Penis abgeschnitten", „Ehemann im Kofferraum störte Liebe im Auto") – eine Collage mit Hilfe des Schreibcomputers, wie der Abschreiber stolz berichtet, ohne auch nur einen Gedanken an den Wahrheitsgehalt dieser Art Nachrichten zu verlieren.

Schlimmer als ehrliche Pornographie: Der Monteur, angeregt durch diese Textpartikel, läßt seinen eigenen Phantasien freien Lauf. Nicht, daß sie ekelhaft sind, stört (das wäre eine Frage des Geschmacks, nicht des ästhetischen Urteils) – unerträglich wirkt der pharisäerhafte Hinweis auf das, was man Menschen in deutschen Konzentrationslagern angetan hat und heute etwa in Südamerika mit ihnen anstellt. Zellinger möchte ein neuer de Sade sein und ist doch nur ein Kleinbürger, der für seine Obsession eine Tarnung gefunden zu haben glaubt. Ein offenes Visier à la „Der Faschist in uns allen" wäre da der mutigere Weg gewesen.

So lehrt die Geschichte: Nicht alles, was den zensorischen Saubermännern mißfällt, ist deswegen ein Kunstwerk. Freilich: Das Urteil darüber steht nicht einigen Zollbeamten zu, die einen zufälligen oder gezielten Blick in Buchsendungen werfen. Ebenso unerträglich wie (in diesem Fall) das an der Grenze abgewiesene Gut aus Österreich ist die neue Selbstherrlichkeit der Sittenwächter in unserem Land. Wir würden, bitte, gern selbst entscheiden, was uns gefällt und was wir ablehnen. Die Grenze zwischen Österreich und Bayern ist nicht dazu da, um Bücher (oder Journalisten, die über Wackersdorf berichten wollten) abzuweisen. *Volker Hage*

■ **Alfred Zellinger:**
„Liebe als fatale Strategie gegen das ironische Spiel der Verführung"
1000 Liebesgeschichten/Szenen & Sprachfragmente: Ritter Verlag, Klagenfurt 1986; 450 S., 38,– DM

DIE AUTOREN: Améry, Anders, Ausländer, Bachmann, Bauer, Bayer, Bayr, Bernhard, Brus, Busta, Canetti, Celan, Czurda, Dor, Ebner, Eibel, Einzinger, Eisendle, Eisenreich, Erdheim, Fischer, Foidl, Fried, Friedell, Friedl, Frischmuth, Fritz, Glaser, Grond, Grünbaum, Habeck, Haidegger, Haslinger, Hauer, Haushofer, Helfer, Henisch, Henz, Herzmanovsky-Orlando, Hinterberger, Hochwälder, Hofmannsthal, Hüttenegger, Jandl, Jelinek, Jonke, Kafka, Kappacher, Kramer, Kraus, Mander, Marginter, Matejka, Maurer, Mayröcker, Merkel, Mitgutsch, Mitterer, Molny, Mühringer, Perutz, Petz, Polgar, Pollack, Puganigg, Pühringer, Ransmayr, Reichart, Richter, Rieger, Rosei, Roth, Saiko, Scharang, Schlag, Schmidt, Schnitzler, Schönwiese, Schürrer, Schutting, Schwaiger, Sebestyén, Simmel, Sonnenschein, Sperber, Spiel, Stippinger, Szyszkowitz, Thalhammer, Tielsch, Torberg, Waterhouse, Weigel, Winkler, Witasek, Wolfgruber, Zauner, Zweig

DIE ZEITUNGEN UND ZEITSCHRIFTEN: Süddeutsche Zeitung, Frankfurter Allgemeine Zeitung, Tages-Anzeiger (Zürich), Die Presse (Wien), Literatur und Kritik (Wien), Die Zeit (Hamburg), Der Spiegel (Hamburg), Volksstimme (Wien), Die Tageszeitung (Berlin), Falter (Wien), Oberösterreichische Nachrichten (Linz), Salzburger Nachrichten, Das Parlament (Bonn), Der Tagesspiegel (Berlin), Die Welt (Bonn), Wiener Zeitung, InN (Innsbruck), Kleine Zeitung (Graz, Klagenfurt), Lesezirkel (Wien), Vorarlberger Nachrichten (Bregenz), Wochenpresse (Wien), Basler Zeitung, Wiener Tagebuch, Überblick (Düsseldorf), Deutsche Tagespost (Würzburg), Tiroler Tageszeitung (Innsbruck), Wespennest (Wien), Wiener Journal, Frankfurter Rundschau, Die Furche (Wien), Stuttgarter Zeitung, Arbeiter-Zeitung (Wien), M. Das Magazin (Wien), Morgen (Wien), Kurier (Wien), profil (Wien), Neue Zeit (Graz)

ÖSTERREICHISCHE LITERATUR 1984.
Ein Pressespiegel. Zusammengestellt von Ursula Weyrer. - Wien, 1986, 88 S., brosch., öS 90.- (ZIRKULAR Sondernummer. 11)

ÖSTERREICHISCHE LITERATUR 1985.
Ein Pressespiegel. Zusammengestellt von Kristina Pfoser-Schewig. - Wien, 1986, 112 S. brosch., öS 90.- (ZIRKULAR Sondernummer. 12)

Einzelpreis öS 90.-
Pressespiegel '84, '85, '86 zusammen öS 200.-
(zuzüglich Porto- und Auslandsbankspesen)

Zu beziehen von: Dokumentationsstelle für neuere österreichische Literatur
A-1060 Wien, Gumpendorfer Str. 15/13

"...ein interessanter, extrem preiswerter Service" (Die Tageszeitung, Berlin)

DOKUMENTATIONSSTELLE FÜR NEUERE ÖSTERREICHISCHE LITERATUR

A-1060 Wien, Gumpendorfer Straße 15/13, Tel. 586 12 49
geöffnet Montag, Dienstag, Mittwoch, Freitag 9 – 17 Uhr

Aufgaben

Die „Dokumentationsstelle“ sammelt Material zur österreichischen Literatur des 20. Jahrhunderts; besonderer Schwerpunkt ist die Zeit nach 1945. Das Institut versteht sich als Forschungseinrichtung und öffentliche Servicestelle. Es steht allen Interessierten, insbesondere Studenten und Wissenschaftlern, im Sinn der Vermittlung und Verbreitung österreichischer Literatur zur Verfügung. Die „Dokumentationsstelle“, 1965 gegründet, wird durch öffentliche Mittel finanziert.

Bibliothek

Die Präsenz-/Freihandbibliothek umfaßt derzeit etwa 12.000 Bände an Primär- und Sekundärliteratur und Nachschlagewerken. Neben ausgewählten älteren Zeitschriften liegen alle österreichischen Literaturzeitschriften (etwa 130 Titel) auf, ferner einige ausländische Periodika und eine Abteilung wissenschaftlicher Zeitschriften.

Pressearchiv

Die Sammlung von Zeitungsausschnitten ist nach Autorennamen und Stichworten des Literaturbetriebs und der Literaturforschung geordnet. Sie wächst jährlich um etwa 20.000 Einheiten. Ausgewertet werden vor allem Tageszeitungen und Wochen-/Monatsschriften aus dem deutschen Sprachraum.

Allgemeine Sammlung

Sie enthält zu etwa 2.000 Autoren verschiedene einzelne Drucke, Programmhefte, Plakate, Buchumschläge, Fragebögen oder bio-bibliographische Angaben.

Photosammlung

Sie enthält etwa 2.500 Positive und Negative, zumeist Porträtaufnahmen von Schriftstellern.

Tonband-/Schallplattensammlung

Die Mitarbeiter der „Dokumentationsstelle“ haben viele Tonbandgespräche mit Schriftstellern über ihr Leben und ihr Werk geführt. Erinnerungen an verstorbene Autoren wurden aufgezeichnet. Es existieren Mitschnitte von literarischen Veranstaltungen, Hörspielen, Plattenaufnahmen, Rundfunksendungen.

Autographensammlung

Die „Dokumentationsstelle“ beherbergt einige Nachlässe bzw. Sammlungen, u. a. zu den Autoren Hermann Broch, Rudolf Henz, Rudolf Kalmar jun., Theodor Kramer, Robert Neumann, Joseph Roth, Otto Stoessl, Ernst Waldinger, Martina Wied; u. a. Akten des Stiasny Verlags und der Grazer Autorenversammlung; sie besitzt von vielen Autoren Einzelautographen, die in Form von Geschenken an sie gelangt sind.

Zeitschrift ZIRKULAR

Das ZIRKULAR wurde 1979 gegründet. Die ersten 6 Nummern sind vergriffen. Ab 1987 werden jährlich wieder 2 Nummern erscheinen, die gratis zu beziehen sind. Sie werden enthalten:

Berichte über Forschungsprojekte, Tagungen und größere Veranstaltungen zur österreichischen Literatur, über Dokumentationen und einschlägige Institutionen; Rezensionen; ein Verzeichnis der in Arbeit befindlichen Dissertationen u. a. m.

Außerdem sind folgende **Sondernummern** erschienen und zu den angegebenen Preisen (zuzüglich Versand- und Auslandsbankspesen) erhältlich:

1 Register der Zeitschrift **„manuskripte“**. Jahrgang 1 – 20 (1960 – 1980), Heft 1 – 70. Zusammengestellt von Heinz Lunzer, Gerhard Renner, Ina Schewig. – Wien, 1980, 104 S., brosch., öS 60,–

2 **Stefan Zweig** 1881/1981. Aufsätze und Dokumente. Hrsg. von der Dokumentationsstelle für neuere österreichische Literatur in Zusammenarbeit mit dem Salzburger Literaturarchiv. Red.: Heinz Lunzer, Gerhard Renner. – Wien, 1981, 180 S., brosch., 17 Abb., öS 110,–

3 **Franz Kafka** 1883 – 1924. Ein Katalog zur Ausstellung des Bundesministeriums für Auswärtige Angelegenheiten, zusammengestellt von Heinz Lunzer. – Wien, 1983, 44 S., brosch., 12 Abb. (*)

4 **Theodor Kramer** 1897 – 1958. Dichter im Exil. Aufsätze und Dokumente. Hrsg.: Konstantin Kaiser. – Wien, 1983, 2. Aufl. 1984, 141 S., brosch., öS 90,–

5 Ugo Rubini: **Thomas Bernhard** o il mosaico della coscienza. Un itinerario bibliografico. – Bari, Wien, 1984, 190 S., brosch., öS 160,–

6 Für **Ernst Jandl.** Texte zum 60. Geburtstag. Werkgeschichte. Hrsg.: Kristina Pfoser-Schewig. – Wien, 1985, 180 S., brosch., m. Abb., öS 120,–

7 Gerhard Ruiss, Johannes A. Vyoral: **Literarisches Leben in Österreich.** Ein Handbuch. Hrsg.: Interessengemeinschaft österreichischer Autoren. – Wien, 1985, 466 S., brosch., öS 120,–

8 **Karl Kraus** 1874 – 1936. Katalog einer Ausstellung des Bundesministeriums für Auswärtige Angelegenheiten, zusammengestellt von Heinz Lunzer, Sigurd Paul Scheichl. – Wien, 1986, 83 S., brosch., 20 Abb. (*)

9 **Bibliographische Hinweise** auf Veröffentlichungen zur öst. Literatur des 20. Jh. 1982 – 1983. Zus.gest. von Helmut Maurer, Gerhard Renner. – Wien, 1986, XVII, 222 S., brosch., öS 180,–

10 **Österreichische Literatur 1984.** Ein Pressespiegel. Zusammengestellt von Ursula Weyrer. – Wien, 1986, 88 S., brosch., öS 90,–

11 **Österreichische Literatur 1985.** Ein Pressespiegel. Zusammengestellt von Kristina Pfoser-Schewig. – Wien, 1986, 112 S., brosch., öS 90,–

13 **Österreichische Literatur 1986.** Ein Pressespiegel. Zusammengestellt von Kristina Pfoser-Schewig, Ursula Weyrer. – Wien, 1987, 112 S., brosch., öS 90,–

(*) Die Nummern 3 und 8 sind über die Österreichischen Botschaften von der Kulturabteilung des Bundesministeriums für Auswärtige Angelegenheiten gratis zu erhalten.

In Vorbereitung:

12 **Neuerscheinungen** österreichischer Autoren 1985 – 1986. Zusammengestellt von Heinz Lunzer. – Wien, 1987

14 **Franz Tumler.** Beiträge zum 75. Geburtstag. – Wien, 1987

ISBN: 3-900467-13-7